1000
Architekturwunder

1000
Architekturwunder

© Naumann & Göbel Verlagsgesellschaft mbH, Köln
Autor: Maximilian Bernhard
Produktion und Redaktion: twinbooks, München (Jennifer Künkler, Angelika Bauer)
Gesamtherstellung: Naumann & Göbel Verlagsgesellschaft mbH, Köln
Alle Rechte vorbehalten
ISBN 978-3-625-12222-7

www.naumann-goebel.de

Vorwort

„Ein Fahrradschuppen ist ein Gebäude; die Kathedrale von Lincoln ist ein Stück Architektur." So griffig hat einmal der große Kunsthistoriker Nikolaus Pevsner Architektur definiert. Der Begriff könne ausschließlich auf Gebäude angewendet werden, die mit einem ästhetischen Anspruch entworfen worden sind.

Außergewöhnliche, bedeutende, formvollendete und auch verrückte und bizarre architektonische Leistungen versetzten die Menschen seit jeher in Begeisterung, ja, manche Bauwerke rauben dem Betrachter fast den Atem. So beispielsweise der Petersdom im Vatikan: Wer verstummt nicht vor Faszination über die Größe und Prunkhaftigkeit dieses sakralen Meisterwerkes? Oder Dubais utopisch anmutende Sandinseln in der Form einer Palme, der Erdkugel oder eines Killerwals, aufgeschüttet aus Milliarden Kubikmetern Meeressand. Aus diesem Grund sprechen wir nicht zu Unrecht von Architekturwundern, wenn wir die herausragenden Bauten meinen, die in diesem Buch vorgestellt werden – 1000 Bauwerke, die das Attribut „Wunder" verdienen, jedes auf seine Art. Sie sind historische, kulturgeschichtliche, sozialgeschichtliche, technische, kunstgeschichtliche, teils berühmte, teils zerstörte, teils sogar vergessene Bauten.

Diese Auswahl kann nur subjektiv sein. Ziel war es, die außergewöhnliche Fülle der architektonischen Ausdrucksmöglichkeiten zu zeigen, die Bauwerke in Kürze vorzustellen und einzuordnen. Die Bandbreite ist nahezu unendlich, die Untergliederung in Länder ein Versuch, Struktur in die Fülle an Bauten zu bringen. Natürlich konnten nicht alle Kontinente gleichermaßen erschöpfend beschrieben werden, das Hauptaugenmerk liegt auf Europa, dessen Entwicklung in baukünstlerischer Hinsicht für große Teile der Welt richtungsweisend war. Ein informatives Glossar und ein ausführliches Register ergänzen die Einzeldarstellungen.

Die zeitliche Spanne reicht vom 5000 Jahre alten Stonehenge über die ägyptischen Pyramiden, die geheimnisumwitterten Bauten der Inka-Periode bis hin zum Kolosseum der Zeitwende und weist von hier über die großen Kathedralen, über asiatische Tempel bis hin zu den himmelstürmenden Wolkenkratzern des 21. Jahrhunderts.

Das Buch möchte dem Leser Lust machen, eine Vielzahl der hier beschriebenen Meisterwerke zu studieren, in deren voller Schönheit zu genießen und vielleicht sogar einmal vor Ort aufzusuchen und mit eigenen Augen zu betrachten.

Inhalt

Europa

Afrika und Naher Osten

Asien und Ozeanien

Amerika

EUROPA

WIEGE DER ARCHITEKTURGESCHICHTE

Ob Kolosseum oder Eiffelturm, Akropolis oder Kölner Dom, Sagrada Família oder Buckingham Palace – die Mannigfaltigkeit des europäischen Kontinents in architektonischer Hinsicht ist unbeschreiblich und kaum fassbar. Obwohl Europa mit 10,5 Millionen Quadratkilometern nur den zweitkleinsten Kontinent bildet, ist seine Entwicklung in baugeschichtlicher Hinsicht maßgebend für die ganze Welt. Von der Antike bis hin zu den verschiedensten Stilen der Moderne: Alle uns bekannten abendländischen Stilrichtungen sind europäischen Ursprungs. Jede Epoche brachte ihre eigenen Schöpfungen hervor, die heute Touristen aus aller Welt anziehen: antike Tempel und römische Gewölbebauten, mauerschwere Burgen und Dome der Romanik und himmelstrebende gotische Kathedralen. Die Renaissance mit ihren Palazzi, die prunkenden Kirchen des Barock und die kühle Architektur des Klassizismus werden abgelöst durch die Vielfalt historisierender Stilrichtungen, durch Ingenieursbauten aus Eisen, die verspielten Gebäude des Jugendstils und die Hightecharchitektur der Gegenwart. Das alles ist Europa – und noch viel mehr. Wer eintaucht in diesen europäischen Kosmos, wird überwältigt sein von seiner faszinierenden Fülle.

Norwegen

Stabkirche, Heddal
(oben)

Um 1250 wurde in Heddal die größte und imposanteste norwegische Stabkirche errichtet. Wegen ihrer beeindruckenden Außenerscheinung mit den rhythmisch gestaffelten Dächern und den zahlreichen Türmchen wird der Bau auch oft als „Kathedrale aus Holz" bezeichnet. Der Eindruck extremen Prunks setzt sich in dem reich geschnitzten Innenraum mit seinem typisch gedämpften Licht fort.

Nidarosdom, Trondheim
(unten links)

Trondheims Dom gehört zu den größten Sakralbauten Skandinaviens und war lange die Krönungsstätte der norwegischen Könige. Der ab 1150 errichtete Bau wurde mehrfach zerstört und wieder aufgebaut, ein letztes Mal seit 1869 von Heinrich Ernst Schirmer (1814–1887). Der Wallfahrtsort zur Grablege des heiligen Olav II. Haraldsson (995–1030) beeindruckt vor allem durch seine Westfassade mit der Personengalerie, die berühmte Norweger und Gestalten aus der Bibel darstellt.

Stabkirche, Borgund
(unten rechts)

Von den ursprünglich über 1000 Stabkirchen Norwegens sind nur 28 erhalten. Das um 1150 in Borgund errichtete Gotteshaus gehört zu den ältesten Holzbauten Europas und zu den denkwürdigsten Zeugnissen norwegischer Stabbaukunst. Der Bau in Borgund war namensgebend für eine Stabkirchenform mit einem von einem Umgang umgebenen Hauptschiff und blieb im Gegensatz zu vielen Nachfolgebauten unverändert.

Schweden

Schloss Drottningholm, Lovön
(rechte Seite unten)

Auf einer kleinen Insel im Mälarsee befindet sich der barocke Prachtwohnsitz der schwedischen Königsfamilie. Französische Gartenkunst im Stil des Landschaftsarchitekten André Le Nôtre war Vorbild für die Gärten des ab 1660 von Nicodemus Tessin d. Ä. (1615–1681) erbauten Prunkbauwerkes. Das chinesische Schlösschen sowie das hervorragend erhaltene Theater stechen aus dem Weltkulturerbebau besonders hervor.

Königliches Schloss, Stockholm
(oben)

Zwischen 1690 und 1750 wurde der gewaltige Renaissance- und Barockbau im Herzen Stockholms von Nicodemus Tessin d. J. (1654–1728) errichtet. Es befindet sich inmitten der Hauptstadt und besticht durch seine trutzig wirkende Monumentalität. Der quadratische Hauptbau wird von zwei niedrigeren Flügeln flankiert, die Innenausstattung ist prachtvoll und beinhaltet Schwedens Schatzkammer.

Schloss Gripsholm, Mariefred
(Mitte)

1381 fand Gripsholm erstmals in Urkunden Erwähnung, 1537 wurde die Wasserburg, die Kurt Tucholsky für seinen weltberühmten Roman „Schloss Gripsholm" Pate stand, von Gustav I. Wasa (1496–1560) erschaffen. Die vier mächtigen Ecktürme des uneinnehmbar wirkenden Bauwerkes werden von verschieden gestalteten halbrunden Kuppeln bekrönt. 1773 wurde mit einem Schlosstheater ein klassizistisches Glanzstück eingebaut.

Finnland

Turning Torso, Malmö *(unten links)*

Das 1999–2004 vom spanischen Stararchitekten Santiago Calatrava (*1951) erbaute Hochhaus ist schon heute zum Wahrzeichen Malmös geworden. Der in bewusster Anlehnung an einen gedrehten menschlichen Körper entworfene Turm ist aus neun Kuben mit je fünf Stockwerken zusammengesetzt, in dessen Innerem sich sowohl Wohneinheiten wie auch Gemeinschaftseinrichtungen befinden.

Dom, Lund *(oben rechts)*

Die monumental wirkende dreischiffige Basilika in Lund ist die größte Kirche Skandinaviens und wurde 1145 im romanischen Stil vollendet. Besondere Glanzpunkte sind der enorme Hochchor mit Gestühl aus dem Jahr 1375 sowie die Krypta, die von zahlreichen verzierten Rundpfeilern getragen wird. Die Figuren zeigen hier unter anderem den Riesen Finn, der einer Sage nach Erbauer der Kirche war.

Dom, Helsinki *(unten rechts)*

Mit der 1959 in den Status einer Kathedrale erhobenen ehemaligen Nikolauskirche schuf Carl Ludwig Engel (1778–1840) ab 1826 das grandiose Wahrzeichen Helsinkis. Der Bau wirkt, als ob sich zwei römische Tempel kreuzförmig durchdringen würden. Der zentrale Kubus mit vier Ecktürmen wird von einem Monopteros gekrönt. Die monumentale Freitreppe führt in den weiträumigen, lichterfüllten Innenraum.

Finlandia-Halle, Helsinki
(oben links)

Die 1962–1971 errichtete Kongress- und Konzerthalle ist eines der letzen Werke des großen finnischen Architekten Alvar Aalto (1898–1976). Mit dem ganz mit Carrara-Marmor verkleideten Bau hat Aalto seinem Grundsatz von einem menschlichen Funktionalismus der Architektur – im Gegensatz zum rein technischen Gestaltungsprinzip – ein großartiges Monument gesetzt.

Universitätsbibliothek, Helsinki
(oben rechts)

Carl Ludwig Engel (1778–1840), ab 1824 oberster Leiter der finnischen Baubehörde, prägte maßgeblich die finnische Architektur seiner Epoche und trug mit seinen neoklassizistischen Bauten, von denen die Bibliothek einen Schlüsselbau darstellt, entscheidend dazu bei, dass Helsinki in nur 25 Jahren von einer unbedeutenden Kleinstadt zu einer europäischen Hauptstadt aufsteigen konnte.

Festung Suomenlinna
(unten rechts)

Die auch „Gibraltar des Nordens" genannte Festung liegt auf mehreren miteinander verbundenen Inseln vor Helsinki, ist eine der größten Seefestungen der Welt und gehört seit 1991 zum Weltkulturerbe. Die 1748 von den schwedischen Herrschern begonnene und hervorragend erhaltene Festung zählt zu den herausragenden Meisterwerken der Bastionsarchitektur.

Hauptbahnhof, Helsinki
(unten links)

Der 1919 eingeweihte Bahnhof ist das Hauptwerk von Eliel Saarinen (1873–1950), in dem er die Steinschwere der Granitfassade mit leichten, eleganten Jugendstilelementen verband. Vier Lampen tragende Kolossalstatuen zieren den Eingang mit seinem massiven Rundbogen. Dieser und der flankierende Uhrenturm wurden bei etlichen Bahnhofsbauten in Nordamerika und Europa imitiert.

Dänemark

Schloss Frederiksborg, Hillerød
(oben)

Eine frühere Schlossanlage wurde unter Christian IV. (1577–1648) 1602–1620 zum heutigen Schloss Frederiksborg ausgebaut und nach einem Brand im Jahr 1859 vollständig restauriert. Bis 1840 wurden die dänischen Monarchen in der Schlosskapelle gekrönt. Das größte Renaissanceschloss Nordeuropas, das inmitten des Frederiksborgsees auf drei Inseln erbaut wurde, dient heute als Museum und gehört seit 2000 zum Weltkulturerbe.

Schloss Kronborg, Helsingør
(Mitte)

Die Verkleidung mit Sandsteinplatten unterscheidet Kronborg von den anderen Renaissanceschlössern Dänemarks. 1574–1584 erbaut, diente das Schloss William Shakespeare als Schauplatz für sein Drama „Hamlet". Kronborg liegt an der engsten Stelle des Öresunds, nur 4 km von Schweden entfernt. Heute ist in der Vierflügelanlage ein Museum untergebracht.

Schloss Fredensborg *(unten)*

Das zwischen 1720 und 1722 erbaute Schloss Fredensborg gilt als eines der bemerkenswertesten Beispiele des nordischen Barock. Der bis an die Ufer des Esromsees reichende Schlosspark birgt mit dem Tal der Nordmenschen eine Besonderheit: 70 Steinfiguren zeigen hier das Leben des „normalen" berufstätigen Menschen. Fredensborg ist noch heute die Sommerresidenz des dänischen Königshauses.

Dom, Roskilde *(unten links)*

Die Kathedrale von Roskilde ist der erste gotische Backsteindom und gehört zu den imposantesten Bauwerken des Landes. 1170 im romanischen Stil begonnen und 1280 im gotischen Stil fertiggestellt, ist der Dom die traditionelle Begräbnisstätte der dänischen Herrscher. Die Marmor- und Alabastergrabmäler gehören zu den Hauptanziehungspunkten des seit 1995 zum Weltkulturerbe zählenden Gotteshauses.

Grundtvigskirche, Kopenhagen *(oben)*

Die Fassade wirkt wie eine überdimensionierte Kirchenorgel: Von 1921–1926 erbaute Peder Klint (1853–1930) mit der Kopenhagener Grundtvigskirche eines der wenigen Beispiele expressionistischer Sakralarchitektur. Sechs Millionen Backsteine waren für die traditionell dänische Stilelemente mit modernen, geometrischen Formen verbindende Kirche nötig. Die schmucklose Hallenkirche bietet Platz für 1800 Menschen.

Börse, Kopenhagen *(unten rechts)*

Die filigrane Haube des Turms der Börse, die aus vier in sich verschlungenen Drachen geformt ist, gehört zu den Wahrzeichen Kopenhagens. Aber auch der „Unterbau" sollte nicht übersehen werden: Hinter der langen, zweistöckigen Backsteinfassade, die ihre Vorbilder in der niederländischen Renaissancearchitektur nicht verleugnen kann, verbarg sich bis 1974 die erste Handelsbörse Europas.

Großbritannien

Thorvaldsen-Museum, Kopenhagen *(oben links)*

1846 wurde ein Schlüsselwerk in der Entwicklung des skandinavischen Klassizismus eingeweiht: das von Gottlieb Bindesbøll (1800–1856) erbaute Thorvaldsen-Museum, in dessen Innenhof der bedeutendste dänische Bildhauer Berthel Thorvaldsen auch begraben liegt. Die enorme Vielfalt des Baus überrascht, denn von ägyptischen über griechische bis hin zu pompejanischen Zitaten sind vielerlei Stilrichtungen vertreten.

Kirche von Østerlars, Bornholm *(unten links)*

Eine Besonderheit der malerischen Ostseeinsel Bornholm sind ihre vier mittelalterlichen Rundkirchen. Sie wurden auch zum Schutz der Bevölkerung vor Piraten gebaut, und dies sieht man ihnen förmlich an: Der Festungscharakter kommt hauptsächlich in den Schießscharten im oberen Stockwerk zum Ausdruck, die besonders an der Olskirke bei Allinge und an der Kirche von Østerlars zu sehen sind.

Glasgow School of Art, Glasgow *(unten rechts)*

Die 1897 begonnene Kunstschule gehört zu den wenigen Bauten, die der schottische Architekt Charles Rennie Mackintosh (1868–1928) errichtet hat – und es ist unbestritten sein Meisterwerk. Auffallend ist die neuartige Kombination von strenger, klarer Gestaltung und praktischer Funktionalität. Die komplett von Mackintosh gestaltete Bibliothek gehört zu den schönsten Jugendstilräumen Schottlands.

Edinburgh Castle, Edinburgh *(oben rechts)*

Die bekannteste Sehenswürdigkeit Schottlands wirkt, als ob sie direkt aus dem Fels emporgewachsen sei. Der älteste Teil des Edinburgh Castle ist die normannische St.-Margaret-Kapelle aus dem 12. Jahrhundert. Heute befinden sich in den Räumen die schottischen Kronjuwelen und der „Stein des Schicksals", auf dem im Mittelalter die schottischen und englischen Könige gekrönt wurden.

Scottish Parliament, Edinburgh
(unten)

2004 konnte der umfangreiche Gebäudekomplex des schottischen Parlaments mit dreijähriger Verspätung eröffnet werden. Nach Plänen von Enric Miralles (1995–2000) ist ein mit den höchsten Preisen ausgezeichnetes Ensemble entstanden, das durch seine Form – z. B. die wie umgedrehte Kähne wirkenden Dächer – und seine Materialien auf den Ort, die Traditionen und die schottische Geschichte Bezug nimmt.

Forth Bridge, Edinburgh
(oben)

Die Eisenbahnbrücke über den Firth of Forth war zum Zeitpunkt ihrer Eröffnung die größte Brücke der Welt und gilt heute noch als eines der stabilsten bestehenden Bauwerke. Die völlig neuartige Auslegerbrücke mit ihren rautenförmigen Fachwerkträgern wurde 1883–1890 von John Fowler (1817–1898) und Benjamin Baker (1840–1907) errichtet. Trotz der genialen Konstruktion konnte sich das Konzept der Brücke wegen der enormen Baukosten nicht durchsetzen.

Zisterzienserabtei, Melrose
(Mitte)

Melrose war das erste Zisterzienserkloster Englands und wurde im Laufe seiner Geschichte mehrfach zerstört. Die nach 1385 errichtete Kirche ist ebenfalls nur in Teilen erhalten und hat den Ruf des Klosters als Inbegriff der Ruinenromantik mitbegründet. Interessant ist, dass sich ein weitgereister Steinmetz auf der Klostermauer verewigt hat, wo er auf seine Herkunft aus Paris hinweist.

Augustiner-Chorherrenstift, Jedburgh *(unten links)*

Die Mitte des 12. Jahrhunderts begonnene Anlage zu Jedburgh gehört zu einer Vierergruppe ehemaliger schottischer Grenzklöster und wurde 1544/45 zerstört. Die Kirche ist heute dennoch ein eindrucksvolles Beispiel für die Wucht und Mächtigkeit normannischer Architektur mit ihrer typisch massiven Mauerstärke im Chor und der dreistöckigen Arkadenwand im Langhaus.

St. Cuthbert Cathedral, Durham *(oben)*

Die Baumeister des 1093 begonnenen Kirchenbaus gehörten zu den innovativsten in ganz Europa: Der Einsatz von Rippengewölben und ein funktionierendes Dienst-Rippen-System zählen zu den großen Neuerungen ihrer Zeit. Die unverrückbare Schwere des Baus, beispielsweise an den stattlichen Pfeilerkolossen zu sehen, war es wohl, die Durham zum Inbegriff normannischer Baukunst gemacht hat.

Durham Castle, Durham *(unten rechts)*

Durham Castle gehört seit 1986 zum Weltkulturerbe. Die hoch auf einem Hügel gelegene, im 11. Jahrhundert begonnene Burg ist in der für die Normannen typischen Mottenbauweise erbaut. Als Bollwerk errichtet, diente die Burg lange Zeit als Sitz der Fürstbischöfe. Die normannische Burgkapelle sowie die im 17. Jahrhundert entstandene Burgtreppe zeugen noch heute eindrucksvoll davon.

Zisterzienserabtei, Fountains
(oben)

Fountains gehörte im Mittelalter zu den reichsten Abteien Englands. Der große Ausbau des heute nur in Ruinen erhaltenen Gebäudes begann Mitte des 12. Jahrhunderts. Während der Außenbau lediglich das Bild einer mächtigen Abtei vermittelte, zeigte das Innere und hier vor allem der berühmte Querbau mit seinen schwindelerregend hohen Achteckpfeilern den Reichtum und die Pracht des Klosters.

Zisterzienserabtei, Rievaulx
(unten links)

Die Abtei wurde 1131 gegründet und zählte im 12. Jahrhundert zu den großen Klöstern Englands. Heute gehören die Ruinen zum nahegelegenen Duncombe Park mit seiner herrlichen Gartenlandschaft. Die Kirche ist einer der herausragendsten Bauten seiner Zeit und steht den großen Kathedralen in nichts nach. Ein einzigartiger Raum war der Kapitelsaal, der sich in seinem Aufbau an Kirchenbauten anlehnte.

Benediktinerkloster, Whitby
(unten rechts)

Allein die Lage dieser Kirchenruine ist einmalig: Es stehen zwar nur noch wenige Teile der ab etwa 1220 errichteten ehemaligen Abtei, diese reichen aber aus, um zu erkennen, um welch qualitätsvollen Bau es sich einmal gehandelt haben muss. Whitby Abbey ist ein Paradebeispiel des Early English Style, dessen überreiche Pfeiler- und Bogenprofile noch heute erhalten sind.

Castle Howard, York
(oben)

Der Herrensitz wurde ab 1699 von Nicholas Hawksmoor (1661–1736) und John Vanbrugh (1664–1726) erbaut und gilt als erstes barockes Gebäude in Großbritannien. Die monumentale Anlage besitzt in ihrem zentralen Teil, dem großen Saal mit mächtiger Tambourkuppel, eine an Sakralbauten erinnernde Gestaltung. Das Schloss wie auch die Gartenarchitekturen überzeugten sofort und fanden viele Nachfolgebauten.

York Minster, York
(unten links)

Die 1291 begonnene, ungewöhnlich geräumige Kirche ist neben der Kathedrale von Winchester der Sakralbau Englands, der am meisten französisch anmutet. Typisch sind der vorherrschende Zug zur Vereinheitlichung und die fehlende Stockwerktrennung. York besitzt mit seinen „Five Sisters" das berühmteste Beispiel für maßwerklose Lanzettfenster, das zum Prägemotiv des Early English Style wurde.

Conwy Castle, Conwy
(unten rechts)

Die trutzige Festung wurde unter König Edward I. von 1283–1289 errichtet und stellt einen Meilenstein in der Geschichte des Festungsbaus dar: Entgegen den früheren Burgen, die in Richtung Zentrum immer massiver befestigt wurden, ist in Conwy der äußere Mauerring am wehrhaftesten. Zudem sind die einzelnen Teile der Burg völlig unabhängig voneinander zu verteidigen, was eine feindliche Einnahme erschwerte.

St. George's Hall, Liverpool
(oben)

Der Stolz Liverpools ist die gewaltige St. George's Hall, die Harvey Lonsdale Elmes (1813–1847) und Charles Robert Cockerell (1788–1863) in den Jahren 1839–1854 erbauten. In dem klassizistischen Tempelbau mit seinen Portiken, Giebelfronten und Säulenstellungen sind Gerichtssäle sowie eine große Konzert- und Veranstaltungshalle untergebracht. Der Bau ist Teil des Liverpooler Weltkulturerbes.

Cathedral Church of Christ, Liverpool *(unten links)*

Die erst 1978 vollendete Kathedrale von Liverpool zählt zu den letzten Großkirchen der Neugotik und wurde bereits ab 1904 unter Giles Gilbert Scott (1880–1960) errichtet, der die Vollendung nicht mehr erleben konnte. Erstaunlich ist, dass der erst 24-jährige Scott ein durchaus modernes, ungemein monumental wirkendes Gebäude schuf, das in der Verteilung der wuchtigen Sandsteinmassen teilweise geniale Züge aufweist.

Oriel Chambers, Liverpool *(unten rechts)*

Vielleicht ist es nicht das eleganteste Gebäude Liverpools, das Peter Ellis († 1888) 1864 errichtet hat, mit Sicherheit ist es aber das einflussreichste: Zu ihrer Erbauungszeit höchst umstritten, waren die Oriel Chambers ihrer Zeit weit voraus. Die absolute Negierung historisierender Formen und die Gusseisenfassade mit ihren großen Fensterflächen kamen einer Revolution in der Fassadenarchitektur Großbritanniens gleich.

Caernarfon Castle, Caernarfon
(oben)

Caernarfon gehört zu den bekanntesten Burgen Großbritanniens und ist die prächtigste Anlage, die König Edward I. ab 1282/83 in Nordwales bauen ließ. Die auf einem ungewöhnlichen Grundriss errichtete Burg wird von den 13 mächtigen Türmen dominiert, von denen keiner dem anderen gleicht. Anregungen für die als Burg und Königspalast dienende Anlage stammen wahrscheinlich aus dem fernen Konstantinopel.

Chatsworth House, Bakewell
(unten links)

Chatsworth House ist eines der prächtigsten Herrenhäuser Englands. Die Baugeschichte erstreckt sich vom 16. bis ins 19. Jahrhundert. Sehenswert sind vor allem die weitläufige Gartenanlage und die Kunstsammlung. Von den drei Hauptfassaden ragt besonders die Westfassade mit ihrer mächtigen Attika hervor, die der Eigentümer Herzog William Cavendish selbst gestaltet haben soll.

Hardwick Hall, Doe Lea
(unten rechts)

Das großzügige Herrenhaus wurde 1590–1597 von Robert Smythson (um 1536–1614), dem wichtigsten Architekten des Elisabethanischen Zeitalters, für die Countess of Shrewsbury errichtet. Der Bau vereint verschiedenste Stilelemente von der italienischen Frührenaissance über den französischen Loire-Stil bis hin zu heimischen Traditionen.

Iron Bridge, Coalbrookdale
(rechte Seite unten links)

Die 1781 vollendete Brücke über den Severn ist die erste Eisenbrücke der Welt und gehört als eines der bedeutendsten Denkmäler der industriellen Revolution seit 1986 zum Weltkulturerbe. Die von Thomas Pritchard († 1777) geplante und vom Eisenproduzenten Abraham Darby III. (1750–1791) ausgeführte Konstruktion läutete damit das neue Zeitalter der riesigen Stahlbrücken ein.

Selfridges, Birmingham
(oben links)

Das von Future Systems für die Kaufhauskette Selfridges errichtete futuristische Bauwerk wurde 2003 eröffnet und ist schon jetzt das neue Wahrzeichen Birminghams. Die blaue Betonhülle ist mit 15 000 Aluminiumplatten bedeckt, die an Pailletten erinnern. Das lichte Innere mit seinen strahlenden weißen Brüstungen und Rolltreppen wirkt ähnlich spektakulär wie der Außenbau.

Wollaton Hall, Wollaton
(oben rechts)

1580–1588 errichtete Robert Smythson (um 1536–1614) einen gewaltigen Landsitz, für den ein komplettes Dorf weichen musste. Die an eine Burg erinnernde Wollaton Hall ist eines der wichtigsten Renaissanceschlösser in Großbritannien. Viele Einzelheiten der mächtigen Fassade zeigen den Einfluss italienischer Architekten, allen voran von Sebastiano Serlio (um 1475–1554).

St. Mary's Cathedral, Lincoln
(unten rechts)

Die heutige Kathedrale wurde nach einem Brand ab 1137/1139 neu errichtet. Der schroffe Fassadenriegel mit den hochaufragenden Türmen gehört zu den imposantesten Architekturansichten weltweit. Hochberühmt sind auch die völlig einzigartigen Gewölbe – die sogenannten Crazy Vaults – im St. Hugh Choir und der Angel Choir mit seinen zum Teil einmalig skurrilen Maßwerkfenstern.

Burghley House, Stamford
(oben)

Das 1565–1587 errichtete Landschloss ist das herausragende Beispiel für die Architektur des späten Elisabethanischen Zeitalters. Der wahrscheinlich von William Cecil (1521–1598), dem späteren Lord Burghley, selbst entworfene Bau besticht von außen hauptsächlich durch die Dachgestaltung mit den vielen Türmchen, Fialen und Bogengängen. Der weitläufige Landschaftspark wurde im 18. Jahrhundert angelegt.

Engineering Building, Leicester
(unten links)

Das inmitten des Campus der Universität Leicester 1959–1963 von James Stirling (1926–1992) und James Gowan (* 1923) errichtete Gebäude begründete den Ruf Stirlings und rief heftige Debatten in England hervor. Bemerkenswert neu ist hier, dass sich die äußere Form der Gebäude nach deren Funktion richtete. Man sieht es dem Bau deutlich an, dass es sich um eine Ingenieurfakultät handelt.

Cathedral of the Holy Trinity, Ely *(unten rechts)*

Die Ely Cathedral ist vor allem durch ihren stolz zur Schau gestellten üppigen Formenreichtum bekannt, und der von vielstöckigen Arkadengalerien überwucherte Westbau ist wegen seiner Mannigfaltigkeit weltberühmt. Der Höhepunkt der gesamten Anlage, deren Hauptbauzeit mit dem Langhaus um 1110 begann, ist allerdings die Vierung mit ihrer fantastischen Gewölbekonstruktion und der über allem schwebenden Kuppellaterne.

St. Peter's Cathedral, Peterborough *(unten links)*

Die 1118–1238 errichtete Kathedrale von Peterborough ist einer der Großbauten aus normannischer Zeit. Der sehr einheitliche Bau mit den kontinuierlich durchlaufenden dreistöckigen Arkadenwänden hat seine originale Mittelschiffdecke erhalten, allerdings in stark restaurierter Form. Die Westfassade und der Umgangschor gehören zu den beeindruckendsten Teilen des gewaltigen Bauwerks.

Cathedral of the Undivided Trinity, Norwich *(oben)*

Ab 1096 wurde das riesige Gotteshaus erbaut, das noch heute – abgesehen von der gotischen Wölbung – einen der unverfälschtesten Eindrücke normannischer Architektur bietet. Die gleichmäßig durchlaufenden, dreistöckigen Arkadenwände sind das typische Kennzeichen dieser kraftvollen, ungemein mauerstarken Bauten, die aber in den Details immer höchste künstlerische Qualität aufweisen.

University of East Anglia (UEA), Norwich *(unten rechts)*

Neben den von Denys Lasdun (1914–2001) in den 1960er-Jahren errichteten terrassierten Wohnblöcken aus Sichtbeton, die derzeit abgetragen werden, bietet der Campus der UEA ein weiteres architektonisches Highlight: Das Sainsbury Centre for Visual Arts ist einer der ersten Bauten des britischen Stararchitekten Norman Foster (* 1935) und besticht vor allem durch seinen lichtdurchfluteten Innenraum.

St. Michael's Cathedral, Coventry (unten rechts)

Die alte Kathedrale aus dem 14. Jahrhundert wurde während eines deutschen Luftangriffes im Zweiten Weltkrieg fast vollständig zerstört. 1954–1962 wurde das riesige Gebäude durch Basil Spence (1907–1976) unter Einbeziehung der Ruinen neu errichtet. Es zählt zu den herausragenden Kirchenbauten des 20. Jahrhunderts in England. Berühmt ist auch der von Graham Sutherland (1903–1980) gestaltete Gobelin mit dem Bildnis Christi.

Ashridge, Little Gaddesden (rechte Seite oben links)

Das 1808–1820 errichtete Herrenhaus gehört zu den großen Schöpfungen James Wyatts (1746–1813) und zu den prächtigsten Landhäusern der Neugotik in England. Dominierender Mittelpunkt der Anlage ist der große Turm, der komplett von dem gewaltigen Treppenhaus mit seinen vorzüglichen Fächergewölben eingenommen wird. Vorbild waren hier die Vierungstürme mittelalterlicher Kathedralen.

King's College Chapel, Cambridge (oben)

Die ab 1446 errichtete Kapelle gehört zu den eindrucksvollsten und schönsten Innenräumen der gesamten Gotik. Das gewaltige Fächergewölbe wurde hier erstmals in eine große Form gebracht und ist bis heute das größte der Welt. Diese Art der Wölbung – eine Innovation englischer Baumeister – ist von solcher Virtuosität, dass auch die reichsten Gewölbe des europäischen Festlandes nicht an sie heranreichen.

Wren Library, Cambridge (unten links)

Mit der 1676–1684 vom königlichen Generalarchitekten Christopher Wren (1632–1723) errichteten Bibliothek erhielt das hochberühmte Trinity College in Cambridge seinen würdigen Abschluss. Mit einem genialen Einfall konnte Wren eine ausgewogene Fassade und einen hohen Saal im ersten Stock verwirklichen: Das Fußbodenniveau des großen Saals liegt auf Höhe der Fensterstürze der unteren Arkaden.

St. Peter's Cathedral, Gloucester (rechte Seite oben rechts)

Die 1089 begonnene Kathedrale vereint Meisterwerke der verschiedensten gotischen Stilphasen unter einem Dach: die mächtigen normannischen Säulenkolosse, die Fächergewölbe des Kreuzgangs des Decorated Style, die typische Lady Chapel und das Langhausgewölbe des Perpendicular Style mit seiner an die Grenzen des Machbaren getriebenen dünnen Steinsubstanz und den charakteristischen Blendbogenvertäfelungen.

University Museum, Oxford
(Mitte)

Das neugotische Naturkundemuseum wurde 1855–1860 von dem irischen Architekten Benjamin Woodward (1816–1861) erbaut. Es ist der einzige herausragende viktorianische Bau, der die Handschrift von John Ruskin (1819–1900) trägt, dem Wortführer des „Gothic Revival". Das kühne Glasdach wird von gusseisernen Säulen getragen, während die Scheidarkaden aus verschiedensten Steinarten des englischen Königreichs bestehen.

Blenheim Palace, Woodstock
(unten)

Die 1705–1725 errichtete barocke Schlossanlage der Herzöge von Marlborough wurde von John Vanbrugh (1664–1726) begonnen und von Nicholas Hawksmoor (1661–1736) vollendet. Auf einer Fläche von 275 x 175 m erstreckt sich auf einer überwältigenden Anlage das größte nichtkönigliche Schloss Englands. Der Geburtsort von Winston Churchill gehört seit 1987 zum Weltkulturerbe.

Cathedral and Abbey Church, St. Albans *(unten rechts)*

Der 1077 begonnene Bau besitzt mit 106 m Länge das längste Mittelschiff Englands, und auch der Chor ist extrem in seinen Maßen. Diese außergewöhnliche Längenausdehnung sollte richtungsweisend für alle folgenden englischen Sakralbauten werden. Die Vorbilder für den typisch normannischen Bau liegen in Frankreich – in Cluny und Caen. Erst 1877 wurde die ehemalige Abteikirche zur Kathedrale erhoben.

St. Pancras Station, London *(oben)*

Der von George Gilbert Scott (1811–1878) 1868 errichtete Bahnhof gehört zu den spektakulärsten Sehenswürdigkeiten Londons. Der 82 m hohe Glockenturm – ein Meisterwerk der Neugotik – bildet den Auftakt für die grandiose Haupthalle. Diese wurde von William Barlow (1845–1934) erbaut. Das riesige, 210 m lange Bogendach beherbergt den während seiner Entstehung weltweit größten Einsegmentbogen.

King's Cross Station, London *(unten links)*

Lewis Cubitt (1799–1883) konnte mit seinem 1851/1852 errichteten Bahnhof auf keine Vorbilder zurückgreifen: So darf der Bau eines der schönsten viktorianischen Bauwerke Londons gar nicht hoch genug eingeschätzt werden. Groß wurde das Interesse an King's Cross erneut durch J. K. Rowlings Harry-Potter-Romane, in denen der „Hogwarts Express" von dem geheimnisvollen Gleis 9 ¾ dieses Bahnhofs abfährt.

Christ Church, London
(oben links)

Das 1714–1729 von Nicholas Hawksmoor (um 1661–1736) errichtete Gebäude gehört zu den 50 geplanten Kirchen, mit denen Queen Anne Stuart dem sittlichen Verderben in London entgegnen wollte. Von den zwölf ausgeführten Bauten ist Christ Church der größte und bedeutendste. Sie ist ein typisches Werk Hawksmoors, eines eigenwilligen Individualisten, für den architektonische Konventionen und Regeln oftmals nicht zu gelten schienen.

Senate House, University of London, London *(oben rechts)*

Das administrative Zentrum der Londoner Universität sitzt in dem gewaltigen Turm, den Charles Holden (1875–1960) in den Jahren 1933–1937 erbaute. Die ursprünglichen Planungen sahen zwar eine dreifach so große Anlage vor, dennoch kann der Art-Déco-Turm als zweiter Wolkenkratzer Londons gelten. Holden benutzte kein Stahlskelett, sondern nur traditionelles Mauerwerk, da er einen Bau für die Ewigkeit errichten wollte.

Midland Grand Hotel, London
(unten)

Der von George Gilbert Scott (1811–1878) ab 1866 errichtete Bau war eines der ersten für die obersten Bevölkerungsschichten vorgesehene Luxushotel aus der Ära des „Eisenbahnfiebers". Ebenso wie der angrenzende St.-Pancras-Bahnhof ist das Hotel mit seinen Türmchen, Dachgauben und Maßwerkfenstern ein bedeutendes Beispiel neugotisch-viktorianischer Architektur und eines der Wahrzeichen Londons.

Royal Courts of Justice, London
(oben)

Der von George Edmund Street (1824–1881) ab 1873 erschaffene monumentale Bau, der die obersten Gerichtshöfe Großbritanniens beherbergt, gehört zu den letzten großen Bauten der viktorianischen Neugotik und war während seiner Erbauungszeit heftig umstritten. Für den an französische Kathedralen und die Loire-Schlösser erinnernden Bau fertigte Street über 3000 Zeichnungen an, die anschaulich die Baugeschichte aufzeigen.

St. Paul's Cathedral, London
(unten links)

Londons wohl bekannteste Kirche wurde ab 1673 von Christopher Wren (1632–1723) errichtet und stellt dessen Meisterwerk dar. Der Bau hat seinen Höhepunkt zweifelsfrei in der riesigen Kuppel, der zweitgrößten der Welt nach der des Petersdoms. Diese dreischalige Konstruktion, die sich baukünstlerisch an Bramantes römischen Tempietto anlehnt, bekrönt ein einzigartiges Bauwerk, in dem der Architekt auch bestattet wurde.

Selfridges, London
(unten rechts)

1906 entschloss sich Gordon Selfridge, einen völlig neuartigen Konsumtempel in London zu errichten. Beauftragt wurde Francis S. Swales (1878–1962), der ein höchst exotisches Gebäude schuf, das aber genau zu Selfridges Anspruch „shopping for pleasure rather than necessity" passte: Mit den über einer Schaufenstergalerie ausgesockelten Säulen wirkt der Bau wie ein überdimensionierter römischer Palast.

Lloyd's Building, London
(oben)

Zu den heftigsten Kritikern des von Richard Rogers (* 1933) erbauten und 1986 eingeweihten Bürohochhauses gehörte kein Geringerer als Prince Charles. Mittlerweile gilt der als „Bohrinsel" geschmähte Bau mit den nach außen verfrachteten Versorgungseinrichtungen, Treppen, Liften und anderen technischen Funktionen allerdings als Gigant unter den Hochhausbauten des 20. Jahrhunderts.

St. Mary-le-Bow, London
(Mitte)

Der Bau gehört zu den 51 Stadtkirchen, die Christopher Wren (1632–1723) nach dem großen Brand von 1666 errichtete. Höhepunkt der Kirche ist zweifellos der grandiose Kirchturm: Über einem einfachen Sockelgeschoss beginnt auf Dachhöhe der damaligen Bebauung eine fantastische Bekrönung, die über zwei kleinen Tempeln in einem abschließenden Obelisken gipfelt.

London Underground
(unten links)

London besitzt das längste und älteste U-Bahn-Netz der Welt, bereits ab 1868 wurden die Trassen für die „Tube" verlegt. Verantwortlich für das weltweit bewunderte Liniensystem waren Frank Pick (1878–1941) und der Architekt Charles Holden (1875–1960). Schnell entwickelte sich der Ruf als komfortables Verkehrsmittel mit zweckmäßig gestalteten Stationen und einem richtungsweisenden grafischen Erscheinungsbild.

St. Mary Woolnoth, London
(unten rechts)

Von den vielen ausgefallenen Entwürfen Nicholas Hawksmoors (um 1661–1736) ist diese Kirche wohl die ungewöhnlichste. Auf ein erstaunlich grob behaues Sockelgeschoss stellte Hawksmoor gleichsam einen zweiten, an eine antike Tempelfront erinnernden Gebäudeteil. Hawksmoors fantasievoller Einsatz baukünstlerischer Motive und sein Hang zu dramatischen Kontrasten erreichen in dieser Kirche ihren Höhepunkt.

30 St Mary Axe, London
(oben links)

Seit April 2004 besitzt London ein weiteres Wahrzeichen: Das 180 m hohe Bürogebäude wurde von Norman Foster (* 1935) errichtet und ist unter dem Namen Swiss Re-Tower bekannt. Mit dem sich spiralförmig in die Höhe schraubenden Turm wurde dem herkömmlichen Rasterhochhaus eine Wendung verliehen. Der faszinierende Bau wurde schon bald liebevoll mit den denkwürdigsten Kosenamen (Gurke, Tannenzapfen) bedacht.

Tower of London, London
(oben rechts)

Zum Pflichtprogramm jedes Londonbesuchs gehört die Besichtigung der altehrwürdigen Befestigungsanlage. Zentraler Teil ist der aus dem 11. Jahrhundert stammende „White Tower" mit seinen bis zu 5 m starken Mauern. Die im 14. Jahrhundert weitgehend fertiggestellte Anlage, seit 1303 Aufbewahrungsort der britischen Kronjuwelen, wird noch heute von den weltberühmten „Beefeaters" bewacht.

Tower Bridge, London
(unten)

Zu den bemerkenswertesten Wahrzeichen Londons gehört die 1886–1894 von Horace Jones (1819–1887) und John Wolfe-Barry (1836–1918) im neugotischen Stil erbaute Brücke. Die beiden 66 m hohen Türme sind reine, mit Stein verkleidete Stahlkonstruktionen, in denen sich die hydraulische Anlage befand, mit deren Hilfe die je 1100 t schweren Teile der Zugbrücke bis zu 50 Mal am Tag hochgepresst wurden.

City Hall, London
(oben links)

Das 45 m hohe Londoner Rathaus, das schon bald mit einem Motorradhelm oder einem eingedrückten Ei verglichen wurde, entstand 2000–2002 nach Plänen Norman Fosters (* 1935). Der vollständig verglaste, geschossweise zurückgestufte Bau erhielt seine Form aus Gründen der Energieersparnis. Der Aufstieg über die etwa 500 m lange Rampe im Inneren wird mit einem grandiosen Ausblick belohnt.

Banqueting House, London
(oben rechts)

Der 1619 von Inigo Jones (1573–1652) erbaute Bankettsaal wurde im Stil der italienischen Renaissance, in engster Anlehnung an Bauten Andrea Palladios errichtet und ist der einzige erhaltene Teil des Whitehall Palace. Jones' Hauptwerk gehört zu den wichtigsten Bauten dieser Epoche und ist der Initialbau des sogenannten Palladianismus, der für die englische Architektur von überwältigender Bedeutung werden sollte.

Somerset House, London
(unten)

Das repräsentative und ungemein großzügig angelegte Verwaltungsgebäude an der Themse wurde von König George III. 1776 in Auftrag gegeben. Baumeister war der durch lange Italien- und Frankreichaufenthalte geschulte Architekt William Chambers (1723–1796). Dieser bediente sich vieler Anregungen und verehrte hauptsächlich Andrea Palladio, dessen Stil er im 18. Jahrhundert zu neuer Größe führte.

Houses of Parliament, London
(oben)

Das Symbol der demokratischen Tradition der Briten ist erst knapp über 150 Jahre alt und wurde von Charles Barry (1795–1860) und Augustus Pugin (1812–1852) nach dem großen Brand von 1834 neu erbaut. Zu dem riesigen Komplex gehört auch der weltberühmte Glockenturm, den jeder als „Big Ben" kennt, obwohl mit diesem Namen eigentlich nur die große Glocke im Parlamentsturm gemeint ist.

Westminster Hall, London
(unten links)

Die beeindruckende Halle im Palace of Westminster entging als einer der wenigen Gebäudeteile dem verheerenden Brand von 1834, der den Neubau der Parlamentsgebäude nach sich zog. Der Raum wurde 1399 komplett restauriert und erhielt seine heutige Form. Ein architektonisches Preziosenstück ist die 70 x 20 m große Holzdecke der Halle, eine baukünstlerisch wie bautechnisch einmalige Leistung.

Westminster Abbey, London
(unten rechts)

In der 1245 begonnenen berühmten Londoner Kathedrale werden traditionell die englischen Könige gekrönt und beigesetzt. Höhepunkt der Anlage ist, neben dem Chapter House, die Kapelle Heinrichs VII. mit den weltberühmten Fächergewölben. Die einzelnen Fächer hängen hier wie Lampen von der Decke und besitzen eine einmalige Virtuosität. Sie sind ein Kunststück, das blankes Staunen hervorruft.

Buckingham Palace, London
(oben links)

Unzählige Besucher knipsen jeden Tag den Wachwechsel der königlichen Garden vor dem gewaltigen Bauwerk, das seit 1837 Hauptresidenz der britischen Regenten ist. 1825–1835 von John Nash (1752–1835), der auch den berühmten Triumphbogen Marble Arch errichtete, weitgehend umgestaltet, ist der Westflügel des Palastes seit den 1990er-Jahren in den Sommermonaten auch für die Öffentlichkeit zugänglich.

Queen's House, London
(Mitte)

1616 wurde der Grundstein für das Haus der Königin in Greenwich gelegt, das einen Paradigmenwechsel in der englischen Architektur bedeutete. Inigo Jones (1573–1652), der glühende Verehrer Andrea Palladios, hat hier zwei durch eine Brücke verbundene Gebäudekomplexe errichtet. Der außergewöhnlichen Vornehmheit und der auf klassische Grundformen beschränkten Architektur sollte damit die Zukunft gehören.

Royal National Theatre, London
(unten)

Denys Lasdun (1914–2001) war einer der wichtigsten Nachkriegsarchitekten Großbritanniens. Sein Hauptwerk ist unstrittig das 1967–1976 erbaute Londoner Nationaltheater. Es ist ein herausragendes Beispiel des Brutalismus, einer Architekturrichtung mit unkaschiertem Sichtbeton. Der Bau war heftig umstritten, so verglich etwa Prince Charles das Gebäude mit einem Atomkraftwerk.

Tate Modern, London
(oben rechts)

Für den Bau des Kunsttempels auf der Bankside wurde ein riesiges Kraftwerk bis ins Jahr 2000 von dem Architekturbüro Herzog & de Meuron umgebaut (bis 2012 folgt eine spektakuläre Erweiterung). Das Ergebnis gilt seitdem als eine der weltweit besten Adaptionen historischer Bausubstanz. Das Museum im XXL-Format ist über die von Norman Foster (* 1935) erbaute Millenium Bridge direkt mit der St. Paul's Cathedral verbunden.

Royal Naval College, London
(oben links)

Kommt man von der Themse, bieten die Fassaden der ursprünglich als Spital erbauten Hochschule einen atemberaubenden Anblick. 1703 übernahm Christopher Wren (1632–1723) den Bau und gestaltete das berühmteste Wahrzeichen von Greenwich auf geniale Weise neu. Um das Queen's House nicht zu verdecken, teilte Wren das College in zwei spiegelsymmetrische Teile, die in der Mitte die Blickachse auf das königliche Haus frei ließen.

Strawberry Hill, London
(oben rechts)

1748 erstand der Schriftsteller und Politiker Horace Walpole (1717–1797) eine kleine Villa an der Themse, die er 1749–1776 zu einem Landhaus ausbaute. Walpole entwarf einen fantastischen Bau in gotischen Formen, der als Auslöser für die Entwicklung der Neugotik in England angesehen werden kann. Das Vollendungsjahr 1767 gilt allgemein auch als Trennlinie zwischen der Nachgotik und der Neugotik Englands.

The O2, London
(unten)

Die von 1999–2000 von Richard Rogers (* 1933) erbaute Arena, die ursprünglich unter der Bezeichnung „Millenium Dome" bekannt wurde, ist der größte frei stehende Baukörper Großbritanniens. Das riesige Gebäude (320 m im Durchmesser, 50 m hoch) wurde in seiner Funktion als Ausstellungshalle viel kritisiert und bis 2007 zu einer Sport- und Konzertarena umgebaut, in der bis zu 20 000 Besucher Platz finden.

Syon House, London
(oben)

Der ehemalige Sitz der Herzöge von Northumberland ist einer der großartigsten Bauten Großbritanniens. Errichtet wurde das Schloss 1762–1769 von Robert Adam (1728–1792), dem bedeutendsten britischen Architekten des späten 18. Jahrhunderts. Adam orientierte sich in jeder Einzelheit an klassischen Vorbildern. Höhepunkt der Anlage ist die mächtige Eingangshalle mit ihrem schwarzweißen Marmorfußboden.

Kew Gardens Palm House, London *(unten links)*

Das Tropenhaus wurde 1841–1849 von Decimus Burton (1800–1881) und Richard Turner (1798–1881) errichtet. Der riesige viktorianische Bau lehnt sich eng an das Glashaus in Chatsworth von Joseph Paxton an. Die gewaltigen, revolutionären Konstruktionen machen die neuen Möglichkeiten der Baustoffe Eisen und Glas anschaulich und sind erste Vorboten einer späteren modernen Massenproduktion.

Chiswick House, London
(unten rechts)

Die Baukunst Andrea Palladios war in England immer hoch angesehen: Das von Richard Boyle, 3rd Earl of Burlington (1694–1753), in den Jahren 1725–1729 errichtete Gebäude ist das vollkommenste Beispiel neopalladianischer Architektur. Höchst bedeutend ist auch der von Burlington zusammen mit William Kent (um 1685–1748) angelegte Garten, in dem erstmals Elemente des englischen Landschaftsgartens verwirklicht wurden.

Crystal Palace, London
(oben)

Für die Londoner Weltausstellung im Jahr 1851 errichtete Joseph Paxton (1803–1865) den weltberühmten Kristallpalast. Der riesige Bau – ein Symbol für die neuen technischen Möglichkeiten – bestand aus einer Stahl-Glas-Konstruktion, die aus vorfabrizierten Standardelementen errichtet wurde. Nach der Weltausstellung wurde der gesamte Bau in den Londoner Vorort Sydenham versetzt, wo er 1936 bei einem Feuer ausbrannte.

Hampton Court Palace, London
(unten links)

Der Palast im Süden Londons war lange Zeit Zentrum des politischen Lebens und diente zahlreichen englischen Monarchen als Residenz. Der Bau wurde von den vielen Besitzern immer wieder verändert und erweitert und zeigt heute Architekturelemente vom Tudorstil bis zum Barock. Der großartigste Gebäudeteil ist heute der zwischen 1670–1690 von Christopher Wren (1632–1723) errichtete Barockflügel.

Cardiff Castle, Cardiff
(unten rechts)

Auf den Ruinen eines römischen Kastells entstand das Cardiffer Stadtschloss bereits im 12. Jahrhundert. In den 1870er-Jahren wurde die gesamte Anlage von William Burges (1827–1881) in atemberaubender Weise umgebaut. Auftraggeber war John Crichton-Stuart, 3rd Marquess of Bute – damals der reichste Mann der Welt. Entstanden ist ein höchst prachtvolles, ebenso luxuriöses wie exzentrisches Märchenschloss.

Cathedral of the Holy Trinity, Bristol *(oben links)*

Einmalige Sonderfälle in der Geschichte der englischen Wölbkunst und Höhepunkte jeglicher Gewölbearchitektur bilden der Chor (1298–1330) der Kathedrale und ganz besonders die Gewölbe der Seitenschiffe. Die auf Schwibbögen aufsitzende Rippenkonstruktion ist so erfindungsreich, originell und innovativ, dass sie den Betrachter schon seit Jahrhunderten immer wieder sofort in seinen Bann zieht.

Clifton Suspension Bridge, Bristol *(oben rechts)*

Die gewaltige Brücke gehört zu den Meisterleistungen von Isambard Kingdom Brunel (1806–1859), dem Protagonisten der industriellen Revolution in England. Die Fertigstellung im Jahr 1864 des 1831 begonnenen Baus erlebte Brunel allerdings nicht mehr. Hoch über dem Avon spannt sich die meisterhafte Kettenbrücke, deren Spannweite zwischen den Pylonen enorme 214 m beträgt.

Aquae Sulis, Bath *(unten)*

Eine der Hauptattraktionen der westenglischen Stadt Bath sind die hervorragend erhaltenen römischen Badeanlagen. In Bath befinden sich drei heiße Quellen, um die und die damit verbundenen Heiligtümer sich im Laufe der Zeit eine komplette Stadt entwickelte. Zentrum des Bades war das bleiverkleidete und von Säulen umgebene große Becken.

Royal Crescent, Bath
(oben links)

Der von John Wood II. (um 1704–1754) von 1767–1775 errichtete Platz gehört zu einer im 18. Jahrhundert durchgeführten umfangreichen Neugliederung von Bath. Die riesige korbbogenförmige Anlage verbirgt hinter ihrer Fassade nicht weniger als 30 Reihenhäuser. Nach Süden hin öffnen sich die halbmondförmigen Gebäude zu weiten Wiesen- und Parkflächen. Die Kolossalordnung hat ihre Vorbilder in den Bauten Michelangelos.

Longleat House, Horningsham
(oben rechts)

Longleat war das erste Landhaus, bei dem der Renaissancestil voll zur Entfaltung kam. Der riesige, 1567–1580 errichtete Komplex ist das Hauptwerk von Robert Smythson (1535–1614), des bedeutendsten Architekten des Elisabethanischen Stils. Das heute immer noch von den Nachfahren der Erbauer bewohnte Schloss besitzt neben einem der größten Heckenlabyrinthe den ersten Safaripark außerhalb Afrikas.

St. Andrew's Cathedral, Wells
(unten links)

Das Langhaus der wohl kurz nach 1174 begonnenen Kirche zeigt eine sehr strenge und extrem unfranzösische Architektur mit einem gewaltigen Tiefensog. Einzigartig sind die Verstrebungsbögen in der Vierung. Der gesamte Ostbau kann als Höhepunkt des Decorated Style gelten. Sollte er vollständig von einem Baumeister stammen, so gehört dieser unfraglich zu den genialsten Köpfen der Architekturgeschichte.

St. Laurence, Bradford-on-Avon *(unten rechts)*

Die alte St.-Laurentius-Kirche gehört zu den Schmuckstücken der nur etwa 50 erhaltenen Gebäude aus der angelsächsischen Epoche Großbritanniens. Die Entstehungszeit des über die Jahrhunderte nahezu unverändert erhalten gebliebenen Baus dürfte um das Jahr 705 liegen, dies ist aber nicht eindeutig geklärt. Die dicken Mauern, die Rundbögen und die schmalen Fenster sind typisch für die angelsächsische Architektur.

Windsor Castle, Windsor
(oben links)

Kein anderer Ort Großbritanniens ist so geschichtsträchtig wie das majestätisch hoch über der Themse thronende Schloss Windsor. In seiner tausendjährigen Geschichte wurde die repräsentative Anlage immer wieder umgebaut, hat aber dennoch nichts von ihrem trutzigen, aber auch märchenhaften Charakter verloren. Das größte bewohnte Schloss der Welt gehört zu den Hauptsehenswürdigkeiten Englands.

Leeds Castle, Maidstone
(oben rechts)

Die Anfänge des oft als „schönstes Schloss der Welt" bezeichneten Bauwerks gehen bis ins 9. Jahrhundert zurück. Leeds Castle hat zahlreiche Könige beherbergt, unter ihnen auch den legendären Heinrich VIII, der für den Ausbau sehr viel Geld investierte. Heute ist die Anlage ein bedeutendes Erholungszentrum der Grafschaft Kent. Kein Wunder, ist doch die Lage auf zwei kleinen Inseln inmitten eines Sees unvergleichlich.

St. Peter's Cathedral, Winchester *(unten)*

Ab 1079 wurde mit der Winchester Cathedral die zweitälteste und längste Kathedrale Europas erbaut. Vom normannischen Ursprungsbau ist allerdings nur noch das Querhaus unverfälscht erhalten. Ab etwa 1360 wurde das Langhaus mit einer straffen Vertikalgliederung verkleidet, sodass es heute den Eindruck eines Neubaus erweckt. 2005 war die Kirche Schauplatz für Dreharbeiten zu dem Film „The Da Vinci Code" nach dem Bestseller von Dan Brown.

Eden Project, Bodelva
(oben links)

2001 wurde der gewaltige botanische Garten bei St. Austell eröffnet. Bestimmt wird die Anlage durch zwei riesige Gewächshäuser, die aus jeweils vier miteinander verschliffenen geodätischen Kuppeln bestehen. In diesem von Nicholas Grimshaw (* 1939) entworfenen, mit doppelwandigen Kunststoffkissen überzogenen Raumfachwerk – den größten Gewächshäusern der Welt – werden verschiedene Vegetationszonen simuliert.

St. Mary's Cathedral, Salisbury
(oben rechts)

Die Kathedrale ist in einem Zug von 1220–1268 inmitten grüner Wiesen erbaut worden und ist deswegen auch die einheitlichste Kathedrale Englands und ein Programmbau des Early English Style. Aus dieser Einheitlichkeit ragen zwei Bauteile heraus: die Trinity Chapel und das oktogonale Chapter House am Kreuzgang, in dem die besterhaltene Kopie der Magna Charta von 1215 besichtigt werden kann.

St. Peter's Cathedral, Exeter
(unten)

Berühmt ist die ab 1224 errichtete gotische Kathedrale wegen des fantastischen Langhausgewölbes, das sich in großartiger Einheitlichkeit über den gesamten Bau zieht. Bei dem mit etwa 100 m längsten ununterbrochenen Gewölbe der Welt mit seiner riesigen Anzahl an Fächerrippen besticht der überwältigende Gesamteindruck durch die unvergleichliche Harmonie, die die mittelalterlichen Baumeister hier erreicht haben.

Stonehenge, Amesbury
(oben)

Bereits seit 1986 zählt das bekannteste Steinzeitdenkmal der Welt zum Weltkulturerbe. Entstanden ist die Anlage aus zwei Kreisen aufrecht stehender Steine, die durch liegende Felsblöcke paarweise miteinander verbunden sind, in drei großen Phasen ab etwa 3100 v. Chr. Die Funktion der Anlage ist bis heute ungewiss; möglicherweise war sie eine Art vorgeschichtliches Observatorium oder eine heidnische Kultstätte.

Abteikirche, Romsey
(unten links)

Die ab 1120 errichtete Kirche ist ein Hauptwerk normannischer Baukunst in England. Das Langhaus der dreischiffigen Emporenbasilika bietet den bekannten dreistöckigen Aufbau der Kirchen aus dieser Zeit. Direkt nach der Vierung hat der Baumeister aber eine höchst eigenwillige und äußerst innovative Neuerung eingeführt, indem er die beiden unteren Stockwerke durch eine Riesenarkade zusammenfasste.

Cathedral of Christ, Canterbury
(unten rechts)

Das Erzbistum Canterbury war seit jeher das kirchliche Zentrum Englands. Mit dem ab 1175 erfolgten Neubau der Kathedrale begann in England die Gotik. Der frühgotische Chor sowie das später begonnene Langhaus sprühen vor Innovationen. Der gewaltige Vierungsturm aus dem 15. Jahrhundert – der sogenannte Bell Harry – birgt mit dem Fächergewölbe ein letztes Wunderwerk englischer Wölbkunst der Spätgotik.

Arundel Castle, Arundel
(oben)

Das im 11. Jahrhundert errichtete normannische Schloss ist seit über 700 Jahren der Stammsitz der Herzöge von Norfolk und eines der besterhaltenen Schlösser Großbritanniens. Die Innenräume der hoch über dem Flusstal der Arun aufragenden trutzigen Burg mit ihren Zinnen und Zugbrücken geben einen hervorragenden Eindruck der Lebensweise des englischen Adels im Mittelalter.

Royal Pavilion, Brighton
(Mitte)

Der 1815–1822 von John Nash (1752–1835) für den späteren König George IV. errichtete Royal Pavilion zählt zu den bizarrsten und fantastischen Bauten Englands. Nash erschuf eine exotische Traumwelt, die sich an chinesische Formen und den indischen Mogulstil anlehnte. So fällt etwa in der Kuppel des Bankettsaals der Blick des Betrachters auf eine riesige gemalte, zum Teil auch plastisch ausgeformte Bananenstaude.

De la Warr Pavilion, Bexhill-on-Sea *(unten)*

1935, nach Errichtung des Volkshauses mit Veranstaltungsräumen, Restaurants und Terrassen, war das vorher etwas rückständige Seebad Bexhill plötzlich in aller Munde. Das von Erich Mendelsohn (1887–1953) und Serge Chermayeff (1900–1996) errichtete, für die Erbauungszeit sehr exotisch wirkende Gebäude, ist der erste Stahlskelettbau in Großbritannien und bildet den Beginn der Moderne auf den Britischen Inseln.

Irland

Newgrange, Brú na Bóinne
(unten links)

Das gewaltige Hügelgrab mit 90 m Durchmesser und einer Höhe von 11 m wurde etwa 3150 v. Chr. erbaut und gehört zu den denkwürdigsten Megalithanlagen der Welt. 1993 wurde das Ganggrab in die Liste des Weltkulturerbes aufgenommen. In die Grabkammer mit ihren reich verzierten Monolithen führt ein schmaler Gang, der genau auf den Sonnenaufgang am Tag der Wintersonnenwende ausgerichtet ist.

Four Courts, Dublin
(oben)

Der 1796–1802 errichtete Gerichtsbau ist das Meisterwerk von James Gandon (1743–1823) und zeigt deutlich den Einfluss von Claude Nicholas Ledoux. Über dem Grundriss eines griechischen Kreuzes erhebt sich eine flache Kuppel über dem monumentalen Tambour. Die vier Gerichte ordnen sich diagonal um die zentrale Halle unter der Kuppel an. Das Gebäude wurde während des irischen Bürgerkriegs 1922 stark beschädigt.

Custom House, Dublin
(unten rechts)

Das 1781–1791 von James Gandon (1743–1823) errichtete Hauptzollamt gilt als vortrefflichster Bau Dublins und als Meisterwerk des europäischen Neoklassizismus. Vier unterschiedliche Fassaden wurden hier durch klassizistische Eckpavillons miteinander verbunden. Nach einer schweren Beschädigung 1921, während des irischen Bürgerkriegs, wurde der Bau 1928 und bis 1991 aufwendig restauriert.

Niederlande

Königspalast, Amsterdam
(oben links)

Das ehemalige Rathaus von Amsterdam ist das wichtigste Zeugnis des Goldenen Zeitalters der Niederlande und unbestritten das Meisterwerk Jacob van Campens (1595–1657). Unmittelbar nach Abschluss des Westfälischen Friedens wurde der Bau mit seiner doppelstöckigen Fassadengliederung begonnen. Der Bürgersaal nimmt die komplette Höhe des Baus ein und ist Ausdruck des Selbstverständnisses der Amsterdamer Bürger.

Börse, Amsterdam
(oben rechts)

Die 1896–1903 errichte Börse gilt als Beginn der Moderne in den Niederlanden. Hendrik Berlage (1856–1934) wollte sich mit seinem von einem hohen Turm bekrönten Backsteinbau deutlich von der Architektur des Historismus absetzen und beauftragte bekannte Jugendstilkünstler mit der Ausgestaltung des Innen- und Außenbaus. Die große Halle vermittelt den Eindruck eines nach innen gekehrten Stadtplatzes.

Rijksmuseum, Amsterdam
(unten)

Den 1876 ausgeschriebenen zweiten Wettbewerb zur Erbauung des Amsterdamer Museums gewann Pierre Cuypers (1827–1921), und er errichtete ein um zwei Höfe angelegtes Bauwerk, in dem er neugotische und Frührenaissanceelemente geschickt miteinander verband. Obwohl der Bau anfangs kritisiert wurde, diente er vielen niederländischen Neorenaissance-Architekten als Vorbild.

Kathedrale St. Martin, Utrecht
(oben links)

Kurz nach der Grundsteinlegung am Kölner Dom begannen 1254 auch in Utrecht die Bauten an einer neuen Kathedrale mit einem dreischiffigen Umgangschor und einem 112 m hohen Turm, der als einer der prächtigsten gotischen Türme weltweit gilt. Schon 1674 wurde allerdings das Langhaus durch einen Wirbelsturm zerstört und bis heute nicht wieder aufgebaut; an seiner Stelle liegt nun ein mit Bäumen bewachsener Park.

Rietveld-Schröder-Haus, Utrecht *(oben rechts)*

1924 wurde diese Ikone der modernen Architektur errichtet: Das Haus Schröder ist Gerrit Rietvelds (1888–1964) einziges herausragendes Bauwerk und wurde 2000 in die Liste des Weltkulturerbes aufgenommen. Die Einflüsse der De-Stijl-Bewegung mit ihrem Wortführer Piet Mondrian (1872–1944) sind unübersehbar. Die Wände im Obergeschoss sind verschiebbar, wodurch sich unterschiedlich große Räume schaffen lassen.

Mauritshuis, Den Haag
(unten)

Das ab 1633 von Jacob van Campen (1595–1657) für den Großneffen des Statthalters von Nassau-Siegen errichtete Mauritshuis – heute Sitz der Königlichen Gemäldegalerie – hatte Vorbildcharakter im anspruchsvollen Stadthäuserbau. Grundriss und Fassadengestaltung mit Kolossalgliederung und Dreiecksgiebel lehnen sich an Bauten Andrea Palladios an, während das hohe Walmdach den holländischen Geschmack widerspiegelt.

Belgien

Liebfrauenkathedrale, Antwerpen *(unten)*

Die Dimensionen sind enorm: Von den fünf geplanten Türmen der Antwerpener Kathedrale wurde nur der in fein durchbrochener Steinmetzarchitektur endende Nordturm errichtet, der eine stolze Höhe von 123 m erreicht. Das siebenschiffige Langhaus der 1352 begonnenen und im 15. Jahrhundert fertiggestellten Basilika birgt als Hauptsehenswürdigkeit vier Meisterwerke von Peter Paul Rubens.

Rathaus, Antwerpen *(oben rechts)*

Vom Wohlstand und der Bedeutung der Hafenstadt Antwerpen zeugt überdeutlich das stolze Stadhuis. Es ist das Hauptwerk von Cornelis Floris II. (1514–1575) und wurde von 1561–1566 errichtet. Floris verband holländische und flämische Traditionen mit der aktuellsten italienischen Formensprache. Der hoch ansteigende, prächtig gestaltete Mittelrisalit besteht aus einer Abfolge des römischen Triumphbogenmotivs.

St.-Bavo-Kathedrale, Gent *(oben links)*

Die mehr als 600-jährige Baugeschichte der Kirche spiegelt sich in den deutlich sichtbaren gotischen und barocken Stilelementen, die hier eine harmonische Symbiose eingehen. Noch berühmter als durch die Architektur wurde St. Bavo allerdings durch die Fülle an Kunstschätzen, die es beherbergt: Allen voran steht natürlich der 1420–1430 geschaffene berühmte Genter Altar der Brüder van Eyck.

Gravensteen, Gent
(oben rechts)

Das flämische Bollwerk Gravensteen ist eine der größten Wasserburgen Europas. Sie wurde im 12. Jahrhundert nach dem Vorbild der Kreuzfahrerburgen Syriens als Residenz des Grafen von Flandern erbaut. Zwar dominiert der mächtige Burgfried mit der großen Halle das Burgpanorama, besonders auffällig und einzigartig sind jedoch die vielen hängenden Türmchen, die die gesamte Ringmauer umgeben.

Atomium, Brüssel
(oben links)

Das Wahrzeichen Brüssels wurde anlässlich der Weltausstellung 1958 als Symbol des wissenschaftlichen Fortschritts errichtet. Es stellt die Gitteranordnung eines Eisenmoleküls in milliardenfacher Vergrößerung dar. Die Gesamthöhe beträgt 102 m, jede der gigantischen neun Stahlkugeln hat einen Durchmesser von 18 m und wiegt etwa 200 t. In den Verbindungsröhren sind Gänge, Treppen und Aufzüge untergebracht.

St. Michel et Gudule, Brüssel
(unten links)

Die auf einem Hügel über der Stadt thronende Kathedrale ist der erste bedeutende gotische Bau in den Beneluxstaaten. Der Chor wurde noch im 13. Jahrhundert in romanischer Form begonnen, im Langhaus und im Umgangschor haben sich dann aber die gotischen Formen durchgesetzt. Die kürzeren und breiteren Proportionen unterscheiden die belgischen von den französischen Kathedralen.

Rathaus, Löwen
(unten rechts)

Die größte Sehenswürdigkeit Löwens und eines der schönsten gotischen Gebäude Europas ist das 1439–1468 errichtete Rathaus der Stadt. Der große Einfluss, den die hier ansässige Goldschmiedekunst auf seine Fassaden hatte, ist unübersehbar. Das ganze Gebäude wirkt wie ein Schmuckkästchen oder wie ein Reliquienschrein, wie sie besonders während der Hoch- und Spätgotik beliebt waren.

Palais Stoclet, Brüssel
(oben)

Die 1905–1911 von dem aus Mähren stammenden Josef Hoffmann (1870–1956) errichtete Industriellenvilla gilt als Höhepunkt und zugleich Ausklang des Wiener Sezessionsstils. Hoffmann setzte die gesamten Wiener Werkstätten für dieses Projekt ein, fertigte die Möbelentwürfe selbst und gewann sogar Gustav Klimt für zwei Wandgemälde. Heute gehört das Palais Stoclet zum UNESCO-Weltkulturerbe.

Justizpalast, Brüssel
(unten links)

Der zwischen 1866–1883 von Joseph Poelaert (1817–1879) errichtete Justizpalast war über viele Jahre hinweg das größte Gebäude Europas und zählt noch heute zu den pompösesten Bauten des Historismus. Um Platz zu schaffen, musste ein ganzes Stadtviertel weichen. Das Stilgemisch aus ägyptischen, assyrischen, antiken und sogar barocken Formen gipfelt in der über 100 m hohen Kuppel über dem großen Saal.

Hôtel van Eetvelde, Brüssel
(unten rechts)

Mit dem 1895–1898 für den belgischen Außenminister errichteten Wohnhaus ging Victor Horta (1861–1947) über die konventionelle Jugendstilarchitektur hinaus. Die an der Fassade eingesetzten Materialien wie Eisen und Glas weisen schon auf die Glasfassaden des beginnenden 20. Jahrhunderts hin. In dem als Wintergarten gestalteten Lichthof lässt sich Hortas geniale Kombination von Funktionalismus und Fantasie ablesen.

Hôtel Tassel, Brüssel
(unten links)

Mit dem für einen Freund 1892/93 errichteten Wohnhaus schuf Victor Horta (1861–1947) einen Pionierbau des Jugendstils. Er machte erstmals die Eisen- und Glaskonstruktion sichtbar und umspielte diese mit üppigem Ornament. Während das Äußere noch relativ konventionell gestaltet ist, wird im Inneren ein Feuerwerk an Formen und Farben entfacht: Dekoration und Konstruktion gehen hier eine perfekte Symbiose ein.

Kathedrale Notre-Dame, Tournai *(oben)*

Die etwa ab 1160 entstandene, heute zum Welterbe gehörende Kathedrale lehnte sich in ihrer ursprünglichen Form an die Bauten der rheinischen Spätromanik an. Hiervon zeugen noch das beeindruckende Langhaus mit seinem vierstöckigen Aufbau und die gewaltige Fünfturmanlage, die das Stadtbild von Tournai beherrscht. Im Osten wurde im 13. Jahrhundert ein rein gotischer Umgangschor angebaut.

Tuchhallen, Ypern
(unten rechts)

Gent und Ypern waren schon im 12. Jahrhundert bedeutende Zentren der Tuchherstellung. In dieser Zeit entstand eine Reihe repräsentativer Profanbauten in Flandern. Zu den bedeutendsten gehören die zwischen 1201 und 1304 erbauten Tuchhallen in Ypern. Das eindrucksvolle rechteckige Marktgebäude mit den vier Ecktürmen gilt als einer der großartigsten mittelalterlichen Profanbauten Europas.

Frankreich

Notre-Dame, Rouen *(oben)*

Die Mitte des 12. Jahrhunderts begonnene Kathedrale in der Normandie war Krönungsort und Grablege der normannischen Herzöge. Besonders bemerkenswert sind die originellen, unechten Emporen im Langhaus und die wuchernde, flamboyante Pracht am Westbau, hier vor allem der berühmte Butterturm. Der Vierungsturm war mit 151 m der höchste Turm der Welt, bis er 1877 vom Kölner Dom abgelöst wurde.

Saint-Gervais-et-Saint-Protais, Soissons *(unten links)*

Die Kathedrale wurde ab 1180 errichtet und besitzt in ihrem ältesten Bauteil, dem Südquerhaus, eines der größten Wunderwerke der Kathedralgotik: Das komplette Schiff ist hier zweischalig aufgebaut, das heißt mit einer räumlichen Außenzone ummantelt, die der Kirche ihre für die Gotik so typische, stark lichtdurchflutete Atmosphäre verleiht.

St.-Pierre, Beauvais *(oben rechts)*

Der Bau ist mit 48 m die höchste Kathedrale Frankreichs und zugleich auch Sinnbild der Maßlosigkeit gotischer Baukunst, die sogar zweimal bestraft wurde: 1284 stürzte der erste Chor ein und gegen 1560 der gewaltige Vierungsturm, dem das Widerlager des Langhauses fehlte. Die himmelstürmende Höhe der erhaltenen Bauteile findet allerdings weltweit nichts Vergleichbares.

Notre-Dame, Amiens *(unten links)*

Der 1220 begonnene Bau ist mit 145 m Länge die größte Kathedrale Frankreichs. Wegen ihrer baulichen Präzision stand Notre-Dame d'Amiens für viele Gotikbewunderer an erster Stelle der klassischen Kathedralen. Heute nimmt diesen Platz eher Chartres ein. Dennoch zählt der seit 1981 zum Weltkulturerbe gehörende Bau zum Besten und Einflussreichsten, was die Gotik hervorgebracht hat.

Hôtel de Ville, Arras
(linke Seite unten rechts)

Typisch für Repräsentationsbauten der gotischen Niederlande sind die von Kirchtürmen nicht mehr zu unterscheidenden Türme der Rathäuser oder Tuchhallen. Ein herausragendes Beispiel ist der nach 1450 begonnene Turm des Rathauses von Arras, der dem stolzen, reich dekorierten Unterbau theoretisch und auch praktisch (den Abschluss bildet eine Bügelkrone) „die Krone aufsetzt".

Notre-Dame, Laon *(unten rechts)*

Die nach 1155 begonnene Kirche stellt mit ihrem gerade geschlossenen Chor, der wie ein Langhaus wirkt, einen einzigartigen Sonderfall dar. Zudem ist die Kathedrale die idealtypische Lösung für den vierstöckigen Mittelschiffaufbau. Ebenfalls einzigrtig ist der fünftürmige Außenbau. Den Ruhm von Laon macht allerdings die Zweiturmfassade im Westen mit ihrer eigenräumlichen Tiefe aus.

Notre-Dame, Reims *(oben links)*

Die 1211 begonnene Kathedrale gehört zu den größten Schöpfungen der Architektur. Vorbild und Herausforderung war die 17 Jahre vorher begonnene Kathedrale in Chartres. Die wichtigste Innovation in Reims war die Erfindung des Maßwerks. Die Westfassade der dreischiffigen Basilika gilt als Höhepunkt der Kathedralfassaden, und die Portalskulpturen sind von höchster Qualität.

Saint-Rémi, Reims
(unten rechts)

1007–1049 baute man in Reims eine weiträumige Emporenbasilika, der seit etwa 1165 eine Fassade und ein Umgangschor angefügt wurden. Der Chor ist ein Meisterwerk der Frühgotik und in seiner erfinderischen Fantasie kaum zu übertreffen: Nicht nur der vierstöckige Aufbau, sondern auch die rhythmisierten Säulenstellungen, die Drillingsfenster und das Strebewerk sind in ihrer Form einmalig.

Notre-Dame, Straßburg
(unten links)

Weltruhm erlangte das Liebfrauenmünster durch seine von Erwin von Steinbach (um 1244–1318) errichtete Doppelturmfassade, die gemeinsam mit der großen Fensterrose eines der größten Wunderwerke der Architektur bilden und bereits Goethe zu seinem berühmten Hymnus „Von deutscher Baukunst" veranlassten. Das ab 1225 errichtete Langhaus stellt eine perfekte Architektur dar, die dem gotischen System folgt.

Schloss, Chantilly
(oben)

Chantilly liegt auf einer kleinen Insel inmitten eines künstlichen Sees. Die mittelalterliche Anlage wurde im 16. Jahrhundert erweitert und später noch mehrmals umgestaltet. Der riesige Schlosspark ist einer der berühmtesten Frankreichs, das Musée Condé beherbergt weltberühmte Handschriften wie die „Très Riches Heures" der Brüder von Limburg aus dem 15. Jahrhundert und eine Gutenberg-Bibel.

Notre-Dame, Noyon
(oben)

Die etwa von 1157–1121 errichtete Kirche ist neben Sens und Laon eine der ersten gotischen Kathedralen Frankreichs. Wie schnell sich die französische Kathedralarchitektur verfeinerte, ist an den zweischalig angelegten Abschlusskonchen des Querhauses mit ihren dünnen Säulen, Vorlagen und Profilen wunderschön abzulesen. Zudem ist Noyon einer der wenigen frühgotischen Bauten mit vollendeter Doppelturmfassade.

Zisterzienserabtei, Chiry-Ourscamp *(unten links)*

Vom 1129 gegründeten Kloster Ourscamp stehen heute nur noch wenige Teile. Ein besonderes Kuriosum ist, dass der Ostteil der Kirche im 19. Jahrhundert durch ihren damaligen Besitzer, der eine große Begeisterung für romantische Ruinen hegte, absichtlich in den heutigen ruinösen Zustand gebracht wurde. Exzellent erhalten ist das um 1220 entstandene berühmte Krankenhaus.

Abbaye de Royaumont, Asnières-sur-Oise *(unten rechts)*

Nach der Gründung im Jahr 1226 war es der blutjunge König Ludwig IX. (1214–1270), der den Bau von Kirche und Konvent in Auftrag gegeben hatte und sogar selbst beim Bau mit Hand angelegt haben soll. Auch später zog sich Ludwig oft in das Zisterzienserkloster zurück. Diesen königlichen Auftraggeber sieht man den hochherrschaftlichen Gebäuden, von denen leider die Kirche verfiel, heute noch an.

Benediktinerabtei, Jumièges
(oben)

Die ehemalige Benediktinerabtei geht auf den heiligen Philibert (um 617–684) zurück und wurde bereits 654 gegründet. Die neu erbaute Kirche wurde 1067 geweiht, wozu eigens der englische König Wilhelm der Eroberer anreiste. 1790 wurde der Bau als Steinbruch genutzt und der Chor gesprengt. Heute ist die Kirche eine der eindrucksvollsten Ruinen der gesamten Romanik.

Saint-Pierre, Lisieux
(unten links)

Die um 1170 neu erbaute Kirche ist eine der wichtigsten Kathedralen der Normandie. Das frühgotische Langhaus wurde im Stil der Île-de-France-Architektur erbaut. Der hochgotische Chor zeigt dagegen die klassischen Formen der normannischen Gotik in einer ausgeprägt vertikalen Formensprache. Die herrliche Fassade des Südquerhauses war lange Zeit der Haupteingang des Gebäudes.

Saint-Étienne, Caen
(unten rechts)

Der ab 1060 errichtete Bau wurde von Wilhelm dem Eroberer (um 1027–1087) und seiner Frau Mathilde von Flandern (um 1032–1083) als Kirche des Mönchskonvents gestiftet. Die Innengliederung hatte eine reiche Nachfolge in der normannischen Architektur Englands. Die Fassade ist eine der ersten Zweiturmfassaden überhaupt, und der Ostbau gehört zu den faszinierendsten Choransichten der gesamten Gotik.

Sainte-Trinité, Caen
(unten rechts)

Das Frauenkloster von Caen ist ebenfalls eine Stiftung des englischen Königs Wilhelm I. und dessen Gattin Mathilde und wurde ab 1060 errichtet. An der Konventskirche gibt es eine Zweiturmfassade, allerdings liegt der Hauptakzent auf den drei Portalen. Man sieht hier den Beginn jener Entwicklung, die später über St. Denis zum Generalthema der gotischen Kathedrale werden sollte.

Notre-Dame, Coutances
(unten links)

Die nach 1180 begonnene Kirche ist eine der bedeutendsten Kathedralen der Normandie. Im Inneren wurde der Wandaufbau von Bourges in origineller Weise abgewandelt. Weithin sichtbar ist der gewaltige, achteckige Vierungsturm von beträchtlicher Höhe, der innen offen ist und wie eine fein gegliederte lichtdurchflutete Laterne wirkt und dem Besucher einen grandiosen Eindruck bietet.

Benediktinerabtei, Mont-Saint-Michel *(oben)*

Mitten im Wattenmeer erhebt sich die großartigste Klosterburg Europas, die die Reliquien des Erzengels Michael beherbergt. 966 begann der Ausbau des Klosters, das seit 1979 zum Weltkulturerbe zählt. Zu den bedeutendsten Bauteilen gehören Rittersaal und Refektorium, die Choranlage sowie der grandiose Kreuzgang mit einem einmaligen Blick durch die Arkatur hinaus aufs Meer.

Schloss, Versailles
(oben)

Kein anderes Schloss hatte einen vergleichbaren Vorbildcharakter und verkörpert das absolutistische Königtum so wie das ab 1623 errichtete Versailles. Louis Le Vau (1612–1670), Jules Hardouin-Mansart (1646–1708) und der Gartenarchitekt André Le Nôtre (1613–1700) errichteten für Ludwig XIV. ein von prunkvollem Hofleben erfülltes einzigartiges Machtzentrum in deutlicher Distanz zur Hauptstadt Paris.

Petit Trianon, Versailles
(unten rechts)

Das 1771–1785 von Ange-Jacques Gabriel (1698–1782) errichtete Schlösschen im Park von Versailles gilt als wegweisend für den französischen Klassizismus und ist ein Musterbeispiel für den Louis-seize-Stil in der Architektur. Der äußerst edel gegliederte, würfelförmige Bau, bei dem sich Pilaster und Säulen abwechseln, lehnt sich mit seiner großen Ordnung stark an die Architektur Andrea Palladios an.

Villa Savoye, Poissy
(unten links)

Die 1928–1931 für den Versicherungsinhaber Pierre Savoye von dem französischen Stararchitekten Le Corbusier (1887–1965) erschaffene Villa gehört zu den Juwelen der modernen Architektur. Der Bau veranschaulicht auf perfekte Weise die Theorie der fünf Brücken der modernen Architektur, die Le Corbusier 1927 aufstellte: Pfahlbauten, begrünte Dächer, freie Ebenen, lange Fenster und freie Fassaden.

Château de Maisons-Laffitte, Yveslines *(oben links)*

Das 1642–1650 errichtete Schloss ist das am vollständigsten erhaltene Gebäude von François Mansart (1598–1666) und vermittelt am besten die geniale Begabung des Architekten. Das vielschichtige Wandrelief ist im beherrschenden Mittelrisalit aufs Höchste gesteigert. Die steilen, den Pavilloncharakter betonenden Dächer sind typische Gestaltungsmerkmale französischer Schlösser des 16. Jahrhunderts.

Basilika, Saint-Denis *(oben rechts)*

Hier, in der Grablege französischer Könige, beginnt die Gotik: Verantwortlich war Abt Suger (1081–1151), der ab 1137 die Zweiturmfassade und den Chor errichten ließ. Rationalität und Systematisierung durchströmen die Dreiergruppe der Portale mit Skulpturenschmuck und die axiale Fassadengestaltung. Im Chor werden die Wände zum Leuchten gebracht, und das Langhaus wird durch das verglaste Triforium zum Lichtraum.

Schloss, Saint-Germain-en-Laye *(unten)*

Im 13. Jahrhundert als Burg begonnen, diente das Schloss als Sitz der französischen Könige, bis „Sonnenkönig" Ludwig XIV. (1638–1715) Versailles erbauen ließ. Verschiedenste Architekten waren an dem im frühen Renaissancestil erbauten Schloss beteiligt. Den Höhepunkt bildet die von André le Nôtre (1613–1700) angelegte Terrasse, mit 2 km Länge die größte und kunstvollste Europas.

Barrière de la Villette, Paris *(Mitte)*

Nicolas Ledoux (1736–1806) gehört zu den berühmtesten Architekten des 18. Jahrhunderts. Besonders durch seine „Barrières", die Zollhäuser, prägte er das Pariser Stadtbild. Von den über 50 ab 1784 erbauten Zollhäusern stehen heute nur noch vier. Ledoux gestaltete die Bauten mit wenigen einfachen, kubischen Formen, die er mit Elementen der Antike überhöhte.

Sacré-Cœur, Paris
(oben links)

Die 1876–1919 errichtete Wallfahrtskirche ist das Meisterwerk von Paul Abadies d. J. (1812–1884). Der Zuckerbäcker-Bau steht am Ende der historisierenden Kirchenbaukunst, die schon bald von Konstruktionen aus Eisen und Stahl abgelöst wurde. Abadie wählte einen byzantinisierenden Stil mit einem Zug zum Fantastisch-Visionären. Auch das Innere mit der alles beherrschenden Kuppel überrascht durch Größe und Weiträumigkeit.

Saint-Martin-des-Champs, Paris *(oben rechts)*

Der vor 1140 errichtete Chor der Abteikirche zeigte schon vor Saint-Denis einen Umgangschor mit Kapellenkranz. Dennoch erblasst die Kirche fast ein wenig gegenüber dem Wunderwerk des Refektoriums (um 1230): Das Gewölbe wird hier von so zerbrechlich dünnen Stützen getragen, dass sich der Betrachter fragen muss, wie so etwas überhaupt möglich ist. Heute gehört die Anlage zum technischen Musée des Arts et Métiers.

Hôtel de Soubise, Paris
(unten)

Das 1705–1709 von Pierre Alexis Delamaire (1676–1745) erbaute Stadtpalais stellt einen Wendepunkt im französischen Palastbau dar. Die Forderung nach bequemer Wohnlichkeit tritt jetzt gleichberechtigt neben den Repräsentationsanspruch, was an der edlen, aber zurückhaltenden Fassade hervorragend ablesbar ist. Diese Richtung hatte schon Ludwig XIV. in seinem Grand Palais (1678–1688) eingeschlagen.

Opéra Garnier, Paris
(rechte Seite unten links)

Die 1863–1875 von Charles Garnier (1825–1898) erbaute Pariser Oper ist der Inbegriff des prunkhaft übersteigerten, hier erstmals in solch reiner Ausprägung auftretenden Neobarock. Der Bau wirkt mit seinem Foyer, den Treppen, Rampen und Zufahrtsstraßen wie ein Königsschloss, in dem sich das zu Reichtum gekommene Bürgertum ausgiebig darstellen konnte.

Arc de Triomphe, Paris
(oben links)

Der von Jean-François Chalgrin (1739–1811) ab 1806 begonnene Bau ist mit fast 50 m Höhe der größte Triumphbogen der Welt. Aufgrund der gewaltigen Dimensionen musste auf die übliche Instrumentierung durch Säulen verzichtet werden. Die Bedeutung des Ehrenbogens wurde durch die Anlage des Straßensterns auf der Place Charles de Gaulle durch den Stadtplaner Georges-Eugène Hausmann (1809–1891) noch unterstrichen.

Métro, Paris
(oben rechts)

Von den Eingängen zur Pariser Métro, die Hector Guimard (1867–1942) um 1900 geschaffen hat, haben sich nur wenige erhalten. Guimards Abkehr von historisierenden Formen galt zu ihrer Entstehungszeit als bahnbrechend. Die Eingänge sind prunkvollster Jugendstil, haben die Form von Pflanzen und passen sich mit ihrem gusseisernen Geäst perfekt an die sie umgebenden Chausseebäume an.

La Madeleine, Paris
(unten rechts)

Die ungewöhnliche Kirche ist eine der wichtigsten Sehenswürdigkeiten von Paris, und sie blickt auf eine lange Baugeschichte mit verschiedensten Nutzungsabsichten zurück: 1764 begonnen, wurde der Bau schließlich 1845 als Pfarrkirche geweiht. Von außen ein streng klassizistischer Tempel, steht der Innenraum mit seiner Abfolge von drei Kuppelräumen ganz in der Tradition römischer Thermen.

Eiffelturm, Paris
(oben rechts)

Von seiner Errichtung 1889 anlässlich der Pariser Weltausstellung bis 1932 war er mit 300 m das höchste Gebäude der Welt. Der von Gustave Eiffel (1832–1923) errichtete Turm spiegelt den Fortschrittsglauben des 19. Jahrhunderts wider. Heute zählt er längst zu den bekanntesten Bauten der Welt und stellt den Höhe-, aber auch den Endpunkt des Eisenbaus dar. Der Siegeszug des Stahlbetons war nicht mehr aufzuhalten.

Saint-Louis-des-Invalides, Paris
(oben links)

Der Invalidendom ist das barocke Meisterwerk von Jules Hardouin-Mansart (1646–1708). Ihm gelang hier eine perfekte Synthese aus kraftvoll-dynamischem italienischem Formengut und ruhig-flächiger eleganter französischer Gestaltung. Ursprünglich als Grablege Ludwigs XIV. geplant, dient die Krypta des gewaltigen Kuppelraums heute Napoléon Bonaparte als letzte Ruhestätte.

Place de la Concorde, Paris
(unten)

Er gilt als einer der schönsten Plätze der Welt und wurde zwischen 1755–1775 von Ange-Jacques Gabriel (1698–1782) angelegt. Während der Französischen Revolution allerdings stand hier eine Guillotine, durch die mehr als 1000 Personen den Tod fanden, unter ihnen Ludwig XVI., Marie Antoinette, Georges Danton und Maximilien de Robespierre. Seit 1833 schmückt ein 3200 Jahre alter Obelisk aus Luxor den Platz.

Bibliothèque Nationale, Paris
(unten links)

1861–1854 baute Henri Labrouste (1801–1875) die damalige Bibliothèque Impériale um und erweiterte sie zur heutigen Nationalbibliothek. Berühmt wurde sein von neun Kuppeln überspannter Lesesaal, deren völlig frei stehende Eisenkonstruktion revolutionär anmutet, da die dünnen Eisenpfeiler die komplette Dachkonstruktion tragen. Diese Bauart fand in vielen Bibliotheks- und Archivbauten eine große Nachfolge.

Palais Royal, Paris
(unten rechts)

Der seinem Namen alle Ehren machende königliche Palast wurde 1627–1629 von Jacques Lemercier (1585–1654) für Kardinal Richelieu erbaut. Auch Ludwig XIV. verbrachte seine ersten Lebensjahre in diesem Gebäude. 1752–1770 wurde der Palast durch Pierre Contant d'Ivry (1698–1777) stark erweitert und erhielt seine heutige Gestalt. 1789 wurde hier die Stürmung der Bastille beschlossen.

Louvre, Paris
(oben)

Um 1190 begonnen, diente der Louvre bis 1793 als Königsresidenz. Fast jeder Herrscher baute um, erweiterte oder renovierte. Zu den berühmtesten Teilen gehört die Lescaut-Fassade (um 1546) sowie die von Claude Perrault (1613–1688) und Louis Le Vau (1612–1670) errichtete Ostfassade, die stilbildend für den französischen Klassizismus wurde. Heute beherbergt der Bau mit dem Musée du Louvre das größte Museum der Welt.

Bibliothèque Sainte-Geneviève, Paris *(oben links)*

Der Außenbau der 1844–1850 von Henri Labrouste (1801–1875) erbauten Bibliothek zeigt zwar übliche Neorenaissance-Formen, im Inneren erweist sich der Bau allerdings als bahnbrechendes Werk der Eisenkonstruktion. Labrouste gelang mithilfe der innovativen Materialien, die eine völlig neue Bauweise ermöglichten, ein luftig-lichter Bau von ungewöhnlicher Leichtigkeit.

Sainte-Chapelle, Paris *(oben rechts)*

Vielleicht lässt sich das 1243–1248 entstandene, überwältigende Bauwerk nur mit dem kostbaren Schatz, den es birgt, erklären. Die wie ein lichtdurchfluteter gotischer Glasschrein wirkende zweistöckige Kapelle bildet das faszinierende Gehäuse für die Dornenkrone Christi und Teile des „Wahren Kreuzes". Nur ein außerordentlicher Raum konnte diesen unvergleichlichen Besitz umrahmen.

Pyramide du Louvre, Paris *(unten)*

Mitten in den altehrwürdigen Innenhof des Louvre setzte Ieoh Ming Pei (* 1917) von 1983–1989 seine knapp 22 m hohe gläserne Pyramide, die aus einem dünnen Stahlgitter besteht, in das 800 rautenförmige und dreieckige Glasscheiben eingesetzt sind. Peis anfangs angefeindete Pyramide dient als Museumseingang und ist mittlerweile selbst zu einer großen Attraktion geworden.

Notre-Dame, Paris
(oben links)

In der von 1163–1320 errichteten Pariser Kathedrale – einer der eindrucksvollsten in ganz Frankreich – spiegeln sich gut 150 Jahre gotischer Stilentwicklung wider. Nie an der Spitze des Fortschritts, setzte man sich in Paris doch stets mit den aktuellsten Stilformen auseinander, übernahm diese begierig und fügte sie verändernd in das eigene Bauwerk ein.

Panthéon, Paris
(oben rechts)

Die nach Plänen von Jacques-Germain Soufflot (1713–1780) erbaute Kirche Sainte-Geneviève wurde 1791 in eine nationale Ruhmeshalle verwandelt. Hier setzte sich endgültig die klassizistische Auffassung des antiken Ideals durch. Der schlichte Bau war als strahlender Lichtraum konzipiert, diese Wirkung ist durch das Zumauern von 42 Fenstern allerdings verloren gegangen.

Centre Pompidou, Paris
(unten)

Das 1972–1977 errichtete und anfangs heftig umstrittene staatliche Kunst- und Kulturzentrum wurde von den Architekten Richard Rogers (* 1933) und Renzo Piano (* 1937) erbaut. Entstanden ist eine kühne Stahlkonstruktion, bei der alle tragenden Teile und die Versorgungselemente nach außen verlegt wurden, um im Inneren eine maximale Flexibilität in der Raumgestaltung zu erlangen.

Val-de-Grâce, Paris
(oben rechts)

Nie war in Paris der Einfluss der italienischen Barockarchitektur stärker: Die von François Mansart (1598–1666) und Jacques Lemercier (1585–1654) in den Jahren 1645–1667 erbaute Hospitalskirche lehnt sich in der Fassadengestaltung, der Kuppel und dem Zentralbaugedanken sowie in der Reliefplastik, dem Altarbaldachin und dem großen Kuppelfresko in für Frankreich außergewöhnlichem Maß an römische Vorbilder an.

Château Vaux-le-Vicomte, Melun *(oben links)*

Die Anlage gehört zu den Höhepunkten der französischen Schlossarchitektur. Errichten ließ sie Finanzminister Nicolas Fouquet (1615–1680) in den Jahren 1657–1661 von den größten Künstlern seiner Zeit, die allesamt bald darauf für den Schlossneubau in Versailles herangezogen wurden: der Architekt Louis Le Vau (1612–1670), der Maler Charles Le Brun (1619–1690) und der Gartengestalter André Le Nôtre (1613–1700).

Schloss, Fontainebleau
(unten links)

Das unter den französischen Königen François I. und Henri II. ab den 30er-Jahren des 15. Jahrhunderts ausgebaute Schloss liegt in einem großen Waldgebiet südlich von Paris und ist seit 1991 Weltkulturerbe. Die Innenausstattung wurde von Künstlern der sogenannten Schule von Fontainebleau wie Rosso Fiorentino (1494–1540) oder Primaticcio (1504–1570) ausgeführt, die den Manierismus nach Frankreich brachten.

Abbaye de la Trinité, Vendôme
(unten rechts)

Die Abteikirche mit ihrer eleganten spätgotischen Fassade blickt auf eine lange Bauzeit zurück, die sich vom 14. bis ins 16. Jahrhundert erstreckt. Trotz der mehrmaligen Planwechsel ist die Einheitlichkeit der Formen keineswegs gestört. Ganz im Gegenteil zeigt sich in Vendôme die Affinität zwischen der Gotik um 1300 und dem Flamboyantstil um 1500.

Schloss, Rambouillet
(oben links)

Der ab 1368 erbaute Prunkbau gehört zu jenen französischen Schlössern, die zu Kriegszeiten als Festungen dienten, in friedlicheren Zeiten dann aber als luxuriöse Landhäuser oder Jagdschlösschen. Dafür war Rambouillet wie geschaffen, da es inmitten weitläufiger Wälder liegt. Das Schloss beherbergte einst Könige und Kaiser und ist heute die Sommerresidenz des französischen Staatspräsidenten.

Saint-Julien, Le Mans
(oben rechts)

Die eindrucksvolle Kathedrale von Le Mans ist einer der Bauten, die in der Nachfolge von Chartres und Bourges die Aufbausysteme dieser beiden Kirchen zu etwas Neuem verbinden wollten. Der 1217 begonnene Hochchor verwendet zwar den gestaffelten Aufbau von Bourges, ist aber nur noch zweistöckig, weil das Triforium weggelassen und die Pfeiler und Scheidarkaden steil überhöht wurden.

Notre-Dame, Chartres
(unten)

Die nach 1194 begonnene Kathedrale von Chartres gehört zu den größten Leistungen in der Geschichte der Baukunst. Die Neuerungen in Architektur, Skulptur und Glasmalerei waren bahnbrechend. Hinzu kommt, dass nahezu die gesamte Ausstattung samt der farbigen Verglasung erhalten geblieben ist, wodurch ein fast unverfälschtes Bild von der Wirkung einer Kathedrale zu ihrer Erbauungszeit vermittelt wird.

Fleury, Saint-Benoît-sur-Loire
(oben links)

Das Kloster gehörte in merowingischer und karolingischer Zeit zu den mächtigsten in Gallien und wurde mehrmals zerstört. Von den drei Kirchen ist die größte Maria geweiht. Das im späten 11. Jahrhundert begonnene Bauwerk mit seinem monumentalen Westbau und dem ungewöhnlich eindrucksvollen Sanktuarium gehört zu den größten Leistungen der damaligen Architektur.

Saint-Étienne, Sens
(oben rechts)

1140, gleichzeitig mit dem Chor von Saint-Denis, wurde die Kathedrale von Sens begonnen. In der Trutzigkeit der Mauern wirkt in diesem Bau noch die Romanik nach, doch erkennt man in der Wölbform und dem konsequenten Dienst-Rippen-System schon früheste Gotik. Sens ist neben Saint-Denis der zweite Gründungsbau der Gotik, ihr fehlt allerdings der hochgotische Skelettbau.

Abbaye de Fontenay
(unten)

Fontenay bietet in seiner abgeschiedenen Tallage inmitten großer Wälder noch heute das Idealbild eines Zisterzienserklosters der Frühzeit. 1118/19 gegründet, widmete der heilige Bernhard von Clairvaux (um 1090–1153) persönlich dem Kloster besondere Fürsorge. Seit 1981 gehören die vorzüglich restaurierten Gebäude zum Weltkulturerbe und zählen zu den Attraktionen des Burgund-Tourismus.

Notre-Dame-du-Haut, Ronchamp *(oben links)*

Die 1954/55 von Le Corbusier (1887–1965) erbaute Wallfahrtskirche gehört sicherlich zu den denkwürdigsten Kirchenbauten des 20. Jahrhunderts und gilt als einzigartige Architekturikone. Die an eine Arche erinnernde Kirche wirkt auf den ersten Blick weit entfernt von Le Corbusiers Rationalismus, passt sich durch ihre monumentale Symbolik aber dennoch nahtlos in sein Gesamtwerk ein.

Saint-Léger, Murbach *(oben rechts)*

Der ganze Stolz der Kirche dieses elsässischen Benediktinerklosters ist der um 1130 entstandene Ostbau, der nirgends seinesgleichen findet. Die stolz aufragende, majestätisch ins Vogesenland vorgeschobene Chorfront, der jegliche Rundung fehlt, verdeutlicht eindrucksvoll, wie das Selbstbewusstsein einer Reichsabtei auch baulich überzeugend zum Ausdruck gebracht werden kann.

Zisterzienserkirche, Pontigny *(unten)*

Kloster Pontigny wurde 1114 gegründet und zählte nie zu den besonders reichen Konventen. Dass dies aber gerade bei den Zisterziensern keine Auswirkung auf die künstlerische Qualität haben muss, zeigt der Bau beispielhaft. Ungemein geschlossen, fast schon in die Landschaft geduckt, liegt der mächtige Baukörper mit seine 25 Kapellen inmitten von blühenden Lavendelfeldern.

Château de Chambord
(oben)

Das ab 1519 für König François I. (1494–1547) erbaute Schloss ist das größte und prächtigste aller Loire-Schlösser und gehört seit 1991 zum Weltkulturerbe. Eigentlich eine Renaissanceanlage, sind die steilen Dächer mit den Kaminen, Erkern und Türmchen noch ganz der späten Gotik verpflichtet. Die doppelläufige Wendeltreppe im Mittelbau wurde möglicherweise von Leonardo da Vinci entworfen.

Sainte-Marie-Madeleine, Vézelay *(unten links)*

Mit dem neu einsetzenden Kult um die heilige Maria Magdalena, deren Gebeine im 9. Jahrhundert nach Burgund gebracht wurden, begann der kometenhafte Aufstieg Vézelays zu einem der meistbesuchten Pilgerorte Europas. 1096 wurde die neue Kirche begonnen, die mit ihren ruhigen, ausgewogenen Proportionen und dem weltberühmten Figurenportal zu den Höhepunkten der Romanik gehört.

Saint-Étienne, Auxerre
(unten rechts)

Einen sehr guten Eindruck davon, wie Kathedralen einst in ihre Umgebung eingebunden waren, bekommt man in Auxerre. Der ab 1215 errichtete Bau besticht hauptsächlich durch die ausgeprägte für das Burgund typische Zweischaligkeit der Wand mit hohem Triforium und den ausgewogenen räumlichen Verhältnissen. Einzigartige Kostbarkeiten sind die rechteckige Scheitelkapelle und die reich mit Fresken ausgeschmückte Krypta.

Château du Roi René, Angers
(oben links)

So würde man sich ein Loire-Schloss wohl nicht vorstellen: Die mittelalterliche Zitadelle wurde von Ludwig IX., genannt der Heilige (1214–1270), ab 1230 angelegt. Die mächtige Umfassungsmauer mit den 17 gestreiften Türmen beherbergt im Inneren jedoch elegante Paläste und Gartenanlagen. Der größte Kunstschatz von Angers ist allerdings der nach 1375 entstandene Wandteppichzyklus der Apokalypse.

Saint-Gatien, Tours
(oben rechts)

Die Kathedrale von Tours wurde um 1220 begonnen und erst im frühen 16. Jahrhundert fertiggestellt. Folglich kann man an ihr sehr schön alle Entwicklungsstufen der französischen Gotik ablesen. Höhepunkt ist die gewaltige Zweiturmfassade, die im Flamboyantstil begonnen wurde und deren hohe Turmabschlüsse schon mit Nachdruck die neue Formenwelt der Renaissance ankündigen.

Abbaye Royale de Fontevraud
(unten links)

Die 1101 gegründete, ehemalige hochberühmte königliche Abtei zählte in Frankreich ursprünglich zu den vornehmsten ihrer Art. Es ist die Grablege des englischen Hauses Anjou-Plantagenêt und das größte klösterliche Gebäude Europas. Ein einmaliger Bau von höchster gestalterischer Fantasie ist der Innenraum der berühmten 27 m hohen Küche mit ihrem höchst verschachtelten Aufbau.

Schloss, Blois
(unten rechts)

Das Château de Blois ist eines der bekanntesten Loire-Schlösser und war von 1498–1598 die Residenz der französischen Könige. Es vereint Bauten aus vier verschiedenen Epochen in seiner Anlage. Eine besondere Sehenswürdigkeit ist der offene Wendeltreppenturm im Flügel François' I., eines der letzten bedeutenden Exemplare eines außerhalb des Gebäudes befindlichen oktogonalen Treppenhauses.

Saint-Lazare, Autun
(oben)

In Frankreich wurde zur Zeit der Romanik zwar sehr viel gebaut, doch gibt es nur wenige romanische Kathedralen. Allen voran ist Autun zu nennen, das ab 1120 in der Nachfolge von Cluny III entstand, sich aber noch stärker an der Antike orientierte. Weltberühmt sind auch die Skulpturen an den Portalen, besonders das Gerichtstympanon des Meister Gislebertus (12. Jahrhundert).

Schloss, Chenonceaux
(unten links)

Chenonceaux ist nach Versailles das meistbesuchte Schloss Frankreichs. Die ersten Bauteile (ab 1515) gehören zu den frühesten Renaissancebauten Frankreichs. Die charakteristische fünfbogige Brücke wurde bald durch die berühmte dreigeschossige Galerie bekrönt. Besonders bedeutend sind auch die Gärten, die im 16. Jahrhundert der Schauplatz für rauschende Feste waren.

Saint-Étienne, Bourges
(unten rechts)

Mit dem 1195 entstandenen Bau hätte die Architekturgeschichte eine andere Wendung nehmen können: Es setzten sich allerdings die Innovationen von Chartres durch, und Bourges spielte die Außenseiterrolle – wenn auch auf höchstem Niveau. Es gibt kein anderes Bauwerk, das das Ideal der Einheitlichkeit mit einem solch ungeheuren Hang zum Neuen und Ungewöhnlichen verbindet.

Saint-Philibert, Tournus
(oben)

Tournus ist eine der ältesten christlichen Kultstätten Burgunds. Die Abteikirche ist in mehreren Bauphasen weitgehend im 12. Jahrhundert entstanden und die Zweiturmfassade gehört zu den ältesten Fassaden ihrer Art. Das Innere der Kirche zeigt – nach Cluny – das erste geglückte Tonnengewölbe seit der Antike, allerdings in einer Sonderform: Das Langhaus ist von einzigartigen Quertonnen überwölbt.

Hôtel-Dieu, Beaune
(unten links)

Das Hospiz für die Armen der Stadt wurde von Nicolas Rolin (1376–1462), Kanzler Herzog Philipps III. von Burgund, 1443 gegründet und war bis 1958 in Betrieb. Die aufwendig restaurierten Gebäude mit den farbigen Dächern können als Musterbeispiel einer mittelalterlichen Hospizanlage gelten. Glanzstück der erlesenen Ausstattung ist das Weltgerichtstriptychon von Rogier van der Weyden (um 1399–1464).

Salinenstadt Chaux, Arc-et-Senans *(unten rechts)*

Claude-Nicolas Ledoux (1736–1806) war einer der größten Theoretiker des Klassizismus. Das 1775–1779 entstandene Chaux ist sein bekanntestes Werk. Die kreisförmige Anlage, von der allerdings nur die eigentliche Saline verwirklicht wurde, zeigt deutlich Ledoux' aufklärerische Geisteshaltung. Der Gebäudekomplex sollte eine ideale Kombination von Arbeits- und Wohnstätte mit dem Haus des Direktors im Zentrum werden.

Notre-Dame la Grande, Poitiers
(oben links)

Die heutige Pfarrkirche stellt einen einmaligen Sonderfall unter den südfranzösischen Kathedralen dar: In Poitiers entstand in der zweiten Hälfte des 12. Jahrhunderts eine groß bemessene Hallenkirche ganz in der Tradition der romanischen Hallenkirchen des Poitou. Der ganze Stolz von Poitiers ist allerdings die Westfassade mit ihrem skulpturalen Schmuck biblischer Motive.

Noirlac, Bruère-Allichamps
(oben rechts)

Obwohl wenig bekannt, ist Noirlac eine der am besten erhaltenen Zisterzienserabteien Frankreichs. Das 1136 gegründete Kloster lag in einer unwirtlichen und sumpfigen Einöde und nahm erst sehr langsam seinen wirtschaftlichen Aufschwung. Die gesamten Bauteile sind von extremer Einfachheit und Kargheit, aber – wie immer bei den Zisterziensern – auf höchstem handwerklichem Niveau.

Sacré-Cœur, Paray-le-Monial
(unten links)

Für die heutige Klosterkirche sind keine Baudaten überliefert. Da – mit Ausnahme der Größe – sie aber so viele Übereinstimmungen mit der dritten Abteikirche von Cluny aufweist, weswegen sie auch als „Taschenbuchausgabe" von Cluny bezeichnet wurde, muss der Baubeginn nach 1109 liegen. Vor allem im Ostbau kann man erahnen, welch gewaltiges Bauwerk Cluny III gewesen sein muss.

Klosterkirche, Cluny
(unten rechts)

Die Abtei entwickelte sich innerhalb von zwei Jahrhunderten zum einflussreichsten Monasterium des Abendlandes. Zum Ruhm des Klosters trug die ab 1095 errichtete dritte Kirche (Cluny III) bei, die mit Abstand größte Kirche der Welt. Alles an diesem Bau war extrem, so auch sein Ende: Nach der Aufhebung des Klosters 1790 wurde die Kirche bis auf wenige Reste abgerissen – einer der tragischsten Verluste der Kunstgeschichte.

Saint-Pierre, Angoulême
(oben links)

Bei der 1105–1128 errichteten Kirche handelt es sich um das prominenteste Beispiel einer aquitanischen Kuppelkirche. Dieser neuartige Aufbau von eigenständigen Kuppelräumen geht auf die Markuskirche in Venedig zurück. Ein weiterer Höhepunkt ist die fast vollständig ausgeschmückte Westfassade, die das Jüngste Gericht darstellt.

Grand Théâtre, Bordeaux
(oben rechts)

Das 1772–1780 errichtete Theater ist das Hauptwerk von Victor Louis (um 1731–1800) und einer der anspruchsvollsten Bühnenbauten des 18. Jahrhunderts, der lange Zeit sogar als der schönste ganz Frankreichs galt. Der Bau wird durch das riesige Treppenhaus, die ausgeklügelte Glaskuppelkonstruktion und die strenge Horizontalität der Hauptfassade bestimmt.

Abbaye de Saint-Savin-sur-Gartempe, Saint-Savin *(unten)*

Mitte des 11. Jahrhunderts wurde der Gründungsbau der später für das Poitou typischen romanischen Hallenkirchen begonnen. Trotz der höchst qualitätsvollen Architektur gründet sich der Weltruhm Saint-Savins auf den im 12. Jahrhundert entstandenen Freskenzyklus, der der Kirche auch die Bezeichnung „Sixtinische Kapelle der Romanik" eingebracht hat.

Notre-Dame-de-l'Assomption, Clermont-Ferrand *(oben links)*

Einmalig ist der Blick auf die von der schwarzen Kathedrale dominierten Stadt: Ab 1248 wurde die fünfschiffige Kirche aus dem dunklen Lavagestein aus Volvic erbaut. Sie gehört mit Chorumgang und Kapellenkranz zu der sehr einheitlichen Gruppe der südfranzösischen Kathedralen, die sich durch den Aufbau mit Bündelpfeilern und der Verschmelzung von Obergaden und Triforium auszeichnen.

Sainte-Marie de La Tourette, Éveux *(oben rechts)*

Das prominenteste Beispiel für modernen Klosterbau ist sicherlich das hochberühmte Dominikanerkloster La Tourette bei Lyon, das Le Corbusier (1887–1965) ab 1956 erbaut hat. Bei der Konzeption des Bauwerks wurde der Architekt stark vom Zisterzienserkloster Le Thoronet beeinflusst. Die gezielt platzierten Lichtquellen erzeugen in dem komplett aus Beton errichteten Gebäude ein einmalig meditatives Raumgefühl.

Gare de Saint-Exupéry TGV, Lyon *(unten)*

Der 1989–1994 erbaute TGV-Bahnhof des Flughafens von Lyon ist eines der bekanntesten Werke des spanischen Architekten Santiago Calatrava (* 1951). Er bildet eine fantastische, fast märchenhafte Skulptur, die an den Korpus eines gigantischen Vogels mit ausgebreiteten Schwingen oder an die Konturen eines Stachelrochens erinnert. Der Architekt selbst interpretiert seinen Bau allerdings als Auge.

Palais des Papes, Avignon
(oben)

1309 stieg Avignon mit der Übersiedelung der Päpste schlagartig zur Metropole auf. Ab 1334 wurde der heutige Palast errichtet und diente bis 1376 als päpstliche Residenz. Der gesamte Papstpalast mit seinem verschachtelten Aufbau und der ehemals hochbedeutenden Ausstattung wurde 1995 zusammen mit dem umliegenden historischen Ensemble aus Altstadt und der berühmten Brücke zum Weltkulturerbe ernannt.

Amphitheater und Stadtgründungsbogen, Orange *(Mitte)*

Orange war ein wichtiges römisches Zentrum in Frankreich. Von den Bauten aus dieser Zeit sind die unmittelbar vor oder während der Herrschaft des Augustus (63 v. Chr. – 14 n. Chr.) entstandenen Stadtgründungsbogen und das Theater herausragend. Beide Bauwerke wurden 1981 in die Liste des Weltkulturerbes aufgenommen und sind vorzüglich erhalten. Besonders das Amphitheater gehört zu den eindrucksvollsten der Welt.

Palais Idéal, Hauterives
(unten)

In 33 Jahren (1879–1912) schuf der französische Landbriefträger Ferdinand Chevral (1836–1924) einen völlig singulären, bizarren Palast, der irgendwo zwischen Grottenarchitektur, Sala terrena und gigantischer Schrebergartenbastelei anzusiedeln ist. Anfangs sehr umstritten, ist der unbewohnbare Bau mittlerweile zur großen Touristenattraktion der Region geworden.

Notre-Dame de Sénanque
(oben links)

Allein durch seine wildromantische Lage inmitten von Lavendelfeldern ist die 1148 gegründete Zisterzienserabtei Sénanque ein wahrer Touristenmagnet. Die gesamte Anlage besticht durch ihre kahlflächige Strenge und verkörpert die Kultur der Zisterzienser in Reinform. Der mauerschwere Kreuzgang mit seinen eindrucksvollen Arkaden ist ein Meisterwerk romanischer Architektur.

Abbaye de Silvacane
(oben rechts)

Die Zisterzienserabtei gehört mit Sénanque und Le Thoronet zu den drei „provenzalischen Schwestern" und wurde um 1144 gegründet. Die gesamte Anlage ist typisch zisterziensisch schlicht, aber von hoher handwerklicher Qualität. Der Mönchssaal ist eine zweischiffige, rippengewölbte Halle, die sich durch ein perfektes Vorlage-Rippen-System auszeichnet: Die Gotik hat hier die Romanik abgelöst.

Abbaye de Lérins, Île Saint-Honorat *(unten links)*

Die vor Cannes gelegenen „Inseln der Heiligen" zählen zu den Geburtsstätten des abendländischen Mönchtums. Die ab 1073 entstandenen, heute meist zerstörten festungsartigen Bauteile, waren derart geschickt angelegt, dass sie selbst noch von Sébastien de Vauban, Festungsbaumeister Ludwigs XIV., als ein Meisterwerk durchdachter Zweckmäßigkeit gelobt wurden.

Cité radieuse, Marseille
(unten rechts)

In der 1947–1952 errichteten „Unité de Habitation" konnte Le Corbusier (1887–1965) seine Vorstellung einer idealen Stadt der Zukunft, die alles enthält, was ein Wohnviertel benötigt, erstmals realisieren. Das 17-stöckige Hochhaus beherbergt verschiedene Wohnungstypen, Geschäfte und auf der Terrasse Sporteinrichtungen und einen Kinderhort.

Pont du Gard
(oben)

Der Pont du Gard ist eines der wichtigsten römischen Brückenbauwerke der Welt. Das seit 1985 zum Weltkulturerbe zählende Aquädukt wurde 19 v. Chr. von Marcus Vipsanius Agrippa (um 63 – 12 v. Chr.) errichtet. Es ist 50 m hoch und 270 m lang, und auf den oberen Bögen verlief die insgesamt 50 km lange Überlandleitung, die Nîmes täglich mit 30 000 m³ Quellwasser versorgte.

Abbaye Le Thoronet
(unten links)

Das 1160 gegründete Kloster ist ein Musterbeispiel der Schlichtheit und Kargheit zisterziensischer Baukunst. Die höchst präzisen Bauten bestechen durch einen unglaublich exakten Steinschnitt und eine Einfachheit, durch die die Klarheit elementarer Bauformen nur umso mehr herausgestellt wird. Alles wirkt archaisch, bescheiden und altertümlich, aber ungemein eindrucksvoll.

Maison Carrée, Nîmes
(unten rechts)

Der seit dem 16. Jahrhundert als „Maison Carrée" (dt.: Rechteckiges Haus) bezeichnete römische Tempel gehört zu den am besten erhaltenen Sakralbauten des römischen Reichs. Der im Stil des augusteischen Klassizismus erbaute Tempel wurde im Laufe der Jahrhunderte höchst unterschiedlich genutzt: Er diente als Königssitz, Kirche, Verwaltungssitz, Taubenhaus, Pferdestall und Museum.

Sainte-Cécile, Albi
(oben links)

Der seit 1282 erbaute Backsteinbau stellt einen einmaligen Sonderfall dar: Der Kontrast zu den zeitgleich erbauten hochgotischen Kathedralen Nordfrankreichs könnte nicht größer sein. Albi ist eine Wehrkirche, die den kirchlichen Machtanspruch in einer von sozialen und religiösen Auseinandersetzungen geprägten Region eindrucksvoll unter Beweis stellt.

Saint-Pierre, Moissac
(oben rechts)

Die ehemalige Benediktinerabtei ist eine der bedeutendsten Stätten romanischer Kunst in Frankreich. Nach 1048, als sich Moissac der cluniazensischen Reform anschloss, begann die bauliche Erneuerung. Über dem Eingang entstand das riesige, aus Umberto Ecos „Der Name der Rose" bekannte Tympanon mit seinen dämonischen Figuren. Ab 1100 wurde der reichlich mit romanischer Skulptur ausgeschmückte Kreuzgang errichtet.

Saint-Sernin, Toulouse
(unten)

Die Emporenhalle wurde 1080 begonnen, ist mit 115 m Länge die größte erhaltene romanische Kirche Frankreichs und beherbergt mit 175 Reliquien unterschiedlichster Heiliger den größten Reliquienschatz des Landes. Die Ostseite mit dem gestaffelten Umgangschor und dem später hinzugekommenen reich verzierten Vierungsturm gehört zu den faszinierendsten Bauansichten der Romanik.

Sainte-Foy, Conques
(oben links)

Seine Blühte verdankt Conques den Pilgerströmen, die nach Santiago de Compostela zogen, denn das Benediktinerkloster lag an einer der Hauptrouten und war ein Etappenziel. Die Abteikirche wurde kurz nach 1091 begonnen und ist ein Hauptbeispiel der „Pilgerkirchen". Die Statue der heiligen Fides und das Tympanon an der Westfassade sind Meisterwerke der romanischen Skulptur.

Abbaye Sainte-Marie de Fontfroide *(oben rechts)*

Fontfroide gehörte seit 1144 zum Orden der Zisterzienser und zählt zu den am besten erhaltenen Zisterzen Südfrankreichs, obwohl das Kloster eines der wichtigsten Bollwerke im Kampf gegen die Häretikerbewegungen der Katharer bildete. Architektonische Highlights sind der malerische Kreuzgang aus dem 13. Jahrhundert und der leichte, elegante Vierstützenraum des Kapitelsaals.

Festungsstadt, Carcassonne
(unten)

Die im 19. Jahrhundert von Eugène Viollet-le-Duc (1814–1879) restaurierte Altstadt zählt seit 1997 zum Weltkulturerbe und ist ein großes Touristenziel. Die am besten erhaltene Festungsstätte Europas wurde im 1. Jahrhundert v. Chr. von den Römern gegründet und im 13. Jahrhundert ausgebaut. Zu dieser Zeit entstand auch der äußere Mauerring mit seinen glatten Quadern.

Deutschland

Doberaner Münster, Bad Doberan *(oben)*

Der „Backsteindom" in Bad Doberan entstand im frühen 14. Jahrhundert. Die Ausstattung der Zisterzienserkirche ist fast vollständig erhalten und bildet mit dem Bau eine einzigartig geschlossene Einheit. Bemerkenswert sind die aufgemalten Triforen und die Querhäuser, die als eigenständige Zentralräume gebildet sind und sich mit einer doppelstöckigen Arkadenreihe zur Vierung öffnen.

Holstentor, Lübeck
(unten links)

Das weltberühmte Holstentor gehört zu den Überresten der Lübecker Stadtbefestigung. Der spätgotische Bau (1464–1478) war gleichzeitig Befestigungs- und Repräsentationsbau. Die Anlage mit den enorm dicken Ecktürmen und dem Zwischentrakt mit Durchfahrtsbogen zeigt auf der Stadtseite eine künstlerisch wesentlich stärkere Durchgestaltung als auf der zur Verteidigung dienenden Seite.

Marienkirche, Stralsund
(unten rechts)

Die von etwa 1384–1430/40 errichtete Kirche zählt zu den großen Bauleistungen der nordischen Spätgotik. Der gewaltige Bau mit seinem an eine Festung erinnernden Westwerk und dem 150 m hohen Turm steht stellvertretend für die Umkehrung des gotischen Prinzips. Hier werden die für die Baukonstruktion maßgeblichen Elemente nicht mehr nach außen verlegt, sondern geschickt versteckt.

Berliner Bogen, Hamburg
(oben)

Dom, Ratzeburg
(unten links)

Die Kirche ist einer der drei Domneubauten, die der große Gegner der Staufer, Heinrich der Löwe (1129–1195), errichten ließ. Um 1160/1170 begonnen, zeigt das Äußere bereits reiche Backsteinromanik in voller Blüte. Im Inneren kommt hingegen die nackte, kahle Wucht mit ihrer Konzentration auf das Elementare, die alle Heinrichsdome auszeichnet, zu ihrer vollen Geltung.

Chilehaus, Hamburg
(unten rechts)

Das von Fritz Höger (1877–1949) 1922/23 errichtete gewaltige Kontorhaus mit seiner mächtigen Gebäudekante, die an den Bug eines Ozeandampfers erinnert, zählt zu den Meisterwerken des deutschen Expressionismus. Es zitiert in den Einzelformen die norddeutsche Backsteingotik in fast schon endloser Reihung, wie z. B. in den genau 2800 identischen Fenstern.

1998–2001 wurde dieses spektakuläre Bürohaus von BRT Architekten Bothe Richter Teherani errichtet. Ein gläsernes Bogendach in Form einer umgekehrten Parabel überspannt bis auf 36 m Höhe das Haus im Haus, das sechs riesige Wintergärten sowie 30 000 qm Bürofläche bietet. Durch eine ausgefeilte Technik konnte der Energiebedarf extrem reduziert werden.

Elbphilharmonie, Hamburg
(oben links)

Am 2. April 2007 wurde der Grundstein für diese atemberaubende Konzerthalle gelegt, die 2010 fertiggestellt sein soll. Die Pläne für das neue Wahrzeichen Hamburgs lieferte das Architektenduo Herzog & de Meuron. Über dem denkmalgeschützten, nüchternen roten Ziegelbau des Kaispeichers soll der wellenförmig geschwungene Glasaufbau die beiden geplanten Konzertsäle beherbergen.

Dockland, Hamburg
(oben rechts)

2002–2005 entstand Hamburgs ungewöhnlichstes Bürohaus, das wie der Bug eines Schiffes 40 m weit nach Westen übers Wasser hinausragt. Errichtet wurde der spektakuläre Bau vom Architekturbüro Bothe Richter Teherani. Die sechs Stockwerke erreicht man über zwei vollverglaste Schrägaufzüge. Zur öffentlichen Aussichtsplattform führen zwei große Treppen mit jeweils 140 Stufen.

Schloss, Schwerin
(unten links)

Der Umbau 1843–1857 durch Georg Adolf Demmler (1804–1886) und Friedrich August Stüler (1800–1865) markiert einen Höhepunkt des romantischen Schlossbaus in Deutschland. Übertroffen wurde der Bau, der mit Zitaten aus der französischen und der italienischen Renaissance spielt und an die Schlösser der Loire erinnert, nur noch von den Traumschlössern des Bayernkönigs Ludwig II.

Kloster Chorin
(unten rechts)

Das von Markgraf Johann I. (um 1213–1266) aus dem Hause der Askanier gestiftete Zisterzienserkloster Chorin ist heute eine Ruine. Nach wie vor das Prunkstück ist die nach 1273 errichtete Kirche und im Besonderen deren Westfassade mit ihrer vorzüglich durchgegliederten, dreiteiligen Staffelung und den gezackten Giebeln. Hier wird deutlich, welche Gestaltungsmöglichkeiten der Backstein mit sich bringt.

Jagdschloss Clemenswerth
(oben rechts)

Die 1737–1747 von Johann Conrad Schlaun (1695–1773) errichtete sternförmige Anlage besteht aus einem Zentralbau und acht umliegenden Pavillons. Gerade, klare Linien und einfache Wandgliederungen zeichnen die roten Backsteinbauten aus. Hier hatte Schlaun zu seinem Stil gefunden, der Zierrat des Rokoko, der gerade groß in Mode war, wurde abgelehnt, ein Hauch von Frühklassizismus umweht die Anlage.

AEG-Turbinenfabrik, Berlin
(oben links)

Seit 1907 war Peter Behrens (1868–1940) künstlerischer Beirat des AEG-Konzerns und gestaltete vom Briefpapier über das Firmensignet bis hin zu den Produktionsstätten das Erscheinungsbild der Firma. Mit der Berliner Turbinenhalle errichtete er 1909 einen Meilenstein der modernen Industriearchitektur, bei dem er den früheren Widerspruch von Kunst und Industrie aufs Glücklichste vereinigte.

Großes Schauspielhaus, Berlin
(unten)

Das von Hans Poelzig (1869–1936) entworfene Schauspielhaus entstand 1918/19 aus einem ehemaligen Zirkus, der seinerseits aus einer Markthalle hervorging. Höhepunkt war die expressionistische Kuppel, die Poelzig als Stalaktiten-Grotte gestaltete. Die Zapfen der Decke trugen Glühbirnen, die zu Sternbildern zusammengeschaltet werden konnten. Im Dritten Reich umgestaltet, wurde der Bau schließlich 1988 abgerissen.

Altes Museum, Berlin *(oben rechts)*

Das 1825–1828 von Karl Friedrich Schinkel (1781–1841) erbaute Museum zählt zu den wichtigsten Bauten das Klassizismus und ist eines der Hauptwerke Schinkels. Höhepunkte sind die zentrale doppelgeschossige Rotunde – ein Rückbezug auf das römische Pantheon –, die Galerie aus 18 ionischen Säulen und die offene Treppenhalle, von der aus man einst das Stadtschloss bewundern konnte.

Fernsehturm, Berlin *(oben links)*

Mit 368 m ragt der Berliner Fernsehturm als höchstes Gebäude Deutschlands auf dem Alexanderplatz empor. Er wurde 1965–1969 von der damaligen DDR-Regierung errichtet. In der Kugel befinden sich Aussichtsetage und Turmrestaurant. Am Fuß des Turmes, der jährlich eine Million Besucher anzieht, befindet sich ein Pavillon mit charakteristischer spitzgiebeliger Dachkonstruktion.

Bauakademie, Berlin *(unten)*

Der 1962 abgerissene Bau zählte zu den Musterbeispielen der Backsteinarchitektur. In dem 1832–1835 erbauten Komplex, befreite sich Karl Friedrich Schinkel (1781–1841) von seiner Bindung an historische Formen und schuf einen eigenen zukunftsweisenden Stil. Er reagierte damit auf seine Eindrücke einer Englandreise, auf der er Industriebauten sah, in denen er keinen baukünstlerischen Anspruch mehr erkennen konnte.

Konzerthaus, Berlin
(oben links)

Der ursprünglich „Berliner Schauspielhaus" genannte Bau gehört zu Karl Friedrich Schinkels (1781–1841) Hauptwerken und zählt zu den beeindruckendsten Theaterbauten Deutschlands. Das klassizistische Gebäude mit seinem mächtigen Säulenportikus und der monumentalen Freitreppe wurde im Zweiten Weltkrieg zerstört, in reduzierter Gestalt wieder aufgebaut und schließlich 1984 wiedereröffnet.

Bundeskanzleramt, Berlin
(oben rechts)

„Elefantenklo", „Kohlosseum" oder „Kanzlerwaschmaschine" sind heute die Spitznamen des 1995–2001 von Axel Schultes (* 1943) und Charlotte Frank (* 1959) errichteten Kanzleramts. Das mit vielen postmodernen Stilelementen ausgestattete Gebäude zählt zu den größten Regierungsbauten der Welt und bietet von verschiedensten Standpunkten aus immer wieder neue und fantastische Ansichten.

Reichstagskuppel, Berlin
(unten)

Norman Fosters (* 1935) 1989 fertiggestellte Kuppel über dem Berliner Reichstag wurde schnell zur Touristenattraktion: Die Aussichtsplattform der Kuppel lässt sich über zwei spiralförmige Rampen erklimmen. Im Inneren der Glaskonstruktion befindet sich ein trichterförmiger Konus mit Spiegeln, der das Licht in den unter der Kuppel liegenden Plenarsaal führt und die verbrauchte Luft absaugt.

Jüdisches Museum, Berlin
(oben links)

Das Museum besteht aus einem barocken Altbau und einem von Daniel Libeskind (* 1946) errichteten spektakulären, dekonstruktivistischen Neubau mit schiefen Böden, der 2001 eröffnet wurde und sofort zum Publikumsmagneten avancierte. Der zickzackförmige Grundriss soll an einen geborstenen Davidstern erinnern. Die Titan-Zink-Verkleidung wird durch die verwinkelten Fenster regelrecht aufgeschlitzt.

Brandenburger Tor, Berlin
(oben rechts)

Mit dem 1789–1791 errichteten Monument schuf Carl Gotthard Langhans (1732–1808) nicht nur den Gründungsbau des deutschen Klassizismus, sondern auch das Wahrzeichen Berlins und ein nationales Symbol Deutschlands. Das Tor lehnt sich an griechische Vorbilder an und begründete den Ruf Berlins als „Spree-Athen". Die das Tor bekrönende Quadriga wurde von Johann Gottfried Schadow (1764–1850) entworfen.

Philharmonie, Berlin
(Mitte rechts)

Die 1960–1963 von Hans Scharoun (1893–1972) erbaute Philharmonie ist das Stammhaus der Berliner Philharmoniker. Scharoun, ein Anhänger des organischen Bauens, gestaltet den Außenbau wie ein asymmetrisch geschwungenes Zelt. Den Höhepunkt bildet der Konzertsaal mit den terrassenartig gestaffelten Zuschauerrängen und der expressionistischen Decke, die eine optimale Akustik gewährleisten.

Schloss Charlottenburg, Berlin
(oben rechts)

Dieses architektonische Juwel inmitten Berlins blickt auf eine lange Bauzeit mit mehreren Etappen zurück: 1695 begonnen, wurde es erst 1800 fertiggestellt. Den charakteristischen 48 m hohen Kuppelturm und den Blendportikus erhielt das Schloss unter Eosander von Göthe (1669–1728) ab 1701. Neben der ausgedehnten Gartenanlage laden vor allem die originalgetreuen Wohnräume Friedrichs des Großen zur Besichtigung ein.

Einsteinturm, Potsdam
(unten links)

Das 1919–1922 entstandene Observatorium, in dem die Relativitätstheorie Albert Einsteins experimentell bestätigt werden sollte, ist ein revolutionärer Bau von Erich Mendelsohn (1887–1953). Der u-bootartige, wie aus einer knetbaren Masse geformte Bau, der sofort als Inbegriff expressionistischer Architektur angesehen wurde, gilt heute als Ikone der modernen Architektur und als eines der Wahrzeichen Potsdams.

Schloss Sanssouci, Potsdam
(unten rechts)

Die Baugeschichte des von Georg Wenzeslaus von Knobelsdorff (1699–1753) ab 1745 erbauten Schlosses war geprägt durch den ständigen Konflikt zwischen dem Baumeister und dem Auftraggeber, König Friedrich dem Großen. Über einer Weinbergterrasse thront heute das unvergleichliche, in die Natur eingebettete, intim und zurückhaltend gestaltete Gartenlusthaus, das Friedrich so geliebt hat.

Stiftskirche St. Peter und Paul, Königslutter *(oben links)*

Königslutter sollte das benediktinische Hauskloster einer neuen sächsisch-welfischen Dynastie werden. Die Qualität des Innenraums des Kaiserdoms (um 1170/80 fertiggestellt) liegt nicht in der Gliederung, sondern in seiner majestätischen Ruhe. Dieser herrschaftliche Anspruch wird durch die Ostanlage mit ihren kantigen Blöcken und den vorgewölbten Apsiden zum Idealbild romanischer Mächtigkeit.

Kloster, Jerichow *(oben rechts)*

Die nach 1148 errichteten Bauten gelten als das besterhaltene völlig in Backstein erbaute Kloster der Romanik in Deutschland und als ein Meisterwerk der Baukunst des Prämonstratenserordens. Die Stiftskirche St. Marien und St. Nikolaus ist ein Pionierbau der Backsteinromanik, die – ohne Vorbilder – mit dem neuen Material eine erstaunliche baukünstlerische Qualität und Präzision erreichte.

phæno, Wolfsburg *(unten)*

Das Museum, das gleichzeitig als Experimentierlandschaft der Naturwissenschaften dient, wurde 2005 fertiggestellt. Eine der Koryphäen der heutigen Architekturszene, die Britin Zaha Hadid (* 1950), hat den auch als „Ufo aus Beton" bezeichneten Baukörper entworfen. Der Entwurf war so futuristisch und fantastisch, dass zu seiner Realisierung erstmals in Deutschland selbstverdichtender Beton eingesetzt werden musste.

St. Peter, Osnabrück
(oben links)

Der Osnabrücker Dom kann stellvertretend für jene Bauten stehen, die auch in späterer Zeit (zweite Hälfte des 13. Jahrhunderts), als schon längst der hochgotische Kölner Domchor im Bau war, noch im romanischen Stil errichtet wurden. Die höchst kostbare Kirche zeichnet sich durch eine mit üppig-verspielter Zierfreude der Säulchen, Blenden und Bögen bereicherte romanische Mauerschwere aus.

Dom, Minden *(oben Mitte)*

1250–1290 errichtete man in Minden eine weiträumige, lichtdurchflutete Halle, die zu den edelsten Hallenkirchen der deutschen Romanik zählt. Das im 12. Jahrhundert umgestaltete Westwerk erreicht mit simpelsten Mitteln eine ungeheuere Wirkung auch aus der Ferne. Die Kirche gehört zu jener Gruppe von Dombauten, bei denen die neuen Formen der französischen Kathedrale keine Rolle spielten.

St.-Paulus-Dom, Münster
(unten)

Erdverbundene Schwere ist ein typisches Merkmal mittelalterlicher Kirchen in Westfalen – so auch in dem kurz vor 1200 begonnenen westlichen Kastenchor des Doms in Münster mit seinen gewaltigen, bedrohlich wirkenden Flankentürmen. Der ab 1225 errichtete Neubau steht dem Westbau in nichts nach: Auch hier, im nur zweijochigen Langhaus, herrscht eine machtvolle Urtümlichkeit, die sonst nirgends zu finden ist.

Dom, Braunschweig
(oben rechts)

Das Gotteshaus trägt die Bezeichnung „Dom", obwohl es nur eine Stiftskirche war. Ab 1173 erbaut, gehört es zu den Großbauten, die der Welfenherzog Heinrich der Löwe (1129–1195) anlegen ließ, und war Teil seiner Pfalz Dankwarderode. Die abweisende Frontseite hat etwas martialisch Wehrhaftes, sie wirkt ähnlich stolz wie Heinrichs berühmtes Löwendenkmal auf dem Vorplatz inmitten der Braunschweiger Innenstadt.

St. Michael, Hildesheim
(oben)

Die ehemalige Klosterkirche von Bernward von Hildesheim (um 960–1022) prägte die Bauweise der ottonischen Zeit im Mittelalter. Zwei Chöre, zwei Querhäuser, ausgeschiedene Vierungen und das quadratische Grundrissschema sind nur die wichtigsten Neuerungen. Die berühmte Bronzetür und die Bronzesäule befinden sich heute im Dom, während die singuläre Holzdecke noch vor Ort zu besichtigen ist.

St. Bonifatius, Freckenhorst
(unten links)

Die Dreiturmfassade der 1129 geweihten ehemaligen Kanonissenstiftskirche gilt als Inbegriff der westfälischen Romanik. Bei den schweren, unverrückbar wirkenden, rohen Mauermassen kommt das Elementare der Erscheinung voll zur Geltung. Die Kirche birgt mit dem auf 1129 datierten steinernen Taufbecken – dem ersten in Deutschland mit figürlichen erzählenden Reliefs – ein weiteres Juwel.

Damenstift, Quedlinburg
(oben)

Quedlinburg war das vornehmste adelige Damenkloster des Mittelalters und zudem gleichsam Residenz der Ottonen. Diesen königlichen Anspruch verdeutlicht die 1129 geweihte Kirche St. Servatius aufs Schönste. Die weite Halle des Mittelschiffs erinnert an einen königlichen Thronsaal. Überall verspürt man Würde und vornehme Sicherheit, die es nicht nötig hat, durch Größe zu imponieren.

St. Stephanus, Halberstadt
(Mitte)

Der Mitte des 13. Jahrhunderts entstandene Halberstädter Dom kann als typisch deutsche Variante der französischen Kathedralgotik gelten. Vom Anlageschema her französisch, sind allerdings die Fenster, der Stolz jeder französischen Kathedrale, derart verkleinert, dass viel Wandfläche stehen bleibt. Vorzüglich ist auch die Ausstattung, allen voran der Lettner und die berühmte Triumphkreuzgruppe.

St. Mauritius und Katharina, Magdeburg *(unten)*

Neben dem Limburger Dom gilt der Magdeburger Dom als Gründungsbau der Gotik in Deutschland. Der ab 1209 errichtete Chor zeigt im Erdgeschoss noch Romanik im gotischen Gewand, der Emporengang hingegen dann allerdings feinste Frühgotik. Die Zurschaustellung der eigenen Geschichte wird an den wie Reliquien ausgestellten antiken Säulenschäften aus dem Vorgängerbau besonders deutlich.

Fagus-Werk, Alfeld
(linke Seite unten rechts)

Die vom damals 28-jährigen Walter Gropius (1883–1969) in den Jahren 1911–1914 erbaute Schuhleistenfabrik kam einer Revolution in der Industriearchitektur gleich: Die stützenden Elemente wurden ins Innere verbannt, Glasvorhänge (Curtain Walls) bilden die Fassade. Sensationell waren zudem die verglasten Gebäudekanten, die ebenfalls keine Stützen erkennen lassen. Die Curtain-Wall-Bauweise wurde bald weltweit kopiert.

St. Cyriakus, Gernrode
(oben links)

Kurz nach 1000 vollendet, ist die Gernroder Stiftskirche das einzige fast vollständig erhaltene ottonische Gotteshaus dieser Zeit. Das Glanzstück der Kirche ist das Langhaus mit den edel gestalteten Emporen, die sich ursprünglich auch an der Westwand befanden. Diese rein byzantinische Lösung lässt vermuten, dass die von dort stammende Theophánu (um 955–991), Gemahlin Kaiser Ottos II., in den Bau eingegriffen hat.

Bauhaus, Dessau
(oben rechts)

Die 1919 in Weimar gegründete Bauhausschule war die einflussreichste Bildungsstätte für Architektur und Gestaltung im 20. Jahrhundert. Die von ihrem Gründer Walter Gropius (1883–1969), nach dem Umzug nach Dessau in den Jahren 1924/25 errichteten Gebäude genießen Weltruhm. Besonders das Werkstattgebäude mit der berühmten Vorhangfassade ist eine der Ikonen der Architektur des 20. Jahrhunderts.

Zisterzienserkloster, Walkenried
(unten)

Von der ehemaligen Reichsabtei sind nur noch wenige Teile erhalten. Die kurz nach 1200 begonnene riesige Kirche verfiel nach der Auflösung des Klosters 1648 immer mehr und wurde letztlich sogar als Steinbruch genutzt. Glanzstück der Anlage ist der Nordflügel des Kreuzgangs: Die zweischiffige Halle gehört zu den schönsten Räumen der Zisterzienserarchitektur überhaupt.

Kloster Corvey, Höxter
(rechte Seite unten links)

Corvey gehört zu den wichtigsten Klöstern der Frühzeit des Heiligen Römischen Reiches. Weltberühmt ist die Abtei wegen des einzigen erhaltenen Teils der karolingischen Kirche: dem Westwerk. Dieses war eine reine Herrschaftsarchitektur – außen trutzig, innen vornehm –, in dem der Thron des Kaisers stand, der also immer anwesend war, auch wenn er „in persona" woanders weilte.

Wallfahrtskirche Maria, Königin des Friedens, Neviges *(oben links)*

Die in einem Ortsteil von Velbert liegende, 1963–1968 errichtete Kirche zählt zu den Hauptwerken Gottfried Böhms (* 1920). Expressionistisch anmutend, soll die Kirche als großes Zelt verstanden werden und ist damit die Umsetzung der Forderungen des Zweiten Vatikanischen Konzils nach künstlerischer Freiheit im Sakralbau und ein Meisterstück modernen Kirchenbaus.

Münster, Essen *(oben rechts)*

Der um die Mitte des 11. Jahrhunderts entstandene Essener Neubau gehörte zum Innovativsten, was die ottonische Baukunst je hervorgebracht hat. Das Westwerk mit seinem höchst komplizierten Umgang, die fünfschiffige Außenkrypta und das erfindungsreiche Langhaus (nach 1275 durch das heutige ersetzt) machen diesen Bau zu einem Höhepunkt der mittelalterlichen Architektur.

Städtisches Museum Abteiberg, Mönchengladbach *(unten rechts)*

Das von Hans Hollein (* 1934) 1975–1982 errichtete Museum steht am Anfang eines regelrechten Museumsbooms, der bis heute anhält. Hollein realisierte hier erstmals seine Vision von einer begrabenen und begehbaren Architektur. Die Komposition von ungleichen Baukörpern ist von oben aus zu erschließen, da diese größtenteils in den Abteiberg eingegraben sind.

Groß St. Martin, Köln
(oben rechts)

Köln ist die Stadt der romanischen Kirchen: Zu den herausragendsten gehört Groß St. Martin (1172 geweiht). Der gewaltige Turm mit den vier Trabantentürmchen an den Seiten bildet ein städtebaulich wichtiges Gegengewicht zum Dom. Die Dreikonchenanlage des Chors mit der doppelstöckigen Blendgliederung bildet gleichsam den Sockel für diesen mächtigen Kirchturm.

St. Peter und Maria, Köln
(oben links)

Der Kölner Dom gilt als Höhepunkt französischer Kathedralgotik in Deutschland und ist heute zu einem nationalen Denkmal geworden. 1248 begonnen, bildet er den würdigen Rahmen für die Reliquien der Heiligen Drei Könige. Die 1560 eingestellten Arbeiten wurden erst 1842 wieder aufgenommen und 1880 mit der gewaltigen Westfassade zu einem grandiosen Abschluss gebracht.

Weltstadthaus, Köln
(unten)

Nach langjährigem Rechtsstreit konnte 2005 endlich Renzo Pianos (* 1937) Meisterwerk eröffnet werden: Das von den Kölnern sogleich „Walfisch" genannte Kaufhausgebäude mit einer Fläche von 14 400 qm wirkt im Inneren wie ein umgestülpter Schiffsrumpf. 4900 qm Glas wurden für die transparente, organisch fließende Glas-Holz-Konstruktion verbaut.

St. Maria im Kapitol, Köln
(oben links)

Über einem römischen Tempel wurde das Gotteshaus im 11. Jahrhundert erbaut. Die Ostanlage mit ihrem Umgang ist die erste abendländische Dreikonchenanlage, erbaut nach dem Vorbild der Geburtskirche Christi in Bethlehem. Die um 1065 datierbaren Holztüren, die das Leben Christi zeigen und sich heute im Inneren befinden, sind ein eindrucksvolles Beispiel romanischer Reliefkunst.

St. Pantaleon, Köln
(oben rechts)

Die Stifterin der Kirche, Kaiserin Theophanu (um 955–991), hat im ersten romanischen Gotteshaus Kölns auch ihre letzte Ruhe gefunden. Und kaiserliche Macht sieht man dieser Architektur an: Das um 1000 entstandene Westwerk gehört zu den ersten durch Gliederung (erstmals Lisenen und Rundbogenfriese) geprägten Baukörpern und zu den stolzesten Kirchen ottonischer Baukunst.

St. Aposteln, Köln
(unten links)

Der Stolz von St. Aposteln (frühes 13. Jahrhundert) ist zweifellos die ungemein harmonisch wirkende Ostseite mit dem Kleeblattchor, den schlanken Türmen in den Winkeln der Konchen und der abschließenden Achteckkuppel. Die doppelstöckige Arkadengliederung mit abschließender Zwerggalerie umgürten den Ostbau so stark, dass fast der Eindruck eines Zentralbaus entsteht.

Schloss Benrath, Düsseldorf
(unten rechts)

Der Bau ist ein typisches Lustschloss aus der Übergangsphase zwischen Rokoko und Klassizismus. 1756–1757 von Nicolas de Pigage (1723–1796) für Kurfürst Karl Theodor von der Pfalz errichtet, zeigt es mit seinem glockenförmig geschwungenem Dach und dem vortretenden Mittelbau bereits die nüchterne Geschlossenheit und die Scharfkantigkeit des Frühklassizismus.

Dom, Altenberg
(oben links)

Die zwischen 1259 und 1410 erbaute ehemalige Klosterkirche war nie Bischofssitz, trägt aber dennoch stolz die Bezeichnung „Dom des Bergischen Landes". Sie ist das zisterziensische Gegenstück zum Kölner Dom. Untypisch für Zisterzienserkirchen ist das Aufbieten aller Mittel des Kathedralenbaus. Dennoch liegen die Vorbilder eher im französischen Royaumont als in Köln.

Kaiserdom, Aachen
(oben rechts)

Weltbekannt ist das karolingische Oktogon mit sechzehnseitigem Umgang, das Odo von Metz 790–800 für Karl den Großen nach dem Vorbild von San Vitale in Ravenna errichtete. Der gotische Chor wurde im 14. Jahrhundert begonnen. Aachen diente bis 1531 als Krönungskirche und erlebte 32 Inthronisationen. Der Aachener Dom wurde 1987 als erstes deutsches Gebäude Weltkulturerbe.

Schloss Augustusburg, Brühl
(unten)

Kurfürst Clemens August I. von Bayern ließ ab 1715 das Schloss von Johann Conrad Schlaun (1695–1773) neu erbauen. Für den viel zu kleinen Raum des Treppenhauses gelang Balthasar Neumann (1687–1753) ein genialer Entwurf: Nach dem Zwischenpodest teilte er die Treppe in zwei Läufe auf und konnte damit alle Probleme lösen. Die exzellente Dekoration zeigt eines der großen Meisterwerke barocker Raumkunst.

St. Peter und Paul, Naumburg
(oben)

Der heutige Dom wurde ab 1210 als stattlicher, aber wenig aufregender romanischer Quaderbau neu errichtet. Berühmt wurde die Kirche weniger durch die Architektur als durch die Skulptur, die das absolut Beste ist, was die europäische Bildhauerkunst Mitte des 13. Jahrhunderts hervorgebracht hat. Der Naumburger Stifterchor und der Westlettner sind nicht umsonst in aller Welt bekannt.

Wilhelmshöhe, Kassel
(unten links)

Der ab 1696 entstandene größte Bergpark Europas gehört zum Grandiosesten, was der Barock an Verbindung von Landschaft und Architektur geschaffen hat. Die Wasserspiele, der Herkules, die Löwenburg und Schloss Wilhelmshöhe genießen heute allesamt Weltruhm. Zentrum der Anlage ist der barocke Karlsberg, der von Giovanni Francesco Guerniero (um 1665–1745) gestaltet wurde.

Elisabethkirche, Marburg
(unten rechts)

Die von 1235–1283 errichtete Kirche ist die erste rein gotische Hallenkirche im deutschsprachigen Raum. Während die Bauformen (Halle, Dreikonchenchor) von deutschen Traditionen herzuleiten sind, hat der Baumeister die gliedernden Elemente in einer bisher nie da gewesenen Konsequenz, die auf Vereinheitlichung zielt, aus den französischen Vorbildern ausgewählt und weiterentwickelt.

Großmarkthalle, Leipzig *(oben)*

Die am sogenannten „Kohlrabizirkus" ausgeführten Schalengewölbe läuteten eine neue Ära in der Stahlbetonbauweise ein. Mit dieser modernen Technik war es möglich, riesige Spannweiten zu überwölben. Die beiden ab 1927 von Franz Dischinger (1887–1953) errichteten Kuppeln überspannen je 75 m bei einer Schalendicke von nur 9 cm. Bis 1965 waren die Kuppeln die größten der Welt.

Wartburg, Eisenach *(unten links)*

Die Wartburg wurde 1067 gegründet, 1838–1890 im romantischen Stil wieder aufgebaut und gehört seit 1999 zum Weltkulturerbe. Berühmt wurde die Burg hauptsächlich durch Martin Luther, der hier das Neue Testament in nur elf Wochen ins Deutsche übersetzte. Aber auch das 1817 hier gefeierte Wartburgfest trug dazu bei, dass die Wartburg ein nationales Denkmal Deutschlands wurde.

Stadtschloss, Weimar *(Mitte)*

Das Stadtschloss ist ein Teil des Weltkulturerbes „Klassisches Weimar" und blickt auf eine 1000-jährige Geschichte zurück. Seine heutige Gestalt erhielt der Bau 1789–1803. Die im französischen Stil errichtete Dreiflügelanlage gehört zu den wichtigsten Bauten des Frühklassizismus. Kein Geringerer als Johann Wolfgang von Goethe überwachte die Bauarbeiten am Schloss.

Zwinger, Dresden *(unten rechts)*

Der Dresdner Zwinger (1711–1728) entstand aus der idealen Zusammenarbeit des Architekten Matthäus Daniel Pöppelmann (1662–1736) und des Barockbildhauers Balthasar Permoser (1651–1732). Die bekanntesten Teile sind der reich verzierte Wallpavillon und das berühmte Kronentor. Der große Innenhof wurde als Veranstaltungsort für Turniere und andere Feste des sächsischen Hofes genutzt.

Ufa-Kristallpalast, Dresden
(oben)

Der dekonstruktivistische Kinobau in der Prager Straße wurde 1993–1998 vom Wiener Architektenteam Coop Himmelb(l)au errichtet. Der Palast besteht aus dem eigentlichen Kino mit acht Kinosälen auf fünf Etagen und einem futuristischen Glaskörper, dem Kristall, in dem sich das Foyer befindet. Dieses ist als urbaner Innenraum mit Rampen, Treppen und Brücken gestaltet, der besonders im Dunkeln seine Wirkung entfaltet.

Frauenkirche, Dresden
(unten links)

Die von George Bähr (1666–1738) in den Jahren 1726–1739 erbaute Kirche gehört zu den bedeutendsten protestantischen Sakralbauten, besitzt eine der größten steinernen Kuppeln nördlich der Alpen und ist nach dem Straßburger Münster der größte Sandsteinbau der Welt. Die Kirche wurde 1945 vollständig zerstört, seit 1994 rekonstruiert und am 30.10.2005 als weltweites Symbol des Friedens neu geweiht.

Semperoper, Dresden
(unten rechts)

Eigentlich gab es drei Semperopern: den ersten, schon 1869 abgebrannten Bau von Gottfried Semper (1803–1879), den Folgebau von 1871–1878 und den Wiederaufbau nach dem Zweiten Weltkrieg. Revolutionär am ersten Gebäude waren die am Außenbau ablesbare Innenaufteilung und die Ausgestaltung des Foyers zu einem repräsentativen Raum. Heute steht die Oper als prächtiger Neorenaissancebau vor uns.

St. Annenkirche, Annaberg
(oben links)

Die 1525 fertig gestellte Annenkirche im erz-
gebirgischen Annaberg ist das Wahrzeichen
der Stadt und gehört zu den bedeutendsten
spätgotischen Hallenkirchen in Deutschland.
Schmuckstück des Sakralbaus ist das von
einem fantastischen, nicht mehr strukturell
bedingten, sondern rein dekorativen, raum-
vereinheitlichenden Schlingrippennetz über-
sponnene Gewölbe.

Haus Schminke, Löbau
(oben rechts)

1930 beauftragte der Löbauer Teigwaren-
fabrikant Fritz Schminke seinen Freund Hans
Scharoun (1893–1972) mit dem Bau eines
Wohnhauses. Scharoun errichtete bis 1933
sein Hauptwerk im Bereich des privaten
Wohnbaus und schuf einen Villenbau, der für
damalige Verhältnisse als revolutionär angesehen wurde und bis heute als Meilenstein
der modernen Architektur gilt.

Kloster Paulinzella, Rottenbach
(unten)

Eines der bedeutendsten Werke der Hirsauer
Reform ist nur noch in Teilen erhalten: Die
Ruine in ihrer Waldeinsamkeit hat schon
immer Dichter angezogen, darunter Goethe
und Schiller. Der 1105 begonnene Kirchenbau
ist mit seinem ungemein engen und steilen
Mittelschiff und der fast schon asketischen
Härte, die das gesamte Gebäude ausstrahlt,
ein Paradebeispiel für die Hirsauer Bauschule.

Abtei Maria Laach, Mendig
(oben)

Die gleich nach 1093 begonnene Abteikirche ist der Inbegriff formvollendeter Romanik. Während der Innenraum einen eher asketisch strengen Eindruck vermittelt, führt der Außenbau die Macht der Abtei deutlich vor Augen. Die Gesamterscheinung mit den sechs Türmen erreicht ein solch vollendetes Ebenmaß der Verhältnisse, dass man ihn nur als „klassisch" bezeichnen kann.

Chorruine, Kloster Heisterbach
(unten links)

Die 1202–1237 erbaute Klosterkirche wurde nach der Säkularisation 1809 auf Abbruch verkauft. Erhalten blieb nur die labile Konstruktion der zweischaligen doppelstöckigen Apsis mit ihren Schirmgewölben. Dies muss als einmaliger Glücksfall gelten, da diese Apsis zum Kühnsten und Originellsten gehört, was die Zisterzienserarchitektur je hervorgebracht hat.

St. Michael, Fulda
(unten rechts)

Neben der Aachener Pfalzkapelle ist die Michaelskirche der einzige erhaltene karolingische Zentralbau in Deutschland. Die kreisrunde Rotunde mit ringförmigem Umgang und Krypta wurde 820–822 erbaut. Ursprünglich wollte man zwar die Anastasisrotunde in Jerusalem nachbauen, was allerdings nur symbolisch zu verstehen ist. Baukünstlerisch steht Santa Constanza in Rom Pate.

Porta Nigra, Trier
(oben links)

Das ehemalige römische Stadttor (um 180 n. Chr.) gehört seit 1986 zum Weltkulturerbe. Seinen Namen („schwarzes Tor") erhielt die exzellent erhaltene, stattliche Anlage allerdings erst im Mittelalter. Aus dieser Zeit stammen auch die vielen auffälligen Löcher: Die die Quader verbindenden Eisenklammern wurden herausgemeißelt, um das wertvolle Material zur Wiederverwendung einzuschmelzen.

St. Peter, Trier
(unten links)

Der auf einen spätantiken Ursprungsbau zurückgehende, ab 1030 erweiterte Trierer Dom ist die älteste deutsche Bischofskirche und zählt seit 1986 zum Weltkulturerbe. Der mehrteilige Westabschluss mit seiner weit vorgewölbten Apsis und den seitlichen Galerien ist ein Hauptwerk frühsalischer Architektur und ein Denkmal trutziger, monumentaler Mächtigkeit.

Dom, Limburg
(unten rechts)

Um 1190 fand die französische Kathedralgotik ihren ersten deutlichen Niederschlag in Deutschland: Der vierteilige Wandaufbau und die sechsteiligen Rippengewölbe des Limburger Doms sind reinste Frühgotik. Die mächtigen sieben Türme haben ihr Vorbild in Laon. Der Bautypus wurde von Frankreich übernommen, die Formensprache jedoch ist vollkommene, zierfreudige Spätromanik.

St. Martin, Mainz
(linke Seite oben rechts)

Das Mainzer Erzbistum war im Mittelalter das bedeutendste in Deutschland. Der zu den drei Kaiserdomen zählende Bau wurde als Pfeilerbasilika im gebundenen System angelegt. Künstlerische Höhepunkte sind die 1239 geweihten Ostteile mit ihrem Formenreichtum sowie die Skulpturen des Naumburger Meisters, die zum Besten gehören, was die Kathedralskulptur hervorgebracht hat.

Kloster Eberbach, Eltville
(unten)

Die nach 1136 erbaute Abtei ist eines der besterhaltenen Zisterzienserklöster Deutschlands und sie zeigt beispielhaft, dass sich auch mit Schlichtheit eine vollendete Schönheit erreichen lässt. Der Kapitelsaal und vor allem das imposante Mönchsdormitorium gehören zu den eindrucksvollsten Zeugen des mittelalterlichen Europa. Das Laiendormitorium ist Deutschlands größter nichtsakraler Raum der Romanik.

Commerzbank-Tower, Frankfurt
(oben)

Der vom britischen Stararchitekten Norman Foster (* 1935) von 1994–1997 erbaute Turm war mit 259 m bis 2003 das höchste Gebäude Europas. Die auf einem dreieckigen Grundriss erbaute Stahlkonstruktion besticht durch Fosters ökologischen Ansatz mit Kühldeckensystem, zweischaliger Klimafassade und neun Gärten, die sich spiralförmig in die Höhe schrauben.

Messeturm, Frankfurt
(unten links)

Bevor er vom Commerzbank-Tower über-trumpft wurde, war der 1988 von Helmut Jahn (* 1940) erbaute „Bleistift" mit 257 m das höchste Gebäude Europas. Frankfurts Wahrzeichen und das einzige Haus Deutsch-lands mit eigener Postleitzahl ist er aber bis heute geblieben. Jahn orientierte sich an Art-Déco-Wolkenkratzern der 1930er-Jahre und an der Bank of America Plaza in Atlanta.

Mathildenhöhe, Darmstadt
(unten rechts)

Hochzeitsturm und Ausstellungsgebäude wurden 1905–1908 von Joseph Maria Olbrich (1867–1908) für die Darmstädter Jugendstil-Künstlerkolonie errichtet. Das Wahrzeichen der Mathildenhöhe ist der 48 m hohe Turm, der durch offene Betonpergolen mit dem Ausstellungsgebäude verbunden ist. Der Gie-bel reckt sich wie eine Hand in die Höhe, wes-halb er auch „Fünffingerturm" genannt wird.

St. Peter, Worms
(oben Mitte)

In Worms begann die Spätromanik bereits um 1220/25, und diese sehr frühe Datierung gleicht einer kleinen Sensation. Typisch für die Wormser Architektur ist das körperlich Plastische, das das Blockhafte der früheren Baukunst ablöste. Thema des Baus, der seit dem 12. Jahrhundert fast unverändert bis heute besteht, ist die lebendige Vielfalt der Formensprache.

Kaiser- und Mariendom, Speyer
(linke Seiten oben rechts)

Der größte der drei Kaiserdome war Prestigebau und Grabstätte der salischen Kaiser und zudem die größte Kirche seiner Zeit. Kurz nach seinem Gang nach Canossa (1077) ließ Heinrich IV. (1050–1106) das 1061 geweihte „Speyer I" umbauen und demonstrierte damit eindrucksvoll, dass ein Kaisertum, das einen solchen grandiosen Bau errichten kann, keineswegs vor dem Ruin stehen konnte.

Schloss, Heidelberg *(oben)*

Das ab 1225 erbaute Heidelberger Schloss wurde in den Pfälzischen Erbfolgekriegen 1689 zur „schönsten Schlossruine Deutschlands", gehört zu den bedeutendsten Renaissancebauten nördlich der Alpen und ist eine der größten Touristenattraktionen Deutschlands. Der restaurierte Ottheinrichsbau war das erste Renaissancegebäude des Landes und beherbergt heute das Deutsche Apothekenmuseum.

Torhalle, Lorsch *(Mitte)*

Die wohl erst um 860 entstandene Torhalle gilt als Musterstück der karolingischen Renaissance. Das Gebäude war kein Torbau, sondern ein imperiales Monument der Herrschaft in Anlehnung an antike Triumphbögen. Der Baumeister war ein Dekorationskünstler, der sich zwar des antiken Formenkanons bediente, ihn aber nicht im Sinne eines klar aufgebauten Zusammenhangs einsetzte.

Residenz, Würzburg *(unten)*

Die seit 1719 erbaute Würzburger Residenz ist seit 1981 Weltkulturerbe, zählt zu den bedeutendsten Barockschlössern und ist das profane Meisterwerk Balthasar Neumanns (1687–1753). Sie beherbergt solch berühmte Räume wie den Kaisersaal, das Vestibül, die Schlosskapelle sowie das Treppenhaus-Wunderwerk mit dem größten Fresko der Welt von Giovanni Battista Tiepolo (1696–1770).

Zisterzienserabtei, Ebrach
(oben)

Das Kloster wurde zwar bereits 1127 gegründet, der Eindruck der frühgotischen Kirche jedoch durch die Stuckarbeiten des späten 18. Jahrhunderts total verändert. Nur in dem Kleinod der Michaelskapelle finden sich noch rein frühgotische Formen. Die barocken Klostergebäude entstanden seit 1688 unter Leonhard Dientzenhofer (1660–1707). Herausragend ist hier das barocke Treppenhaus von Joseph Greising (1664–1721).

St. Peter und St. Georg, Bamberg *(unten links)*

Der heutige Dom ist ein kompletter Neubau des frühen 13. Jahrhunderts. Zeitgleich entstanden die Ostteile der Kathedrale in Reims, wogegen der Bamberger Dom erstaunlich konservativ wirkt – ein Musterstück der spätesten Romanik. Neben dem Skulpturenschmuck, der von höchstem Rang ist, zählt die prachtvolle Schranke des Ostchores zu den Meisterwerken der Architektur schlechthin.

Kloster Banz, Bad Staffelstein
(unten rechts)

Höhepunkt des 1069 gegründeten Klosters ist die von Johann Dientzenhofer (1663–1726) errichtete Kirche. Sie ist ein frühes Beispiel des süddeutsch-böhmischen Barock mit gekurvten Innenräumen. Dientzenhofer orientierte sich an den Bauten seines Bruders Christoph, der Gedanken Guarinis in Franken einführte und so eine bedeutende Entwicklung im deutschen Kirchenbau auslöste.

Basilika Vierzehnheiligen, Bad Staffelstein *(unten links)*

Die 1743–1772 errichtete Wallfahrtskirche mit ihrem berühmten Gnadenaltar im Langhaus bildet den Zenitpunkt barocker Kirchenbaukunst und ist neben Neresheim das Meisterwerk Balthasar Neumanns (1687–1753). Dieser zeigte hier eindrucksvoll, zu welcher Leistung er im Stande war: Die hoch aufragende Zweiturmfront gehört zum Besten, was die Fassadenbaukunst jemals erschaffen hat.

Schloss Weißenstein, Pommersfelden *(oben)*

Das 1711–1718 von Johann Dientzenhofer (1663–1726) und Johann Lucas von Hildebrandt (1668–1745) erbaute Schloss begründete den fränkischen Barock und gehört zu den bedeutendsten Barockschlössern Deutschlands. Besondere Glanzpunkte sind das einmalige Treppenhaus mit dem riesigen Fresko von Johann Rudolf Byss (1660–1738) und die Sala terrena, die als Höhepunkt der deutschen Grottenarchitektur gilt.

St. Maria und St. Johannes, Waldsassen *(unten rechts)*

Das alleinige Thema der 1685–1689 von Georg Dientzenhofer (1643–1689) errichteten Stiftsbasilika ist die Trinität: Um ein gleichseitiges Dreieck sind drei Konchen angelegt, die wiederum von einer Galerie eingefasst werden. Durch den sehr geschlossen wirkenden Außenbau mit den drei Türmchen entsteht der Eindruck eines triumphalen Monuments der Heiligen Dreifaltigkeit.

Eremitage, Bayreuth
(oben links)

Die kurfürstliche Eremitage (1749–1753) mit ihren Ruinen, Grotten und Brunnen zählt zu den schönsten Rokokogärten in Deutschland. Zentrum ist das neue Schloss mit dem oktogonalen Sonnentempel. Die fantastische Wirkung dieser illusionistischen Architektur wird durch die Verkleidung mit farbigen Kieseln und Goldfluss sowie die reiche Vergoldung noch unterstrichen.

St. Lorenz, Nürnberg
(unten links)

Der Ruhm der Lorenzkirche gründet auf dem im 15. Jahrhundert angefügten Hallenumgangschor. Die entscheidenden Eingriffe stammen von Konrad Roritzer (um 1419–1475), der auf die Kapellenräume verzichtete. Somit schuf er eine ungemein raumplastische Fülle und einen adäquaten Rahmen für die Plastik des Englischen Grußes von Veit Stoß (um 1447–1533).

Comburg, Schwäbisch Hall
(unten rechts)

Die Comburg ist eine Klosterburg mit Bauten aus Mittelalter, Renaissance und Barock. Die Lage und ihre stolz aufragende Gesamterscheinung mit der gut erhaltenen Ringmauer sind in Deutschland einmalig. Glanzstücke sind das romanische Klostertor, der spätromanische Ostbau der Kirche sowie die barocke Hallenkirche mit dem berühmten Antependium und dem Radleuchter.

Zisterzienserabtei, Maulbronn
(linke Seite oben rechts)

Von allen Zisterzienserklöstern Deutschlands ist Maulbronn das am besten erhaltene. Zudem haben alle Bauteile eine so hohe künstlerische Qualität, dass die Abtei als Inbegriff des mittelalterlichen Klosters gelten kann. 1147 gegründet, entstanden solch einmalige Elemente wie das reich ausgestaltete Brunnenhaus oder das Herrenrefektorium – ein wahrhaft königlicher Raum.

St. Peter und Paul, Hirsau
(unten links)

Über das Schwarzwaldkloster Hirsau kam die cluniazensische Reform nach Deutschland. 1082–1091 entstand eine der größten Kirchen der deutschen Romanik, von der heute nur noch der Eulenturm steht. Die Hirsauer Reform breitete sich sehr schnell aus (mehr als 120 Klöster) und mit ihr auch – erstmals in der Geschichte der Architektur – deren Bauweise („Hirsauer Bauschule").

Mercedes-Benz-Welt, Stuttgart
(oben)

Das aufsehenerregende, aber nicht unumstrittene Kundenzentrum wurde 2003–2006 vom Amsterdamer Architektenbüro UNStudio errichtet. Es besteht aus einem Museum und dem Mercedes-Benz-Center. Baubestimmend ist die Doppelhelix-Struktur des Gebäudes. Von Außen nur dreistöckig wirkend, verbergen sich im Inneren neun Ebenen, die zwei spiralförmige Rundgänge ermöglichen.

Neue Staatsgalerie, Stuttgart
(unten rechts)

Kontroverser können Reaktionen nicht sein: Der von James Stirling (1926–1992) zwischen 1977–1984 errichtete Museumsanbau wurde in höchsten Tönen gelobt oder mit aller Macht kritisiert. Mittlerweile gilt der Bau mit seiner zentralen Rotunde als ein Klassiker der Postmoderne und hat sich zum Publikumsmagneten entwickelt, was nicht nur auf die bedeutende Sammlung zurückzuführen ist.

Kloster Weltenburg, Kelheim
(unten links)

Weltenburg gilt als älteste Abtei Bayerns. Nach 1713 wurden die Konventbauten und die überaus prächtige Kirche errichtet. Der Auftrag ging an Cosmas Damian Asam (1686–1739), der seinen Bruder Egid Quirin (1692–1750) zur Unterstützung hinzuzog. In Weltenburg haben die Asams die hochpathetische Barockkunst Roms nach Bayern gebracht, diese aber mit einem sympathischen, augenzwinkernden Humor belebt.

Basilika St. Vitus, Ellwangen
(unten rechts)

Ellwangen ist eines der ältesten und vornehmsten Klöster des Mittelalters, die Reichsabtei unterstand seit 979 direkt dem päpstlichen Stuhl. Ablesen lässt sich die Bedeutung an der einmaligen Ostpartie der Klosterkirche St. Vitus. Der Bau steht in direkter Nachfolge der rheinischen Kaiserdome und bietet ein unverfälschtes Bild vom herrschaftlichen Anspruchsniveau einer staufischen Reichsabtei.

Abtei der heiligen Ulrich und Afra, Neresheim *(oben rechts)*

Weltruhm genießt Neresheim durch die Klosterkirche, die der damals berühmteste und beste Architekt der Zeit, Balthasar Neumann (1687–1753), ab 1747 errichtete. Der Bau gehört zur sogenannten kurvierten Architektur, bei der alle Wände und Gewölbe kurvig geführt sind. Der Raum beeindruckt trotz oder gerade wegen der fehlenden Rokokoausstattung, die diese Glanzleistung der Architektur nicht braucht, um zu wirken.

St. Peter, Regensburg
(linke Seiten oben links)

Der Baumeister des in der zweiten Hälfte des 13. Jahrhunderts begonnenen Regensburger Doms gehört ohne Zweifel zu den großen Künstlern der gotischen Architektur. Der mehrstöckige, völlig in Fenstern aufgelöste Chor mit seiner original erhaltenen Farbverglasung und den durchbrochenen Maßwerkformen wirkt wie ein magisches Lichthaus, das zu den Wunderwerken der Kathedralgotik zählt.

Steinerne Brücke, Regensburg
(unten)

Die von 1135–1146 erbaute Brücke ist ein Wahrzeichen Regensburgs und ein Meisterwerk mittelalterlicher Architektur. Sie diente zudem als Vorbild für unzählige Nachfolgebauten. Die Errichtung einer ursprünglich 336 m langen Steinbrücke galt in einer Zeit, in der ausschließlich Holzbrücken errichtet wurden, als technische Meisterleistung. Mehr als 800 Jahre lang bildete sie den einzigen Donauübergang der Stadt.

Walhalla, Donaustauf
(oben)

Die Walhalla („Totenhalle") wurde vom bayerischen König Ludwig I. in Auftrag gegeben und von Leo von Klenze (1784–1864) zwischen 1830 und 1842 erbaut. Der Ehrentempel für deutsche Geistesgrößen wurde außen als dorischer Peripteros in enger Anlehnung an den Parthenon in Athen errichtet. Im Inneren präsentiert sich der Bau dann allerdings als durchaus moderne Wandpfeilerhalle mit Oberlichtern.

Rathaus, Augsburg *(oben)*

Mit dem 1615–1620 errichteten Rathaus gelang Elias Holl (1573–1646) ein Genie- streich: Der Grundgedanke der Verbindung eines Saalbaus mit den „Kreuzarmen" der Treppenhäuser ist hier genial einfach zur Schau gestellt. Die Gliederung erfolgt nicht durch Ornament, sondern durch geschickte Verteilung der Massen. Auch die Form der Kuppeltürme hat bis weit ins 17. Jahrhundert hinein stilprägend gewirkt.

Benediktinerabtei St. Michael, Metten *(unten links)*

Das Glanzstück des 766 gegründeten Klosters ist die 1722–1724 dekorierte, einmalige Bibliothek. Das Werk des Malers Innozenz Warathy (um 1690–1758) und des Stucka- teurs Franz Josef Holzinger (1691–1775) besteht aus drei miteinander verbundenen Räumen. Weiße Reliefs auf schwarzem Grund, überbordende Fresken und die das Gewölbe tragenden Atlantenpaare machen diesen Raum zu einem unvergesslichen Ort.

St. Stephan, Passau *(unten rechts)*

1688 begann der Italiener Carlo Lurago (1615–1684) mit dem Neubau des Doms und brachte damit einen neuen, fast schon lauten Klang in die bayerische Architektur. Die breit gelagerte Zweiturmfassade und das Langhaus mit böhmischen Kappengewölben stimmen den Betrachter auf das Schmuckstück des letzten mittelalterlichen Doms ein: das maß- werküberspannte Glashaus des spätgotischen Chors.

Zisterzienserabtei, Bebenhausen *(oben links)*

Das im späten 12. Jahrhundert gegründete Bebenhausen ist nach Maulbronn das besterhaltene mittelalterliche Zisterzienserkloster Süddeutschlands. Durch die Wehrmauer mit Türmen, wirkt das Kloster noch heute wie eine Stadt im Kleinformat. Ein einmaliges Preziosenstück mittelalterlicher Architektur ist der völlig in Maßwerk und Fialen aufgelöste Dachreiter über der Kirchenvierung.

Benediktinerabtei, Zwiefalten *(unten links)*

1668 begann die Umgestaltung des Klosters, die zu einer der größten Leistungen des süddeutschen Barock werden sollte. 1739 wurde der Grundstein für das klostereigene Münster Unserer Lieben Frau gelegt, das bald von Johann Michael Fischer (1692–1766) übernommen wurde. Das Generalthema der Säule zieht sich bis zum grandiosen Chor durch.

Stiftskirche, Kloster Blaubeuren *(oben rechts)*

Die Ende des 15. Jahrhunderts entstandene Kirche stellt einen seltenen Glücksfall dar: Kirche und Ausstattung sind fast vollständig erhalten. Neben dem Chorgestühl ist es vor allem der filigrane Schnitzaltar, der den Ruhm von Blaubeuren ausmacht. In dem von einem Netzgewölbe überspannten Kirchenraum hat diese Spitzenleistung der Spätgotik ihren würdigen Rahmen gefunden.

Münster, Ulm *(unten rechts)*

Die ursprünglich als Halle geplante Kirche wurde nach einem Planwechsel ab 1392 im basilikalen Schema errichtet. Das 42 m hohe Mittelschiff ist eines der gewaltigsten Europas. Der verantwortliche Baumeister, Ulrich Ensinger (um 1350–1419), plante auch den im 19. Jahrhundert vollendeten Turm, der mit über 161 m bis heute der höchste Kirchturm der Welt ist.

Benediktinerkloster, Alpirsbach
(oben links)

Die vom burgundischen Cluny ausgehende Hirsauer Reform hat in der um 1130 vollendeten Klosterkirche von Alpirsbach ihre am besten erhaltene, aber auch strengste Ausformung erfahren. Die extremen, bedrängend wirkenden Steilproportionen machen die Kirche zum Inbegriff der Strenge, Disziplin und Leibfeindlichkeit fordernden Hirsauer Ordensregel.

Reichsabtei, Salem
(oben rechts)

Bis zur Säkularisation war Salem eine der einflussreichsten Zisterzienserabteien Süddeutschlands. Die 1299 begonnene Kirche besticht durch ihre vier Maßwerkgiebel und durch die enorme Anzahl an Altarstellen. Aus der Salemer Bauhütte ging der Baumeister des Kölner Doms hervor. Die nach 1697 von Franz Beer (1660–1726) erbauten Konventgebäude wirken wie eine Schlossanlage.

Münster Unserer Lieben Frau, Freiburg *(unten)*

Den Turm des Freiburger Münsters halten viele für den schönsten Kirchturm der Welt. Um 1200 spätromanisch begonnen, wurde die Kirche im frühgotischen Stil fertiggestellt. Der 127 m hohe Turm wächst mit Leichtigkeit vom viereckigen Unterbau über die zwölfeckige Mittelzone bis zum achteckigen, filigran durchbrochenen Helm spielerisch in die Höhe.

St. Martin, Landshut
(oben links)

Der Turm von St. Martin ist nicht nur das Wahrzeichen der Stadt, er ist mit 130,6 m auch der höchste Backsteinturm der Welt. Mit ihrer gewagten Statik, die vor allem in den dünnen, extrem hohen Mittelschiffspfeilern an ihre Grenzen stößt, gehört die Kirche (um 1385–1500) zu den bedeutendsten Gotteshäusern in Süddeutschland und zu den kühnsten der gesamten Gotik.

Basilika St. Alexander und Theodor, Ottobeuren *(oben rechts)*

Als Glanzstück der riesigen, im frühen 18. Jahrhundert errichteten Konventgebäude des Kloster Ottobeuren gilt der prächtig ausgestattete Kaisersaal. Höhepunkt der gesamten Anlage ist aber zweifellos die von Johann Michael Fischer (1692–1766) ab 1748 errichtete Kirche mit ihrer stolzen Zweiturmfassade, die zum Besten gehört, was die bayerische Barockarchitektur je geschaffen hat.

Basilika St. Martin, Weingarten
(unten)

Weingarten war Reichsabtei, und das sieht man den ab 1715 errichteten Neubauten deutlich an. Die monumentale Benediktinerstiftskirche mit ihrer kolossalen Doppelturmfassade ist mit 102 m Höhe die größte Barockkirche Deutschlands. Die Ausstattung durch die Asam-Brüder und Joseph Anton Feuchtmayer (1696–1770) ist erstklassig, die Orgel eine der großartigsten des Barock.

Allianz Arena, München
(oben)

2002–2005 wurde das hypermoderne Fuß-ballstadion mit Geschäften, Logen und Aus-stellungsbereichen von Herzog & de Meuron erbaut. Das Dach und die Fassade sind komplett mit rautenförmigen Luftkissen aus Kunststofffolie überzogen, die einzeln be-leuchtet werden. So erstrahlt die Arena, die bis zu 69 000 Zuschauer fasst, jeweils für die spielende Heimmannschaft in den Farben Rot und Blau oder im neutralen Weiß.

Olympiapark, München
(unten)

Der für die Olympischen Spiele 1972 ange-legte Park ist ein weltweit einmaliges En-semble, das von der Architektengemein-schaft Behnisch & Partner geschaffen wurde. Hauptattraktion ist die sensationelle Zelt-dachkonstruktion, die mit einer Fläche von etwa 75 000 qm Schwimmhalle, Olympia-halle und Stadion überspannt und bis heute nichts von ihrem ursprünglichen Reiz einge-büßt hat.

St. Michael, München
(rechte Seite ganz unten links)

Die seit 1583 erbaute Jesuitenkirche wird zu Recht als „Paukenschlag", als radikaler Neu-anfang und als Gründungsbau einer neuen Epoche bezeichnet. Sie stellte alles, was damals nördlich der Alpen an Sakralbauten errichtet wurde, in den Schatten. Mit St. Michael kam Rom nach Bayern. Urplötz-lich begann hier die Neuzeit, und eine neue Epoche wurde eingeläutet: der Barock mit seinem eindrucksvollen Formenreichtum.

Schloss Nymphenburg, München *(oben)*

Die 1664 begonnenen Arbeiten am Nymphenburger Schloss zogen sich bis ins 19. Jahrhundert hin. So große Namen wie Agostino Barelli (1627–1687), Giovanni Viscardi (1645–1713) und Joseph Effner (1687–1745) waren an der Planung der Anlage beteiligt. Die einzigartige Komposition aus imposanten Barockgärten, vier Gartenschlösschen und dem Hauptschloss zählt zu den schönsten und prächtigsten Schlossanlagen weltweit.

Amalienburg, München *(unten links)*

Das für die Kurfürstin Maria Amalie von Österreich (1701–1756) erbaute Jagdschlösschen im Nymphenburger Park gilt gemeinhin als schönstes Rokokogebäude Deutschlands. 1734–1739 errichtete François Cuvilliés d. Ä. (1695–1768) den einstöckigen Bau, der als sein Meisterwerk gilt. Das Gebäude gruppiert sich um den zentralen Spiegelsaal, einem Raum, in dem Innen und Außen sowie Wand und Decke verschmelzen.

BMW Welt, München *(unten rechts)*

2003–2007 wurde vom Wiener Architektenduo Coop Himmelb(l)au die spektakuläre BMW Welt errichtet. Verschiedenste Bauteile wurden um die zentrale Ausstellungsplattform gruppiert. Der Fahrzeugauslieferungsbau besticht durch eine extreme Dynamik; jeder Baukörper ist schräg gestellt oder in sich gedreht. Höhepunkt ist der 30 m hohe Doppelkegel, der sich wie ein Tornadowirbel nach oben schraubt.

Frauenkirche, München
(oben)

Der 1468–1494 errichtete Dom zu Unserer Lieben Frau ist mit seinen Türmen und den berühmten Welschen Hauben das weithin sichtbare Wahrzeichen Münchens. Unter dem riesigen Satteldach verbirgt sich eine dreischiffige Staffelhalle. Die eng gestellten Pfeiler erwecken den Eindruck einer geschlossenen Wand, und der Raum erscheint, als ob er selbst leuchten würde.

Asamkirche, München
(unten links)

Die weltberühmte kleine St. Johann-Nepomuk-Kirche wurde von Egid Quirin Asam (1692–1750) seit 1733 auf eigene Kosten errichtet. Unterstützt wurde er von seinem Bruder Cosmas Damian (1686–1739), der für die Ausstattung zuständig war. Entstanden ist ein mit überbordender Fantasie ausgestattetes „Theatrum sacrum", ein absolutes Meisterwerk des Barock.

Benediktinerkloster, Rott am Inn *(unten rechts)*

Die lichtdurchflutete Klosterkirche von Rott, die Johann Michael Fischer (1692–1766) in den Jahren 1759–1763 erbaut hat, ist eine der schönsten Barockkirchen weltweit. Fischer hat das immer wieder variierte Thema des Acht-Arkaden-Raums hier zu einem zeitlosen Wohlklang gestaltet, zu einer Harmonie des Klassischen, die so in keiner Kirche des Barock mehr erreicht wurde.

Kirche zum Gegeißelten Heiland, Wies *(oben links)*

Heute ist die Wallfahrt zur Wieskirche eher eine Wallfahrt zur Kunst: Hier erleben die aus aller Welt heranströmenden Besucher einen letzten Höhepunkt des Rokoko. Ab 1745 errichtete Dominikus Zimmermann (1685–1766) diesen weltberühmten Bau, der seinen Höhepunkt in dem einzigartig kostbaren Chor findet, in dem die Grenzen aller Kunstgattungen aufgehoben sind.

Benediktinerinnenabtei, Frauenchiemsee *(oben rechts)*

Allein die Lage inmitten des Sees macht einen Besuch der Klosterinsel mit ihrem 782 gegründeten Benediktinerinnenkloster, dem ältesten in Bayern, zu einem einmaligen Erlebnis. Aber auch der im 11. Jahrhundert entstandene Neubau, der den Kern der heutigen Kirche darstellt, ist durch seine ungewöhnliche Pfeilerform und den noch außergewöhnlicheren Chor ein Unikum.

Schloss, Herrenchiemsee *(unten)*

Das 1878 begonnene Herrenchiemseer Schloss, das eine Originalkopie von Schloss Versailles werden sollte, ist das größte der Fantasieschlösser König Ludwigs II. von Bayern (1845–1886) und damit auch der deutlichste Ausdruck des Größenwahns dieses Herrschers. In dem mit höchstem Aufwand prachtvoll ausgestatteten Schloss verbrachte der König immerhin ganze 23 Nächte.

Schloss Neuschwanstein, Schwangau *(oben)*

Das unter Bayernkönig Ludwig II. 1869–1891 erbaute Neuschwanstein ist der Prototyp des „Märchenschlosses". Der Bau genießt Weltruhm und zieht jährlich Millionen von Touristen an, doch liegt der Grund hauptsächlich im menschlichen Bedürfnis nach Romantik und einem gewissen Kitsch, das das strahlend weiße Schloss vor einer malerischen Alpenkulisse aufs Beispielhafteste befriedigt.

St. Mariä Himmelfahrt, Kloster Ettal *(unten links)*

Bald nach der Klostergründung durch die Benediktiner 1330 entstand ein zwölfeckiger Zentralbau, der erst 1744 durch Joseph Schmuzer (1683–1752) sein heutiges Aussehen erhielt. Nach 1710 errichtete Enrico Zuccalli (um 1642–1724) die prachtvolle Fassade mit den abgerückten Türmen. So brachte er Rom nach Altbayern: Die Kirche Sant' Agnese auf der Piazza Navona stand Pate.

Schloss Linderhof, Oberammergau *(unten rechts)*

Linderhof (1874–1878) ist das kleinste der Schlösser, die Ludwig II. von Bayern (1845–1886) erbauen ließ und in dem er am meisten Zeit verbrachte. Das Gebäude lehnt sich an das Petit Trianon im Versailler Schlosspark an, ist aber wesentlich reicher verziert. Im Schlosspark vor traumhafter Kulisse befinden sich mehrere bizarre Bauten wie die Venusgrotte und der Maurische Kiosk.

Kirche Unserer Lieben Frau, Birnau *(oben)*

Die Wallfahrtskirche von Birnau ist neben der Münchner Asamkirche eines der herausragenden Beispiele der Bauweise mit geschichteten Reliefwänden. Die 1745–1751 vom Vorarlberger Peter Thumb (1681–1766) erbaute Kirche mit ihrer umlaufenden Galerie ist ein prachtvolles barockes „Theatrum sacrum", eine sakrale Bühne, die alle Sinne in höchstem Maße anspricht.

Benediktinerabtei, Reichenau *(unten links)*

Die Insel im Bodensee war eines der wichtigsten Zentren abendländischer Klosterkultur des frühen Mittelalters und gehört seit 2001 zum Weltkulturerbe. Als Heimat vieler berühmter Persönlichkeiten war die Reichenau zur Zeit der Ottonen das Zentrum der Buchmalerei im Reich. Von den drei Klosterkirchen ist die Kirche von Mittelzell mit ihren großartigen Fresken die prachtvollste.

Dom St. Blasius, Sankt Blasien *(unten rechts)*

Die 1783 geweihte Kirche besitzt eine der größten Kuppeln Europas (36 m Durchmesser). Zudem ist der von Pierre Michel d'Ixnard (1723–1795) errichtete Bau ein Musterbeispiel für den radikalen Bruch zwischen Barock und Klassizismus. Die gewaltige Rotunde mit dem antik anmutenden Säulenkranz erweckt nicht mehr den Eindruck einer Kirche, sondern den eines Tempels.

Schweiz

Münster, Basel
(unten links)

Im 13. Jahrhundert wurde die Kirche über einem karolingischen Vorgängerbau errichtet und ein Jahrhundert später dann die schlanken Fassadentürme angegliedert. Die sogenannte Galluspforte zählt zu den bemerkenswertesten romanischen Figurenportalen im deutschsprachigen Raum. Das nördliche Seitenschiff birgt den Leichnam des niederländischen Humanisten Erasmus von Rotterdam (um 1465–1536).

Fürstabtei, St. Gallen
(unten rechts)

Seit 1983 gehört die Abtei, die den St. Galler Klosterplan, den Idealplan einer benediktinischen Klosteranlage, beherbergt, zum Weltkulturerbe. 1755–1767 wurde die Klosteranlage von Peter Thumb (1681–1766) und Johann Michael Beer (1696–1780) neu erbaut. Die weltberühmte Bibliothek Thumbs ist ein Prachtraum ohnegleichen. Die Kirche gehört zu den größten und bedeutendsten Sakralbauten des Barock.

Goetheanum II, Dornach
(Mitte rechts)

Das von Rudolf Steiner (1861–1925) entworfene Gebäude dient als Sitz der Allgemeinen Anthroposophischen Gesellschaft. Das Bauwerk strahlt enorme Bewegung aus, ein Wechsel aus konkaven und konvexen Flächen, aus Licht und Schatten lassen organische Formen entstehen, die ganz im Sinne anthroposophischer Ideale wirken. In dem großen Saal mit etwa 1000 Sitzplätzen finden Eurythmie- und Theateraufführungen statt.

San Giovanni Battista, Mogno
(rechte Seite oben links)

1986 wurde der kleine Ort von einer Lawine begraben, zehn Jahre später überrollten ihn Touristenmassen. Der Grund hierfür war die Kirche, die Mario Botta (* 1943) 1992–1994 errichtet hatte. Der Bau über elliptischem Grundriss und alternierenden Marmorschichten aus Peccia sowie Granit aus dem Valle Maggia wird von einem Dach aus Eisen und Glas abgeschlossen, das im Inneren bezaubernde Lichtreflexe erzeugt.

Benediktinerabtei, Einsiedeln
(unten links)

Es gibt viele Gründe das Kloster Einsiedeln zu besuchen: Die spätgotische Schwarze Madonna ist ein wichtiges Pilgerziel, der Marstall beherbergt das älteste Gestüt Europas und die etwa 230 000 Bücher und Schriften zählende Bibliothek ist ebenso weltberühmt wie eindrucksvoll. Das barocke Kloster mit seinen zahlreichen Fresken und Stuckwerken entstand 1674–1735 nach Plänen von Caspar Moosbrugger (1656–1723).

Benediktinerabtei St. Johann, Müstair *(oben rechts)*

Die farbenfrohen Malereien an Apsiden und Wänden aus dem 9. Jahrhundert – der größte zusammenhängende karolingische Freskenzyklus überhaupt – gaben den Ausschlag für die Aufnahme St. Johanns ins Weltkulturerbe 1983. Sie wurden erst 1947 bis 1950 freigelegt. Das Kloster selbst wirkt durch den alten Wehrturm – den zeitweilig auch als Wohnturm genutzten „Plantaturm" – malerisch inmitten der Berge.

Schloss Chillon
(unten rechts)

Am Ufer des Genfer Sees erhebt sich malerisch gelegen die schönste Wasserburg der Schweiz aus dem 13./14. Jahrhundert. Die „camera domini", das schmucke Privatgemach des Fürsten, sowie weitere Repräsentationsräume und Festsäle lassen die ehemalige Pracht des Schlösschens erahnen. 25 Gebäude umgeben die drei Innenhöfe, geschützt wird der Bau von zwei massiven Ringmauern.

Österreich

Augustiner-Chorherrenstift, Sankt Florian *(oben links)*

Ab 1686 wurde mit dem Neubau der Kirche und den Konventsgebäuden begonnen. Architekt war Carlo Antonio Carlone (um 1635–1708), der die monumentale Saalkirche errichtete. Nach seinem Tod übernahm Jakob Prandtauer (1660–1726) die Bauleitung und schuf das einmalige, erstmals Innen- und Außenarchitektur verbindende Treppenhaus und den großartigsten Prunksaal aller österreichischen Klosterschlösser.

Stift Zwettl
(oben rechts)

Der Südflügel des Kreuzgangs und das Brunnenhaus der 1138 gegründeten Zisterzienserabtei zeigen eine perfekte gotische Systemarchitektur. Hochbedeutend ist der Hallenumgangschor, einer der ersten seiner Art. Das Wahrzeichen Zwettls aber ist die barocke Westfassade mit ihrem 90 m hohen Turm, ein einmaliges Stück architektonischer Skulptur von Matthias Steinl (um 1644–1727) und Joseph Munggenast (1680–1741).

Benediktinerstift, Altenburg
(unten)

Ab den 30er-Jahren des 18. Jahrhunderts gestaltete der Tiroler Baumeister Joseph Munggenast (1680–1741) große Teile des Benediktinerstifts um. Neu und ungewohnt ist der Reichtum der Farbskala, der sich in der Kirche andeutet und im berühmten Bibliothekssaal seinen Höhepunkt erreicht. Hier wurden Farben verwendet, die in ihrer reich abgestuften Kombination Baukünstlern bisher fremd geblieben waren.

Augustiner-Chorherrenstift, Dürnstein *(oben links)*

Ab etwa 1716 wurde die barocke Umgestaltung in die Wege geleitet. Beteiligte Baumeister waren Joseph Munggenast (1680–1741), Jakob Prandtauer (1660–1726) und Matthias Steinl (um 1644–1727), wobei Letzterer die Hauptakzente setzte. Besonders die herrliche Portalanlage und der weithin sichtbare Kirchturm mit seiner ursprünglichen Farbgebung in Blau-Weiß stammen von Steinl.

Benediktinerstift, Göttweig *(oben rechts)*

Nach einem Großfeuer im Kloster begannen ab 1718 ausgiebige Neuplanungen: Wären diese ausgeführt worden, hätten wir heute einen gewaltigen Klosterkomplex vor uns, von dem jedoch nur rund ein Drittel tatsächlich umgesetzt wurde. Entworfen wurden die Pläne vom kaiserlichen Hofarchitekten, Johann Lucas von Hildebrandt (1668–1745), dessen Kaiserstiege das Glanzstück der heutigen Anlage ist.

Benediktinerkloster, Melk *(unten)*

Auf einem 57 m hohen Granitfelsen über der Donau thront die gewaltige Klosteranlage, die seit 2000 zum Weltkulturerbe gehört. 1702–1736 wurde das bestehende Kloster durch Jakob Prandtauer (1660–1726) und Joseph Munggenast (1680–1741) völlig umgebaut. Die Kirche mit ihrer stolzen Zweiturmfassade und der 64 m hohen Tambourkuppel wird von der weltberühmten Bibliothek und dem Marmorsaal flankiert.

Augustiner-Chorherrenstift, Klosterneuburg *(unten rechts)*

Karl VI. wollte aus dem um 1130 entstandenen Stift einen österreichischen Escorial machen, ein Klosterschloss mit kaiserlicher Residenz, das allerdings nach dessen Tod 1740 nur sehr reduziert ausgeführt wurde. Architektonisch beeindruckend ist zwar der Kaisersaal, Weltruhm erlangte das Stift aber durch den „Verduner Altar", einen der bedeutendsten Goldschmiede- und Emaillearbeiten des Mittelalters.

Millennium Tower, Wien *(unten links)*

Der spektakuläre Turm am Handelskai ist mit einer Gesamthöhe von 202 m das höchste Bürogebäude Österreichs und das zweithöchste Europas. Die beiden durch Stahlverbundkonstruktionen miteinander verschränkten, vollständig verglasten Zylinder wurden 1997–2000 von Peichl & Partners errichtet. Neben Büroräumen bietet die Millennium City im Turm auch genügend Platz für Shopping- und Kulturvergnügen aller Art.

Karl-Marx-Hof, Wien *(Mitte rechts)*

Der bekannteste Gemeindebau Wiens wurde 1927–1930 vom Otto-Wagner-Schüler Karl Ehn (1884–1959) errichtet. Der Komplex umfasst 150 000 qm, bietet in über 1300 Wohnungen etwa 5500 Bewohnern Platz und wurde zum Symbol für die Bauten des „Roten Wien" zwischen 1918 und 1934. Vier Straßenbahnhaltestellen liegen an der über 1 km langen Anlage, die der längste zusammenhängenden Wohnbau der Welt ist.

Hundertwasserhaus, Wien
(oben)

Das 1983–1986 von Friedensreich Hundertwasser (1928–2000) entworfene Wohngebäude gehört zu den weltberühmten Sehenswürdigkeiten Wiens. Das farbenfrohe, reich bepflanzte und mit Zwiebeltürmchen bekrönte Gebäude ist von der Grundriss- bis zur Fassadengestaltung völlig unregelmäßig. Der Bau ist ein Musterbeispiel für die Vorstellung Hundertwassers von einer alternativen, menschenfreundlichen Architektur.

Palais Kinsky, Wien
(Mitte links)

Die Schaufront dieses 1713–1716 von Johann Lucas von Hildebrandt (1668–1745) geschaffenen Stadtpalastes ist ein einziges Preziosenstück und gehört zu den großartigsten Barockfassaden im Profanbau. Die zarte Gliederung mit den eleganten Pilastern mit dem Antlitz Hermes' ist der Wand wie ein Relief vorgeblendet. Zentrum ist das prachtvolle Portal, von dem man in das grandiose Treppenhaus gelangt.

Postsparkasse, Wien
(unten links)

Der zwischen 1904–1906 errichtete Bau ist ein Meilenstein moderner Architektur: Otto Wagner (1841–1918) hatte den Historismus schon in früheren Bauten überwunden und ging hier noch einen Schritt weiter, indem er weitgehend auf Ornamente verzichtete. Im großen Kassenraum entwarf Wagner Dekorationsformen, die sich erst etwa 20 Jahre später als „Moderne" in der Architektur verbreiteten.

Votivkirche, Wien
(unten rechts)

Die nach dem Attentat von 1853 auf den jungen Kaiser Franz Joseph I. gestiftete Kirche wurde von Heinrich von Ferstel (1828–1883) errichtet und zählt zu den eindrucksvollsten neugotischen Sakralbauten der Welt. Alle gotischen Elemente sind hier ins Monumentale gesteigert – so lassen die hohen Kirchtürme mit ihren eisernen Dachstühlen und die 111 bleiverglasten Fenster die Votivkirche elegant erscheinen.

Looshaus, Wien *(oben links)*

Das 1910 von Adolf Loos (1870–1933) errichtete Gebäude war während seiner Erbauung heftig umstritten, zählt heute aber zu den wegweisenden Bauten der Moderne. Gegenüber der neubarocken Residenz verzichtete Loos strikt auf jegliches Ornament und schuf ein „Haus ohne Augenbrauen", also ohne Fensterbekrönungen. Auch die deutliche Trennung von Geschäfts- und Wohnbereich war zukunftsweisend.

Stadtpalais Liechtenstein, Wien
(unten links)

Ab 1694 erbaute Domenico Martinelli (1650–1719) den riesigen Stadtpalast für Dominik Graf Kaunitz, der jedoch bald an die Fürsten von Liechtenstein verkaufte. Die straff gegliederte Fassade ist streng römisch und geht auf Vorbilder Berninis zurück. Am Hauptportal, dem mächtigen Stiegenhaus und vor allem am herrlichen Seitenportal zeigt sich dann aber doch eine typisch österreichisch-hochbarocke Formensprache.

Stephansdom, Wien
(oben rechts)

St. Stephan ist nicht nur einer der größten und schönsten gotischen Sakralbauten Europas, sondern auch eines der kostbarsten Wahrzeichen der Stadt Wien und das Identifikationsbauwerk Österreichs. Sein großartiger Südturm, der „Steffl", ist mit 136,7 m zudem dritthöchster Kirchturm der Welt. Um 1240 wurde mit dem heutigen Bau begonnen, dessen Markenzeichen das steile, mit 230 000 glasierten Ziegeln gedeckte Dach ist.

Spanische Hofreitschule, Wien
(unten rechts)

1671 brachte Kaiser Karl VI. aus Spanien in klassischer Reitkunst gedrillte Lipizzanerhengste mit nach Wien, für die Joseph Emanuel Fischer von Erlach (1693–1742) im Michaelertrakt der Hofburg ab 1735 den prächtigen Reitsaal anlegte. Dieser gehört zu den großen Raumschöpfungen des Spätbarock. Hier finden bis heute die weltberühmten Vorführungen der Spanischen Hofreitschule statt.

Palais Trautson, Wien
(oben links)

Das 1710–1712 von Johann Bernhard Fischer von Erlach (1656–1723) erbaute Gartenpalais ist einer der bedeutendsten barocken Paläste weltweit. Der stolz aufgerichtete Mittelrisalit bricht geradezu aus der Fassade hervor und bietet der gegenüberliegenden Hofburg die Stirn. Oberhofmeister Leopold Fürst Trautson, eine der einflussreichsten Personen am Hof, zeigte seine Stellung hier überdeutlich.

Hofburg, Wien
(oben rechts)

Die alte kaiserliche Residenz ist ein 240 000 qm großer Komplex, der im Laufe der Jahrhunderte stetig vergrößert wurde und 18 Trakte mit 2600 Räumen umfasst. Der künstlerisch bedeutendste Bau ist die Hofbibliothek von Johann Bernhard Fischer von Erlach (1656–1723). Zu den größten Kostbarkeiten in den Schatzkammern der Burg gehören die Kaiserkrone und die Insignien des Heiligen Römischen Reiches.

Haas-Haus, Wien
(unten)

Heftige Diskussionen löste dieser Neubau aus, da er direkt gegenüber dem österreichischen Nationalheiligtum, dem Stephansdom, errichtet wurde. Hans Hollein (* 1934) führte den Bau 1985–1990 aus und schuf mit der imposanten Spiegelfassade einen gewollt starken Kontrast zu allen umliegenden Bauten. Fr war damit Bahnbrecher für zeitgenössisches Bauen inmitten historischer Stadtkerne.

Piaristenkirche Maria Treu, Wien (oben)

Ab 1716 wurde an dem ehrenhofartig umschlossenen Platz – einem der schönsten Wiens – die Kirche des Piaristenordens errichtet. Johann Lucas von Hildebrandt (1668–1745) schuf hier eines der wichtigsten Werke des österreichischen Barock. Hinter der konvex ausschwingenden Doppelturmfassade verbirgt sich der prachtvolle Acht-Arkaden-Raum mit Fresken von Franz Anton Maulpertsch.

Secessionsgebäude, Wien (unten links)

Im bewussten Gegensatz zum Historismus entstand 1897 die „Vereinigung bildender Künstler Wiener Secession", ein Bekenntnis zur international anerkannten Kunst des Jugendstils. Ein Jahr später schuf Joseph Maria Olbrich (1867–1908) das kongeniale Ausstellungsgebäude der Gruppe. Der blockhaft schlichte Bau wird von einer goldenen Laubkuppel bekrönt, die symbolisiert, wie sich die Kunst unter der Natur entfaltet.

Majolikahaus, Wien (Mitte rechts)

Das Haus gehört zu den drei Wienzeilenhäusern, die Otto Wagner (1841–1918) in den Jahren 1898–1899 errichtete. Das Jugendstil-Ensemble bedeutete Wagners endgültigen Bruch mit dem Historismus. Der schlichte Bau ist mit Fayenceplatten verkleidet, die üppigst mit Blumenmotiven geschmückt sind. Der wuchernde Dekor steigert sich mit zunehmender Höhe und gipfelt im Kranzgesims.

Karlskirche, Wien (unten rechts)

Die 1714–1737 errichtete Kirche ist das Hauptwerk des sakralen österreichischen Hochbarock und eines der großen Meisterwerke von Johann Bernhard Fischer von Erlach (1656–1723). Dieser verband verschiedenste Bautraditionen miteinander und huldigte damit seinem Kaiser Karl VI. als Herrscher über beide Reiche – Rom und Byzanz. Herausragend ist auch das Kuppelfresko Johann Michael Rottmayrs.

Schloss Schönbrunn, Wien
(oben)

Wären die ursprünglichen Pläne von Johann Bernhard Fischer von Erlach ausgeführt worden, stünde hier heute ein absolutistischer Repräsentationsbau ohnegleichen. Das Schloss wurde stattdessen ab 1695 in reduzierter Form errichtet und unter Maria Theresia ab 1743 von Nikolaus Pacassi (1716–1790) kongenial erweitert und umgestaltet. Die heutige Anlage gehört zu den imposantesten Schlössern der Welt.

Schönbrunner Palmenhaus, Wien *(unten rechts)*

Die filigrane Eisen-Glas-Konstruktion wurde in den Jahren 1881/82 nach Plänen von Franz Xaver Segenschmid (1839–1888) errichtet. Der 113 m lange Bau, eines der drei größten Tropenhäuser weltweit, besteht aus einem 28 m hohen Mittelpavillon und zwei niedrigeren Seitenpavillons. Die subtil ausgewogenen Proportionen verleihen dem Bau trotz der enormen Größe eine spürbare Leichtigkeit.

Oberes Belvedere, Wien
(unten links)

Ab 1714 errichtete Johann Lucas von Hildebrandt (1668–1745) dieses Ensemble als Sommerresidenz für Prinz Eugen von Savoyen. Ursprünglich wesentlich kleiner geplant, entwickelte sich die Anlage zu einem der bedeutendsten und schönsten Schlösser Europas. Der gewaltige Block wird in einzelne Baukörper untergliedert, denen die Pilaster und Vorlagen wie ein Ornat aufgelegt sind.

St. Leopold am Steinhof, Wien
(oben)

Die Kirche am Steinhof wurde 1904–1907 von Otto Wagner (1841–1918) als Teil der „Landesnervenheilanstalt" errichtet und ist das wichtigste Sakralbauwerk des österreichischen Jugendstils. Der Monumentalität mit zukunftsweisender Schlichtheit verbindende Bau präsentiert im Inneren den Jugendstil in harmonisch aufeinander abgestimmter Form. Bekrönt wird der Bau von einer mit Kupferplatten gedeckten Kuppel.

St. Karl Borromäus, Volders
(Mitte)

Die Kirche kann wohl als das skurrilste, aber auch fantastischste sakrale Bauwerk in der österreichischen Architektur des 17. Jahrhunderts bezeichnet werden: Entworfen wurde der Bau über dreipassförmigem Grundriss vom Arzt des Stiftes Hippolytus Guarinoni (1571–1654). Absolut exotisch ist die Außenbaugestaltung, die sich jeglicher entwicklungsgeschichtlicher Einordnung entzieht.

Zisterzienserabtei, Heiligenkreuz (unten links)

Die Abtei besteht seit ihrer Gründung 1133 bis heute und ist damit das zweitälteste Zisterzienserkloster der Welt. Das Langhaus der Kirche ist von äußerster Kargheit, der gotische Chor hingegen bildet das totale Gegenteil: Hier beginnt die große Zeit der österreichischen Hallenkirchen. Weitere Glanzlichter sind das neuneckige Brunnenhaus und der formvollendete Kreuzgang.

Kunsthaus, Graz
(oben)

Seit 2003 präsentiert das Gebäude – von seinen Schöpfern Peter Cook (* 1936) und Colin Fournier (* 1944) „Friendly Alien" genannt – Ausstellungen zeitgenössischer Kunst. Wie eine Luftblase schwebt die bläulich schimmernde Hülle über dem gläsernen Erdgeschoss. Eine Besonderheit ist die 900 qm große BIX-Medienfassade, die die Außenhaut des Baus als Kommunikationsmedium nutzbar macht.

Zisterzienserabtei, Lilienfeld
(Mitte)

Laut Bauinschrift erfolgte die Klostergründung in Lilienfeld schon 1202. Die Kirche gehört zu den größten mittelalterlichen Stiftskirchen Niederösterreichs und hat ihre architekturgeschichtliche Bedeutung vor allem im Ostbau mit seinem zweischiffigen Hallenumgangschor. Ein besonderes Schmuckstück stellt der Kreuzgang mit seinen nicht weniger als 478 dünnen Säulchen mit Knospenkapitellen dar.

Dom, Salzburg
(unten)

Der Neubau des Salzburger Doms wurde weit über die Grenzen Österreichs hinaus als epochales baukünstlerisches Ereignis betrachtet. 1614–1628 schuf Santino Solari (1576–1646) den monumentalen Bau mit seiner richtungsweisenden Doppelturmfassade. Der kleeblattförmige Ostteil wird von einer 75 m hohen Kuppel überragt. Heute finden in der Kirche 10 000 Menschen Platz.

Benediktinerabtei, Kremsmünster *(linke Seite unten rechts)*

Das Stift wurde bereits 777 gegründet und besteht bis heute. Zwei Bauteile der barockisierten Anlage sind einzigartig: die Sternwarte und der Fischbehälter. Die 50 m hohe Sternwarte ist das älteste „Hochhaus" Europas, der sogenannte Fischbehälter ist eine Folge von fünf Wasserbecken, die in einen Arkadenhof eingestellt und durch luftige Zwischengalerien unterteilt sind.

Italien

Galleria Vittorio Emanuele, Mailand (oben)

Die größte Einkaufspassage Europas wurde 1864–1867 von Giuseppe Mengoni (1829–1877) errichtet. Der kreuzförmige Bau, bei dem als einem der ersten Bauwerke Glas, Stahl und Eisen kombiniert verwendet wurden, besitzt im Zentrum einen achteckigen Platz, der von einer riesigen Glaskuppel überwölbt wird. Die Galerie wurde zum Vorbild vieler eleganter und luxuriöser Einkaufspassagen in zahlreichen Metropolen.

Santa Maria delle Grazie, Mailand (Mitte)

An die 1466–1490 errichtete Kirche wurde ab 1492 ein neuer Chor angebaut; der gewaltige Zentralbau stammt wohl von Bramante (um 1444–1514) und bietet von außen einen unvergleichlichen Anblick. Das größte Kunstwerk des Klosters und eines der berühmtesten Gemälde der Menschheit befindet sich im ehemaligen Refektorium: Leonardo da Vincis (1452–1519) ab 1494 erschaffene Seccomalerei „Das Abendmahl".

Grattacielo Pirelli, Mailand (unten links)

Das Pirelli-Hochhaus gehört zu den Wahrzeichen Mailands und ist das Symbol des italienischen Nachkriegswirtschaftswunders. Der elegante Wolkenkratzer mit seinen abgeschrägten Kanten wurde 1956–1961 von Gio Ponti (1891–1979) und Pier Luigi Nervi (1891–1979) errichtet. 2002 flog ein Kleinflugzeug in den 26. Stock des 127 m hohen Baus und beschädigte es stark. Erst 2004 waren die Reparaturen abgeschlossen.

Sant'Ambrogio, Mailand (unten rechts)

387–397 ließ Bischof Ambrosius (um 339–397) die Basilika errichten, die nach mehrfachen Umbauten im 11. und 12. Jahrhundert ihre heutige Gestalt erhielt. Hinter dem herrlichen Atrium befindet sich die breit gelagerte Emporenhalle mit den weiten Rippengewölben – eine der frühesten in der Lombardei –, die mit dem Goldaltar eines der bedeutendsten Goldschmiedearbeiten der karolingischen Zeit birgt.

Santa Maria Nascente, Mailand
(oben)

Baubeginn des Doms war bereits 1386, beendet waren die Bauarbeiten jedoch erst Ende des 19. Jahrhunderts mit Errichtung der Fassade. Heute besitzt die Kirche das höchste Mittelschiff, die höchsten Scheidarkaden und die größten Maßwerkfenster der Welt; die Pfeiler und die Kapitelle sind einmalig. Alles an diesem Bau, der zu den weltweit größten Kirchen gehört, ist ungewöhnlich und gigantisch.

Abbazia di Chiaravalle, Mailand
(unten links)

Das Kloster wurde 1135 gegründet und gilt heute als Kuriosum, da man mitten durch die Anlage eine Bahnlinie legte und etliche Gebäude einfach abriss. Die Kirche ist eine behäbige, breiträumige Basilika mit gebundenem System. Auffällig ist die extrem schwerfällig wirkende Masse der Pfeiler. Glanzstück der Abtei ist der 63 m hohe Vierungsturm mit seinen offenen Arkadengalerien.

Sant'Abbondio, Como
(unten rechts)

Die mittelalterliche Klosterkirche wurde um 1063 begonnen und als fünfschiffige, in der Höhe gestaffelte Basilika angelegt. Ein Querhaus fehlt, und aus den üblichen Säulen sind im Langhaus aufgemauerte Rundpfeiler geworden. Im Chor findet man Rippengewölbe, die zu den frühesten in Europa gehören, und einen eindrucksvollen Freskenzyklus mit Motiven aus dem Leben Christi aus dem 14. Jahrhundert.

Superga, Turin
(oben links)

Der Anblick dieses auf einem 670 m hohen Hügel liegenden Sakralbaus ist unvergesslich: 1714–1731 von Filippo Juvarra (1678–1736) als Grabkirche für die Könige von Savoyen erbaut, gilt sie als eines der Hauptwerke des Barock. Hinter einem gewaltigen Portikus steigt ein mächtiger Tambour auf, der von einer riesigen Kuppel bekrönt wird. Anregungen durch das Pantheon und den Petersdom in Rom sind augenfällig.

Capella della Sacra Sindone, Turin *(oben rechts)*

In einer Kapelle am Turiner Dom S. Giovanni wird eines der meistverehrten Gegenstände der Christenheit aufbewahrt: das Grabtuch Jesu. Erbaut wurde die Kapelle 1668–1694 von Guarino Guarini (1624–1683). Sie gilt als dessen Hauptwerk und zählt zu den faszinierendsten Schmuckstücken der Architektur. Der Blick in die reich durchfensterte, schwerelos wirkende Kuppel fasziniert die Betrachter immer wieder aufs Neue.

Lingotto-Fiatwerke, Turin
(unten)

Die ehemals größte Autoproduktionsstätte der Welt wurde 1915–1923 vom Schiffbauingenieur Giacomo Mattè-Trucco (1896–1934) errichtet und bald zur Manifestation des Futurismus. In dem fünfstöckigen Gebäude mit der berühmten Teststrecke auf dem Dach konnten die Produktionsabläufe sogar vom Auto aus überwacht werden. Nach 1982 wurde der Bau durch Renzo Piano (* 1937) in ein Kultur- und Einkaufszentrum umgewandelt.

San Lorenzo, Turin *(unten)*

Hinter der an ein Wohnhaus erinnernden Fassade würde niemand einen solch außergewöhnlichen Kirchenraum erwarten. 1666–1679 errichtete Guarino Guarini (1624–1683) diesen Sakralbau für den Theatinerorden, dem er selbst angehörte. Der Aufbau des oktogonalen Raums mit den einschwingenden Seiten und der einmaligen Kuppel ist äußerst komplex und eine der Großleistungen des Barock.

Mole Antonelliana, Turin
(oben rechts)

Der gigantische Bau, den Alessandro Antonelli (1798–1888) zwischen 1863 und 1888 errichtete, war zunächst als Synagoge gedacht. Bei seiner Fertigstellung war der 167,50 m hohe Turm das höchste begehbare Gebäude der Welt und gilt als das Äußerste, was mit traditioneller Bautechnik, d. h. ohne Eisenbeton, hergestellt werden kann. Heute befindet sich hier das wichtigste Filmmuseum Italiens.

Sant'Andrea, Vercelli
(oben links)

Die 1219 gegründete Augustinerabtei besitzt eine Kirche, die erstmals in Norditalien Elemente der französischen Gotik zeigt: freies Strebewerk, Spitzbögen, ein modernes Dienstesystem, Rippengewölbe und ganz neuartige, steil aufgerichtete Proportionen. Das massive Backsteinmauerwerk und die anschließende Zwerggalerie können hingegen die einheimische Tradition nicht verbergen.

Palazzina di Stupinigi, Nichelino *(oben links)*

Das Jagdschloss für die Herzöge von Savoyen wurde 1729–1733 errichtet, gehört zum Weltkulturerbe und ist eines der Hauptwerke Filippo Juvarras (1678–1736). Die gigantische Anlage über einem weitläufigen Grundriss gleicht einem riesigen Ornament und erscheint wie die Bühne eines barocken Theaters. Zentrum ist der Festsaal, durch den man auch in den Schlosspark gelangt.

Santa Maria di Staffarda, Revello *(oben rechts)*

Die piemontesische Abtei wurde nach 1127 gegründet, und die spätromanische Klosterkirche ist eine typisch lombardische Basilika. Unverwechselbar wird sie allerdings durch ihre weiß-rot gestreiften Pfeiler und Bögen. Die am Außenbau angebrachten Verstrebungen erzeugen im Kreuzgang einen eindrucksvollen Kontrast zwischen den zierlichen Doppelsäulen und den rohen Mauermassen.

Certosa di Pavia *(unten links)*

1496 gründete Gian Galeazzo Visconti (1351–1402) dieses Kartäuserkloster bei Pavia und stattete es mit reichen finanziellen Mitteln aus. Die gesamte Anlage spottet der von den Kartäusern geforderten Schlichtheit Hohn. Besonders die Fassade der Abteikirche mit ihren marmornen Figuren ist beeindruckend. Einmalig ist auch der Blick vom kleinen Kreuzgang auf Langhaus und Vierungsturm.

San Zeno Maggiore, Verona
(unten links)

Die Basilika wurde im 12. und 13. Jahrhundert geschaffen und ist noch größtenteils romanisch, zeigt aber auch schon gotische Züge: Der Chor und die kleeblattförmige Holzdecke stammen aus dieser Zeit. Weltruhm erlangte S. Zeno allerdings durch seine Portalanlage und die 55 gegossenen Bronzereliefs der Türflügel, die zu den großen Leistungen mittelalterlicher Skulptur gehören.

Castello Reale, Racconigi
(linke Seite unten rechts)

Das königliche Schloss ist eine der Residenzen des Hauses Savoyen, die seit 1997 zum Weltkulturerbe zählen. Ab 1834 schuf Pelagio Palagi (1775–1860) am nordwestlichen Rand des Gartens eine imposante „gotische Burg", die „Margaria". Sie ist einer der wichtigsten Bauten der Neugotik in Italien, der sich an englische Vorbilder, den barocken Villenbau und mittelalterliche Klosteranlagen anlehnt.

Arena, Verona
(oben)

Die Arena di Verona ist heute besonders durch die hier jährlich stattfindenden rauschenden Opernaufführungen berühmt. Aber nicht nur akustisch, sondern auch architektonisch ist der Bau von großer Bedeutung: 30 n. Chr. errichtet, ist die 138 x 110 m messende Arena nach dem Kolosseum in Rom das größte erhaltene römische Amphitheater, in dem über 20 000 Besucher Platz finden.

San Salvatore, Brescia
(unten rechts)

Die dreischiffige Basilika der gleichnamigen Klosteranlage mit Säulenarkaden und drei Parallelapsiden im Osten war ursprünglich doppelt so lang: Im 16. Jahrhundert wurde allerdings hier die neue Kirche Santa Giulia angebaut. Die neunschiffige Krypta ist möglicherweise die erste Hallenkrypta der Geschichte. S. Salvatore gilt als Hauptwerk der späten langobardischen Hofkunst.

Basilica Palladiana, Vicenza
(oben links)

Ab 1549 renovierte Andrea Palladio (1508–1580) das mittelalterliche Rathaus von Vicenza nach seinen Vorstellungen einer zeitgenössischen Basilika nach römischen Vorbild. Der eine ungeheuere Ausgewogenheit ausstrahlende Bau machte ihn auf einen Schlag bekannt und zeigt erstmals das berühmte Architekturmotiv der Verbindung von Arkade und Kolonnade, das seither auch Palladio-Motiv genannt wird.

Teatro Olimpico, Vicenza
(oben rechts)

Andrea Palladios (1508–1580) letzter Auftrag für Vicenza war der Entwurf für das berühmte Teatro Olimpico, das erste freistehende Theatergebäude seit der Antike. Der Bau besteht aus einem halb ovalen Zuschauerraum (Cavea), einer kleinen Bühne (Orchestra) und dem Bühnenhaus (Skene), das an einen römischen Triumphbogen erinnert. Das Theater wird heute noch bespielt und gehört zum Weltkulturerbe.

La Rotonda, Vicenza
(unten)

Die würfelförmige Villa ist zweiachsig symmetrisch mit einem runden Kuppelsaal angelegt, von dem aus vier Gänge zu den vier Säulenloggien führen. Andrea Palladio (1508–1580) hat diesen Bau 1550 errichtet, der die spätere Architektur wie kaum ein anderes Bauwerk beeinflusst hat und die Vorstellung des Architekten in reinster Form zur Schau stellt: den Traum von Arkadien auf venezianischem Boden.

Villa Pisani, Stra
(oben)

Ab 1720 errichteten Gerolamo Frigimelica (1653–1732) und später Francesco Maria Preti (1701–1774) diese gewaltige Villa mit 114 Zimmern und der prächtigen Tempelfassade. Palladio war sicher das Vorbild, doch sind die Dimensionen hier so gesteigert, dass man eher von einem Schloss reden muss. Ein Höhepunkt der Barockmalerei findet sich im Ballsaal: Tiepolos grandioses Fresko „Ruhm des Hauses Pisani".

Basilica di Sant'Antonio, Padua
(unten links)

Der „Santo" ist eines der berühmtesten und meistbesuchten Heiligtümer Italiens. Die Grabkirche des hl. Antonius von Padua (1195–1231) wurde ab 1232 errichtet und präsentiert sich als bizarre Mischung aus gotischen, romanischen und byzantinischen Stilelementen. Hochbedeutend sind der von Donatello (um 1386–1466) geschaffene Altar und das Reiterstandbild des Condottiere Gattamelata vor der Kirche.

Ca' d'Oro, Venedig
(unten rechts)

Der von Bartolomeo Buon (um 1400–1465) zwischen 1421–1440 errichtete Palast ist eines der großen Meisterwerke der venezianischen Spätgotik und gleichzeitig erstes Zeugnis der Frührenaissance. Die im Original üppig vergoldete Fassade zeigt neben den typisch gotischen Zierformen erstmals eine Erdgeschossloggia, die zusammen mit der gespannten, tafelförmigen Komposition schon auf eine neue Zeit weist.

Santi Giovanni e Paolo, Venedig (oben)

Neben der Frari-Kirche ist „Zanipolo" der größte und wichtigste Sakralbau der venezianischen Gotik. Das im 14. Jahrhundert begonnene Gotteshaus war die bevorzugte Grabeskirche der Dogen und birgt in ihrem gewaltigen Innenraum eine fast lückenlose Darstellung der Geschichte des venezianischen Grabmals. Eine ungewöhnliche Schöpfung ist die berühmte Choranlage mit ihren hohen Maßwerkfenstern.

Ponte di Rialto, Venedig (Mitte)

Nach einer fast 100-jährigen Planungstätigkeit, während der die berühmtesten Architekten Pläne vorgelegt hatten, konnte die Rialtobrücke 1588–1591 von Antonio da Ponte (1512–1595) errichtet werden. Er schuf ein städtebauliches Meisterwerk, das zugleich als Tor für Schiffe, Fußgängerweg und Verkaufsfläche für Händler diente und heute zu den Symbolen venezianischer Baukunst gehört.

Santa Maria Gloriosa dei Frari, Venedig (unten)

Die Franziskanerkirche ist eine der großen spätgotischen Sakralbauten Venedigs und beherbergt höchst kostbare Kunstwerke, unter denen die „Assunta" von Tizian (um 1490–1576) herausragt. Die im 14. und 15. Jahrhundert errichtete Frari-Kirche folgt dem Schema der gotischen Bettelordenkirchen: eine dreischiffige, gewölbte Säulenbasilika mit ausladendem Querhaus und mehreren Chorstirnkapellen.

Piazza San Marco, Venedig (rechte Seite unten links)

Der Markusplatz, der seine heutige Form hauptsächlich vom 12. bis ins 16. Jahrhundert erhalten hat, gehört zu den schönsten Platzanlagen der Welt. Mit der zum Wasser hin offenen Piazzetta bildet die Piazza den für venezianische Plätze typischen L-förmigen Grundriss. Die herrliche Weiträumigkeit der Anlage steht in schroffem Gegensatz zur Enge der umliegenden Quartiere.

Basilica di San Marco, Venedig
(oben links)

Der Markusdom wurde im Laufe seiner fast 1000-jährigen Geschichte zum Nationalheiligtum der Lagunenrepublik und beherbergt den umfangreichsten Mosaikenzyklus des Abendlandes, der ihm den Beinamen „Goldene Basilika" eingebracht hat. Der Kern mit fünf Kuppeln über kreuzförmigem Grundriss (11. Jahrhundert) bildet das Zentrum eines Baus, bei dem Architektur und Bildkünste eine einzigartige Symbiose eingehen.

Palazzo Corner, Venedig
(oben rechts)

Seit 1537 von Jacopo Sansovino (1486–1570) errichtet, zählt der auch Ca'Grande genannte Palast zu den Hauptwerken der venezianischen Renaissance und zu den schönsten Palästen Oberitaliens. Die Gliederung in Sockel (Portalgeschoss) und Säulenarkadenwand (Hauptgeschosse) wurde für alle folgenden venezianischen Paläste bestimmend. In der Formensprache sind römische Einflüsse unübersehbar.

Santa Maria della Salute, Venedig *(unten rechts)*

Die „Salute" ist ein einmaliges städtebauliches und baukünstlerisches Denkmal: Ab 1631 baute Baldassare Longhena (1598–1682) das absolute Meisterwerk seines gesamten Schaffens. Der Grundgedanke, einen Zentralbau mit großer Kuppel zu schaffen, der gleichzeitig Front gegen den Canal Grande macht und auch nach Süden einen bildhaften Prospekt ausbildet, wurde hier in einzigartiger Weise umgesetzt.

Il Redentore, Venedig
(oben)

Sie gehört zu den einflussreichsten Kirchen des 16. Jahrhunderts (1577–1592 erbaut) und stellt die Krönung des außergewöhnlichen Werkes von Andrea Palladio (1508–1580) dar: Hinter der stolzen Fassade der Votivkirche verbirgt sich ein Innenraum von höchstem Ebenmaß, der aus den beiden Bauteilen des Langhauses und des zentralisierten Kuppelbaus besteht, die in einmaliger Weise zu einer Einheit verschmolzen wurden.

Palazzo Ducale, Venedig
(unten links)

Der in vier großen Bauphasen ab 1340 errichtete Dogenpalast war bis 1798 das politische Zentrum Venedigs und demonstrierte der ganzen Welt die Macht und die Herrlichkeit der Republik. Das Bauwerk, einer der wichtigsten Profanbauten der Gotik, besitzt kolossale Ausmaße und beherbergt eine schier unüberschaubare Fülle an bedeutenden Kunstschätzen, darunter Jacopo Tintorettos (1518–1594) monumentales „Paradies".

Libreria Vecchia di San Marco, Venedig *(unten rechts)*

Jacopo Sansovinos (1486–1570) Markusbibliothek besitzt eine der großen klassischen Renaissancefassaden. Der 1537 begonnene Bau wurde ab 1582 durch Vincenzo Scamozzi (1548–1616) um die sieben südlichen Arkaden erweitert. Wegen eines Baufehlers wurde der geniale Sansovino sogar kurzzeitig inhaftiert, hinterließ aber dennoch diese festlich gegliederte Säulenarchitektur, die heute Weltruhm genießt.

San Giorgio Maggiore, Venedig
(oben)

Der 1566 von Andrea Palladio (1508–1580) begonnene Bau ist eines der formvollendetsten und einflussreichsten Sakralbauten Europas und wurde zum Vorbild für zahlreiche Kirchenfronten. Die Fassade kann als Durchdringung zweier Giebelfronten aufgefasst werden und bildet den Auftakt für einen Innenraum mit perfekten harmonischen Proportionen, der wie kaum ein anderer feierliche Ruhe ausstrahlt.

San Zaccaria, Venedig
(unten links)

Das altehrwürdige Nonnenkloster erhielt im 15. Jahrhundert eine neue Kirche: Ab dem zweiten Stockwerk zeigt die Fassade innovative Formen, die auf Mauro Codussi (um 1440–1504) zurückzuführen sind. Höhepunkt der Kirche ist die einmalige Choranlage: innen wie außen das bedeutendste Werk der venezianischen Frührenaissance und mit Giovanni Bellinis (um 1430–1516) „Sacra Conversazione" ausgestattet.

Ponte dei Sospiri, Venedig
(unten rechts)

Die weltberühmte Seufzerbrücke zum venezianischen Staatsgefängnis wurde nach Plänen Antonio Contins (um 1566–1600), des Neffen des Erbauers der Rialtobrücke, errichtet und 1603 vollendet. Die gedeckte, auf einem segmentförmigen Schwibbogen aufruhende Brücke zeigt in ihrem Zierrat bereits frühbarocke Formen. Auch Casanova musste über diese Brücke, als er in die berühmten Bleikammern geführt wurde.

Santa Maria Assunta, Torcello
(oben links)

Der Dom, dessen Glockenturm die ganze Insel dominiert, wurde 1008 geweiht. Die Säulenbasilika mit eng stehenden Arkaden geht auf frühchristliche Vorbilder zurück. Der überwältigende Innenraum besticht durch die wunderbaren Mosaiken aus dem 12./13. Jahrhundert, besonders durch die in der Apsis, die Christus mit den Erzengeln Gabriel und Michael und den Kirchenvätern zeigen.

Santa Fosca, Torcello
(oben rechts)

Santa Fosca entstand im 11. Jahrhundert als Aufbewahrungsort für die Gebeine der gleichnamigen Heiligen. Der Zentralbau mit seinem einem Achteck eingeschriebenen griechischen Kreuz, den gestelzten Bögen und dem Arkadengang wurde oft umgebaut und schließlich seines Schmucks beraubt. Dennoch kann man noch heute ein eindrucksvolles byzantinisches Gebäude erleben.

Santa Maria Assunta, Aquileia
(unten links)

Das Gebäude ist eine der großen Kirchen der Christenheit. Der im 11. Jahrhundert erbaute Dom gehört einem Bautypus an, der für Italien von der Spätantike bis ins 12. Jahrhundert kennzeichnend war: eine dreischiffige Säulenbasilika, entweder mit offenem Dachstuhl oder, wie hier, flach gedeckt. Berühmt sind auch die Fußbodenmosaiken im Mittelschiff.

Palazzo Ducale, Mantua
(unten rechts)

Der ab dem 14. Jahrhundert errichtete Bau diente hauptsächlich der Familie Gonzaga als Herrschaftssitz. Das gewaltige Bauwerk besitzt über 500 Räume und zählt zu den größten und prächtigsten Palästen der Renaissance. Hauptsehenswürdigkeit ist die weltberühmte „Camera degli Sposi", die von Andrea Mantegna (1431–1506) aufs Üppigste mit Fresken ausgestattet wurde.

Sant'Andrea, Mantua
(unten)

Das ab 1472 errichtete Langhaus der Basilika ist einer der Gründungsbauten der Renaissancearchitektur und wurde maßgebend für die Kirchenbaukunst der nächsten Jahrhunderte. Leon Battista Alberti (1404–1472) schuf einen Raum, der sich in seiner Monumentalität mit antiken Großbauten messen kann. Die Fassade kombiniert die Motive des Triumphbogens und der Tempelfront.

Palazzo del Te, Mantua
(oben links)

1525–1535 errichtete Giulio Romano (1499–1546) diesen einstöckigen, quadratisch um einen Innenhof gruppierten Bau, der bald zum Inbegriff der Baukunst des Manierismus wurde. An den revolutionären Fassaden werden zwar nur bekannte antike Elemente verwendet, diese aber oft völlig regelwidrig eingesetzt. In der „Sala dei Giganti" scheinen die Raumformen völlig aufgelöst zu sein.

Dom, Piacenza
(oben rechts)

Der 1122–1235 errichtete Dom gehört zu den wichtigsten romanischen Sakralbauten Norditaliens, und der Innenraum mit seinen massigen Rundpfeilern erinnert an die normannische Architektur Englands. Einzigartig sind die Querhausarme, die eine Art Hallenkirche bilden. Bedeutend ist auch die Krypta mit ihren 120 Säulen auf engstem Raum, alle mit unterschiedlichen Kapitellen ausgestaltet.

Chiaravalle della Colomba, Alseno *(unten links)*

Die Zisterzienserabtei wurde 1136 auf Veranlassung des Bernhard von Clairvaux (um 1090–1153) gegründet. Die Kirche dürfte ab 1170 errichtet worden sein. Der Wechsel von Backstein und weißem Haustein lässt eine oberitalienische Dekorationsfreude erahnen. Ein absolutes Meisterwerk ist der Kreuzgang mit seinen „geknoteten" Säulen und der wunderbaren Arkatur zum Kapitelsaal.

San Giovanni Evangelista, Parma *(unten rechts)*

Der 1059 begonnene Dom gehört zu den wegweisenden romanischen Kathedralen Italiens. Die Choranlage regiert ein quadratisches Grundrissschema, während im Langhaus das moderne Traveésystem vorherrscht. Weltberühmt ist Antonio da Correggios (1489–1534) Kuppelfresko, das einen Meilenstein in der Entwicklung der illusionistischen Deckenmalerei darstellt.

Baptisterium, Parma *(oben)*

Neben dem Dom ist das Baptisterium das bekannteste Bauwerk Parmas. Die nach 1196 durch Benedetto Antelami (um 1150–1230) errichtete Taufkirche besticht durch die vier Etagen gerader Laufgänge und die darüber umlaufenden Rundbogenarkaden. Spektakulär ist die Schirmkuppel mit ihren 16 Strahlen und den dazwischen angebrachten Fresken.

San Geminiano, Modena
(oben links)

Der 1099 von Meister Lanfranco begonnene Dom stellt eine bedeutende architektonische Innovation dar. Der vollkommen einheitliche Außenbau hat sein schönstes Motiv in der Zwerggalerie mit Überfangbogen. Die von Meister Wiligelmo (Anfang 12. Jahrhundert) geschaffenen Skulpturen gehören zu den Pionierleistungen und zum Ausgangspunkt der romanischen Skulptur in Oberitalien.

Palazzo dei Diamanti, Ferrara
(oben rechts)

Der Diamantenpalast wurde 1492–1505 von Biaggio Rossetti (um 1447–1516) erbaut und gilt als der schönste Palast Ferraras. Die strahlend weiße Fassade des von Markgraf Sigismondo d'Este (1433–1507) in Auftrag gegebenen Gebäudes besteht aus Tausenden von diamantartig „geschliffenen" Steinquadern und hebt sich alleine durch ihre Farbe von ihrer eher brauntonigen Umgebung ab.

San Giorgio, Ferrara
(unten)

Seit 1995 gehört der historische Stadtkern Ferraras, zu dem auch der Dom zählt, zum Weltkulturerbe. In der Außengliederung stellt die um 1135 begonnene Kirche alle anderen oberitalienischen Dome in den Schatten. Fassade und Längsseite sind komplett mit Blenden und Arkadengalerien überzogen. Einmalig ist die Westfassade, eine faszinierende Schauwand mit drei Prachtgiebeln.

Abbazia di Pomposa
(oben)

Das weithin sichtbare Wahrzeichen der Benediktinerabtei ist der 48 m hohe, 1063 errichtete Prachtturm. Die Kirche des nach 1000 zu den einflussreichsten Klöstern Italiens zählenden Pomposa ist eine dreischiffige Säulenbasilika mit offenem Dachstuhl, die sich an Vorbildern in Ravenna orientiert und deren flächendeckende Ausmalung aus dem Trecento im Mittelschiff hochberühmt ist.

San Martino, Lucca
(Mitte)

Der Bau entstand 1196–1204 in direkter Nachfolge des Doms von Pisa. Auch hier ist die Freude am Prunk nicht zu übersehen. Besonders die Fassade und der mächtige, reich gegliederte Campanile sind der Stolz der Stadt. Die Fassade, ein einziger Triumph des Arkadenmotivs, ist eine Querschnittsfassade, zeichnet also den Querschnitt der dahinter liegenden Basilika nach.

San Vitale, Ravenna
(unten)

522–547 wurde dieses architektonische Highlight errichtet: Prägendes Motiv des Oktogonalbaus sind die großen Pfeilerarkaden und die Säulenkonchen, die mit einer so selbstverständlichen Sicherheit proportioniert sind, dass sie dem Raum ein vollendetes Ebenmaß der Erscheinung geben. Zudem enthält der Raum das komplexeste Mosaikenprogramm aller Bauten in Ravenna.

Mausoleum des Theoderich, Ravenna *(rechte Seite unten links)*

Das Grabmal des ostgotischen Königs Theoderich des Großen (um 454–526), der in Ravenna seinen Hof hatte, wurde ab 520 errichtet und ist ein einmaliges Gebäude, dem keine Vergleichsbauten zur Seite gestellt werden können. Über dem zehneckigen Grundriss erheben sich die zwei Stockwerke aus istrianischem Kalkstein, die von einem nahezu 300 t schweren Kuppelmonolithen bekrönt werden.

Sant'Apollinare in Classe, Ravenna *(unten rechts)*

Die seit 1996 zum Weltkulturerbe zählende, um 535–549 errichtete Kirche ist eine typische frühchristliche Basilika, in der sich alles auf den Altarraum konzentriert. Der Gläubige sollte den Weg vom Eingang hin zum Altar als Weg zu Gott verstehen. Da die Langhausmosaiken im 15. Jahrhundert geraubt wurden, vermitteln nur noch die Mosaiken der Apsis mit dem heiligen Apollinaris einen Eindruck von der ehemaligen Pracht.

Santa Maria Assunta und Baptisterium, Pisa *(oben links)*

Der Dombereich ist ein einzigartiges Ensemble von Prachtbauten und wird nicht grundlos „Piazza dei miracoli", Platz der Wunder, genannt. Die fünfschiffige Basilika war der prachtvollste und einer der grandiosesten Bauten seiner Zeit. Das Baptisterium ist die größte Taufkirche der christlichen Geschichte und besticht vor allem durch die von Niccolò Pisano (um 1206–1278) gestaltete Kanzel.

Schiefer Turm, Pisa *(oben rechts)*

Der Campanile des Pisaner Doms ist wohl der berühmteste Glockenturm der Welt. Bereits kurz nach Baubeginn 1173 geriet der Turm aufgrund eines Grundbruchs in eine Schräglage. Die Zierfreude, die sich am benachbarten Dom schon andeutet, dominiert vollends am runden „Torre pendente", wo Galerien aus Säulenarkaden vor Laufgängen den zylindrischen Kern über einem Sockelgeschoss komplett ummanteln.

Ospedale degli Innocenti, Florenz *(oben)*

1421 – etwa zeitgleich mit seiner gewaltigen Kuppel des Florentiner Doms – begonnen, ist das Findelhaus von Filippo Brunelleschi (1377–1446) nicht weniger bedeutend: Es ist der erste Profanbau der Frührenaissance. Hier wird erstmals eine dem Bau vorgeblendete Fassade ausgebildet, das Gebäude wird denkmalhaft auf einen Sockel gestellt, und überall ist bereits der Rückgriff auf die Antike spürbar.

San Marco, Florenz *(unten links)*

Kloster und Kirche wurden 1437–1452 von Michelozzo (1396–1472) erneuert. Das Kloster war Heimat von Fra Angelico (um 1390–1455), der für die weltberühmte Ausmalung der Mönchszellen zuständig war und von Girolamo Savonarola (1452–1498), der für vier Jahre die Geschicke von Florenz bestimmte, bis er hingerichtet wurde. S. Marco besitzt den ersten Bibliothekssaal der Renaissance, der vielfach Nachahmung fand.

Basilica di San Lorenzo, Florenz *(unten rechts)*

Die Kirche zählt zu den Gründungsbauten der florentinischen Frührenaissance und wurde besonders durch die großzügigen Stiftungen der Medici gefördert. 1419 begann der geniale Meister Filippo Brunelleschi (1377–1446) die Bauten am Gotteshaus und läutete damit mitten in spätgotischer Zeit ein neues Zeitalter ein. Vorherrschendes Stilmittel ist die Säule, der Rückgriff auf die Antike ist in jedem Bauteil evident.

Santa Maria Novella, Florenz
(oben links)

Einen noch gotischen, ab etwa 1300 errichteten Unterbau fasst der berühmteste Theoretiker der Frührenaissance, Leon Battista Alberti (1404–1472), ab 1458 mit Eckpilastern zusammen und setzt darauf eine wuchtige Attika, die von einem antiken Tempelmotiv und seitlichen Eckvoluten bekrönt wird. Diese Voluten sind Albertis ureigenste Erfindung, die in der Folgezeit unzählige Male wiederholt und zitiert wurden.

Palazzo Medici Riccardi, Florenz *(oben rechts)*

In seiner ursprünglichen Form hat Michelozzo (1396–1472) ab etwa 1440 den Idealpalast der Frührenaissance errichtet. Vier Flügel umschließen einen quadratischen Innenhof, und der dreistöckige Aufbau ist noch ganz der Tradition verhaftet. Die überall wirksame Regelmäßigkeit und Symmetrie, die auf Kontrast angelegte Rustika sowie das wuchtige Kranzgesims allerdings wiesen in die Zukunft.

Cappelle Medicee, Florenz
(unten)

Die unter der Bezeichnung „Alte Sakristei" bekannte Grabkapelle der Medici in S. Lorenzo gehört zu den bahnbrechenden Bauten der Architektur. In einem genialen Wurf schuf Filippo Brunelleschi ab 1418 den ersten Zentralbau der Renaissance. In dem ungewöhnlich aufwendig gestalteten Raum ist überall der rationale Charakter abzulesen: Die Gotik ist weit weg, die Antike erlebt ihre Wiedergeburt.

Palazzo Rucellai, Florenz
(oben links)

Der 1446–1451 von Leon Battista Alberti (1404–1472) errichtete Palast besitzt eine der schönsten Fassaden der Renaissance. Hauptgestaltungsmittel ist die flache Rustika, die mit der dreifachen Pilasterstellung verbunden wird. Die gesamte Fassade wirkt wie ein tafelförmiger Wandzusammenhang, der nicht konstruiert, sondern mit feinsten Mitteln gegliedert wurde.

Santa Maria del Fiore, Florenz
(oben rechts)

Der 1294 begonnene Florentiner Dom muss als weithin sichtbarer Ausdruck des neuen, erstarkten Selbstbewusstseins der Stadt gesehen werden. Die Dimensionen waren riesig, die Konkurrenz der Domneubauten in Pisa, Siena und Orvieto ebenso. Die gewaltige Kathedrale hat den hohen Anspruch eingelöst: Sie ist bis heute das alles beherrschende Wahrzeichen von Florenz.

Kuppel von Santa Maria del Fiore, Florenz *(unten links)*

Die ab 1420 von Filippo Brunelleschi (1377–1446) errichtete Kuppel ist die würdige „Krone" des Florentiner Doms und ein baukünstlerisches und technisches Wunderwerk. Mit der für unmöglich gehaltenen Leistung, einen solch riesigen Durchmesser von 45 m ohne Leergerüst mit einer Kuppel zu überspannen, überwand Brunelleschi die Gotik und läutete ein neues Zeitalter ein.

Santa Croce, Florenz *(oben)*

Das 1295 begonnene Gebäude ist die größte Franziskanerkirche der Welt. Der riesige Innenraum besticht durch die extreme Weite des Mittelschiffs. Trotz dieser ausladenden Breite dominiert die Längsrichtung, die ihren glanzvollen Zielpunkt in der großartigen Chorwand und dem Chor findet, wo Farbe und Licht einen einmaligen sakralen Akkord anschlagen.

Palazzo Pitti, Florenz
(linke Seite unten rechts)

Der von Luca Pitti (1398–1472), dessen Familie einen einzigartigen Aufstieg erlebt hatte, 1458 in Auftrag gegebene Palast wurde mehrfach umgebaut und erweitert. Allerdings war er von Anfang an ein Kolossalbau, der die anderen Stadtpaläste in den Schatten stellte. Die von Bartolomeo Ammanati (1511–1592) errichtete Gartenfront gilt als eines der Hauptwerke des Manierismus.

Cappella dei Pazzi, Florenz
(unten links)

Zehn Jahre nach der Alten Sakristei von S. Lorenzo schuf Filippo Brunelleschi (1377–1446) seinen zweiten großen Zentralbau: die 1430 begonnene Grabkapelle der Familie Pazzi in Santa Croce. Der ungemein komplizierte, zugleich aber völlig klar durchstrukturierte Raum atmet eine Heiterkeit, die nicht nur durch seine architektonische Formensprache an die römische Antike denken lässt.

San Miniato al Monte, Florenz
(unten rechts)

Die wahrscheinlich 1013–1063 errichtete Kirche gehört zu den großen Schmuckstücken romanischer Architektur in der Toskana. Hier tritt neben dem Baptisterium erstmals der Inkrustationsstil auf, ein bewusster Rückgriff auf die Antike, dessen Einfluss auf die florentinische Baukunst der folgenden Jahrhunderte nicht hoch genug eingeschätzt werden kann.

Geschlechtertürme, San Gimignano *(oben links)*

Die Wohntürme gehören mit dem historischen Stadtkern des „mittelalterlichen Manhattans" seit 1990 zum Weltkulturerbe. 15 dieser ehemals 72 imposanten Bauwerke sind noch erhalten. Sie dienten den Patrizierfamilien als Schutz- und Repräsentationsbauten – je höher das Bauwerk, desto angesehener die Familie. Machtdemonstration war hier weit wichtiger als luxuriöser Wohnkomfort.

Abbazia di San Galgano *(oben rechts)*

Das 1196 gegründete, heute nur noch als Ruine erhaltene Zisterzienserkloster war der Ausgangspunkt für die Gotik in der Sieneser Toskana und somit auch für den Dom in Siena. Die recht gut erhaltene Kirche hat viele Gemeinsamkeiten mit der des Mutterklosters Casamari. Bestechend ist die besonders klare Durchgliederung der Architektur mit dem Zielpunkt der eindrucksvollen Fenstergruppe.

Abbazia di Monte Oliveto Maggiore *(unten)*

Die südlich von Siena gelegene, auf drei Seiten von Schluchten eingefasste Anlage ist das Mutterkloster der Olivetaner. Im großen Kreuzgang aus dem 15. Jahrhundert befindet sich ein einmaliger Freskenzyklus, der den Weltruhm des Klosters begründet: In 36 Bildern wird das Leben des heiligen Benedikt dargestellt, von denen acht von Luca Signorelli (um 1441–1523) stammen.

Palazzo Ducale, Urbino
(oben links)

Die große Bedeutung Urbinos während der Renaissance symbolisiert am eindrucksvollsten der herrliche Herzogspalast. Die Umbauten begannen 1468 unter dem charismatischen Condottiere Federico da Montefeltro (1422–1482). Zu den edelsten Bauteilen gehört der Säulenhof von Luciano Laurana (um 1420–1479), einer der vornehmsten Innenhöfe der Renaissancearchitektur.

Palazzo Pubblico, Siena
(oben rechts)

Das ab 1290 errichtete Rathaus ist einer der eindrucksvollsten Paläste Europas. Er war Sitz der republikanischen Regierung und wird von dem 102 m hohen Glockenturm beherrscht, der das Stadtbild von Siena prägt. Der Bau beherbergt weltberühmte Kunstwerke, unter denen Ambrogio Lorenzettis (um 1290–1348) Fresken im Sala della Paca mit der „Guten und schlechten Regierung" herausragen.

Piazza del Campo, Siena
(unten)

Seit 1995 gehört die historische Altstadt von Siena zum Weltkulturerbe. Der leicht ansteigende, halbrund geschlossene Platz ist ein rein politisches Zentrum, an dem keine Kirche steht. Hier wird jährlich zweimal das berühmte Pferderennen, der Palio di Siena, durchgeführt. Auf der höheren Seite des Platzes findet man den hochbedeutenden Fonte Gaia des Jacopo della Quercia (um 1374–1438).

Dom, Orvieto (oben)

Der 1290 begonnene Dom mit seinen charakteristischen Streifen aus hellen und dunklen Steinlagen erhebt sich in spektakulärer Lage hoch über dem Tal der Paglia. Glanzstück ist die einzigartige Fassade, die zu den Höhepunkten italienischer Fassadenkunst zählt. Die „Capella del Corporale" wurde 1499–1503 von Luca Signorelli (um 1441–1523) ausgemalt und ist einer der wichtigsten Freskenzyklen ihrer Zeit.

Altstadt, Pienza (unten links)

Die Stadt Pienza, die Papst Pius II. (1405–1464) an seinem Geburtsort errichten ließ, gilt als die erste Idealstadt der Renaissance. 1459 wurde Bernardo Rosselino (1409–1464), ein Schüler Leon Battista Albertis, mit der Umgestaltung der Stadt beauftragt, in der sich zum ersten Mal eine städtische Piazza zur offenen Landschaft hin öffnet. Seit 1996 zählt das historische Zentrum Pienzas zum Weltkulturerbe.

Villa Farnese, Caprarola
(unten rechts)

Das um 1550 von Giacomo Barozzi da Vignola (1507–1573) errichtete gewaltige Bauwerk dominiert seine Umgebung wie kaum ein anderes. Man erreicht das fünfeckige Gebäude über mehrere monumentale Treppenanlagen und gelangt durch höchst kostbar ausgestattete Innenräume in den faszinierenden runden Innenhof. Auch der weitläufige Garten ist ein Meisterwerk des Manierismus.

San Francesco, Assisi
(oben)

1228, im Jahr der Heiligsprechung Franz von Assisis (um 1181–1226), wurde der Bau der Basilika begonnen. Über gewaltigen Gewölbeunterbauten erhebt sich eine doppelstöckige Kirche, deren Ruhm die weltberühmten, bahnbrechenden Fresken Giottos (1266–1337) ausmachen. Über der niedrigen Unterkirche besticht die Oberkirche durch ein rein französisches Vorlagensystem und die erste Farbverglasung Italiens.

Villa d'Este, Tivoli
(unten links)

Die überwältigende Gartenanlage bildet einen der Höhepunkte der Architekturgeschichte des 16. Jahrhunderts und zählt seit 2001 zum Weltkulturerbe. Das auf einem abschüssigen Hang angelegte Ensemble wurde von Pirro Ligorio (1514–1583) geschaffen. Der Garten mit seinen über 500 Brunnen, Nymphäen, Grotten und Wasserspielen hatte enormen Einfluss auf die Entwicklung der Gartenarchitektur in Europa.

Villa Adriana, Tivoli
(unten rechts)

118–134 wurde die Villa als Sommerresidenz und Alterssitz Kaiser Hadrians (76–138 n. Chr.) ausgebaut. Der riesige Landsitz umfasst über 30 Gebäude, die sich inmitten der schier endlosen Gärten ausbreiten. Die seit 1999 zum Weltkulturerbe zählende Hadriansvilla ist die größte Palastanlage, die sich je ein römischer Kaiser errichten ließ, und unvergleichlich bedeutsam für die Entwicklung der Gartenarchitektur.

Klöster San Benedetto und Santa Scolastica, Subiaco
(oben links)

Subiaco ist aufs Engste mit dem Namen Benedikt von Nursia (um 480–547) verbunden. Der Ordensgründer und seine Schwester, die heilige Scholastika, lebten drei Jahre hier. S. Benedetto wurde ab dem 12. Jahrhundert über der Einsiedlerhöhle Benedikts erbaut und klammert sich wie ein Schwalbennest an den Berg. S. Scolastica wurde schon im 8. Jahrhundert erwähnt und ist besonders durch den alten Kreuzgang berühmt.

Piazza del Popolo, Rom
(oben rechts)

Die Piazza del Popolo gehört zu den zentralen Plätzen Roms und wurde 1815/16 und 1824 durch Giuseppe Valadier (1762–1839) umgestaltet. Die Hauptakzente bilden der große Brunnen mit dem ägyptischen Obelisken, die beiden Kuppelkirchen und der große Treppenaufgang am Hang des Pincio sowie die von Gian Lorenzo Bernini (1598–1680) barockisierte und aufs Reichste ausgestattete Kirche Santa Maria del Popolo.

Piazza San Pietro, Rom
(unten links)

Der Petersplatz in der Vatikanstadt ist der prächtigste Platz der Welt. Er wurde 1656–1667 von Gian Lorenzo Bernini (1598–1680) errichtet und ist einer der größten Geniestreiche der Architektur. Die 17 m breiten, aus vier Reihen monumentaler Säulen gebildeten Kolonnaden umfangen die Gläubigen wie zwei Arme. Das Zentrum des Platzes bildet der riesige, 300 t schwere und 25 m hohe ägyptische Obelisk.

Kuppel von San Pietro, Rom
(unten rechts)

Die ab 1547 errichtete Kuppel des Petersdoms lässt sich nur mit einem Superlativ beschreiben: Sie ist die schönste der Welt. Über dem gewaltigen Tambour hatte Michelangelo (1475–1564) eine halbkugelförmige Kuppel geplant, die nach seinem Tod noch steiler ausgeführt wurde. Dennoch zeichnet die Kuppel eine unvergleichliche Harmonie der Proportionen aus.
.

San Pietro, Rom
(oben links)

Ab 1506 errichtete man anstelle einer konstantinischen Basilika mit dem 60 000 Menschen fassenden Petersdom die wichtigste und eindrucksvollste Kirche der Christenheit. Die entscheidenden Baumeister waren Bramante (um 1444–1514), der den ersten Entwurf lieferte, Michelangelo (1475–1564), der dessen Pläne vereinfachte und erweiterte, und Carlo Maderno (um 1556–1629), der das Langhaus und die Fassade errichtete.

Spanische Treppe, Rom
(oben rechts)

Die Piazza di Spagna mit der Spanischen Treppe und dem triumphalen Abschluss der Kirche Santa Trinità dei Monti ist noch heute eine der begeisterndsten Anlagen der Stadtbaukunst. Die Treppe wurde 1723–1725 von Francesco de Sanctis (um 1693–1740) ausgeführt, der damit die schönste Treppenanlage der Welt schuf, deren Wirkung durch die teils konkav oder konvex geformten Stufen noch verstärkt wird.

Castel Sant' Angelo, Rom
(unten)

Die 135 n. Chr. von Kaiser Hadrian (76–138 n. Chr.) als Mausoleum für sich und seine Nachfolger begonnene Engelsburg gehört zu den geschichtsträchtigsten Denkmälern der Welt. Sie diente als Grabmal, Festung, Papstresidenz und Schatzkammer. Diese vielschichtige Geschichte spiegelt sich auch in den einzigartigen Gegensätzen von Architektur, Skulptur und Malerei wider, die den Besucher erwarten.

Palazzo della Cancelleria, Rom
(oben links)

Der gewaltige Palast wurde 1483–1517 von einem unbekannten Architekten für den Neffen von Papst Sixtus IV. errichtet. Die dreigeschossige Travertinfassade erinnert an den Palazzo Rucellai in Florenz. Und eben dieses Florenz war es, das jetzt seine Vormachtstellung an das wieder aufblühende Rom abtreten musste. Die Cancelleria ist der architektonische Initialbau dieser Entwicklung.

Santa Maria della Pace, Rom
(oben rechts)

1482 ließ Papst Sixtus IV. (1414–1484) eine kleine Marienkapelle umbauen, die um 1500 durch einen Kreuzgang von Bramante (um 1444–1514) erweitert wurde. 1656/57 gestaltete Pietro da Cortona (1596–1669) die Fassade und die angrenzenden Häuser des Platzes, die den Ruhm der Kirche ausmachen. Dieses Ensemble auf engstem Raum steht in einer Reihe mit den großen Platzgestaltungen der Geschichte.

Palazzo Farnese, Rom
(unten)

Der gewaltige Bau gilt als der Inbegriff des Renaissancepalastes schlechthin. An dem zwischen 1516–1589 fertiggestellten Prunkbau waren bedeutende Architekten wie Antonio da Sangallo d. J. (1483–1546), Michelangelo (1475–1564) und Giacomo della Porta (um 1532–1602) beteiligt. Die von Annibale Carracci (1560–1609) ausgemalte große Galerie gehört zu den wichtigsten Werken der italienischen Barockmalerei.

Pantheon, Rom
(rechte Seite oben links)

Der 118–125 n. Chr. unter Kaiser Hadrian (76–138) von einem unbekannten Genie errichtete Rundbau gehört zu den größten Leistungen der Architekturgeschichte. Vollendete Harmonie durch klar erfassbare Proportionen und einfachste Mittel von Wand, Nische und Kuppelschale zeichnen den Bau aus, der Legionen von Architekten und Bauforschern bis heute in seinen Bann zieht.

Oratorio dei Filippini, Rom
(rechte Seite unten links)

Francesco Borromini (1599–1667) errichtete das Oratorium von S. Filippo Neri 1638 und schuf mit seiner geschwungenen Fassade einen neuen Zweig der Barockarchitektur. Nicht pathetisch und monumental ist die Schaufront, sondern bewegt, geistreich, schlicht und anmutig. Dies waren die Grundlagen, die eine enorme Wirkung auf den Spätbarock nördlich der Alpen haben sollten.

Sant'Ivo alla Sapienza, Rom
(oben rechts)

Von 1642–1650 schuf Francesco Borromini (1599–1667) seine Universitätskirche und mit ihr einen der ideenreichsten Zentralbauten des Barock. Der äußerst komplizierte Innenraum kann im Grundriss als Durchdringung zweier Dreiecke gelesen werden. Triumphaler Höhepunkt ist die sich spiralförmig nach oben schraubende Kuppellaterne, eines der großen Schmuckstücke der Baukunst.

Santa Maria in Montesanto und Santa Maria dei Miracoli, Rom *(unten rechts)*

Die Fassaden der beiden Kirchen mit ihren giebelbekrönten Portiken bilden den würdigen Abschluss der Piazza del Popolo und das Eingangstor zum Corso. Die Zwillingskirchen wurden ab 1662 von Carlo Rainaldi (1611–1691) errichtet und von Carlo Fontana (um 1634–1714) überarbeitet. Sie repräsentieren mit ihrem ovalen Grundriss zwei geistreiche Varianten des barocken Zentralbauthemas.

Monumento Vittorio Emanuele II, Rom *(oben)*

Das Nationaldenkmal für den ersten König des geeinten Italiens, Viktor Emanuel II. (1820–1878) , wurde 1885–1911 nach Plänen von Giuseppe Sacconi (1854–1905) errichtet. Das stolze Monument ist typisch für die nationalistische Stimmung in allen Ländern Europas zu dieser Zeit. Das von den Römern wenig geliebte Bauwerk wird wegen seiner Form gerne spöttisch „Schreibmaschine" oder „Hochzeitstorte" genannt.

Il Gesù, Rom *(unten links)*

Die Mutterkirche der Jesuiten ist eine der stilbildenden Bauten der Architekturgeschichte. 1568 von Giacomo Barozzi da Vignola (1507–1573) begonnen, übernahm Giacomo della Porta (um 1532–1602) nach dessen Tod die Bauleitung und errichtete die ebenfalls wegweisende Fassade. Il Gesù ist prägend für den längsgerichteten Kuppelbau, der die Architekten noch viele Jahrhunderte beschäftigen sollte.

Fontana di Trevi, Rom *(unten rechts)*

Der grandiose Trevi-Brunnen ist die Vollendung der Brunnenarchitektur in Rom und beendet mit einem Paukenschlag den Barock. 1732–1762 errichtete Nicola Salvi (1697–1751) diese mächtige Schauwand in Form eines dreitorigen Triumphbogens. Zu Füßen des zentralen Okeanos fließt das Wasser über künstliche Felsen in ein halbrundes, spätestens durch Federico Fellinis Film „La Dolce Vita" weltberühmt gewordenes Becken.

Palazzo del Quirinale, Rom
(oben)

Der 1574 als Sommerresidenz von Papst Gregor XIII. (1502–1585) begonnene Quirinalspalast, an dessen Fertigstellung eine ganze Handvoll berühmter Architekten beteiligt war, diente als Residenz der italienischen Könige und ist heute Sitz des italienischen Präsidenten. Besonders prächtig ist der weitläufige Garten, der zu seiner Entstehungszeit zu den berühmtesten Anlagen in Europa zählte.

San Carlo alle Quattro Fontane, Rom *(unten links)*

Dass höchste Qualität nichts mit Größe zu tun haben muss, verdeutlicht San Carlino aufs Schönste: Das 1638–1662 von Francesco Borromini (1599–1667) errichtete Meisterwerk würde in einem Vierungspfeiler vom Petersdom Platz finden. Die rhythmisch geformte, geschwungene Fassade und die komplizierte Konstruktion des Innenraums gehören zum Innovativsten, was die Barockarchitektur hervorgebracht hat.

Sant' Andrea al Quirinale, Rom
(unten rechts)

Die relativ kleine, ab 1658 erbaute Kirche gehört zu den späten Meisterwerken Gian Lorenzo Berninis (1598–1680) und zählt zu den Höhepunkten des barocken Zentralbaus. Die Grundrissform des quergelagerten Ovals verleiht dem Bau eine ungeheure Dynamik. Die Schaufront ist die klassische Ausformung der Ädikulafassade. Die Bauten der Asam-Brüder in Bayern zeigen überdeutlich, wie genau sie S. Andrea kannten.

Palazzo Barberini, Rom
(oben)

Der für den römischen Hochbarock grundlegende Palast wurde nach 1625 von Carlo Maderno, Gian Lorenzo Bernini und Francesco Borromini errichtet. Neben der richtungsweisenden Fassadengestaltung und den beiden Treppenhäusern verdankt der Bau seinen Ruhm hauptsächlich dem großen Saal mit dem weltberühmten Deckenfresko Pietro da Cortonas (1596–1669), in dem die Grenzen zwischen Architektur und Malerei aufgehoben werden.

Diokletiansthermen, Rom
(Mitte)

Die 298–305 n. Chr. errichtete Anlage war die größte ihrer Art in Rom, verfiel aber im Mittelalter und wurde als Steinbruch genutzt. Ab 1563 errichtete dann Michelangelo (1475–1564) in den Ruinen die Kirche Santa Maria degli Angeli e dei Martiri für den Karthäuserorden. Michelangelos Entwurf ist nur in veränderter Form ausgeführt worden, doch zeigt auch der heutige Bau noch die Genialität seines Schöpfers.

Santa Maria Maggiore, Rom
(unten)

Die Kirche gehört zu den vier Patriarchalbasiliken und genießt eine einzigartige kirchen- und kunstgeschichtliche Bedeutung. Die Mosaiken gehören zu den größten Meisterwerken frühchristlicher Kunst. An Bau und Ausstattung der dreischiffigen Basilika waren nahezu alle namhaften Künstler Roms beteiligt. Bestattet ist hier unter anderem auch der große Gian Lorenzo Bernini (1598–1680).

Santa Susanna, Rom
(rechte Seite unten links)

Ihren Ruhm verdankt die heutige amerikanische Nationalkirche ihrer 1603 von Carlo Maderno (um 1556–1629) errichteten zweigeschossigen und giebelbekrönten Fassade. Die Wand wird zur Mitte hin gestaffelt, die Schmuckformen dezent gesteigert, und nach oben hin nimmt die Plastizität langsam ab. Diese glückliche Ausgewogenheit von Pathos und Strenge wurde später bei keiner Barockfassade mehr erreicht.

Kapitolsplatz, Rom
(oben links)

Die religiöse und politische Mitte des antiken Rom wurde durch Michelangelo (1475–1564) ab 1536 neu gestaltet. Die trapezförmige, mit einem vielstrahligen Stern gepflasterte Piazza del Campidoglio und dem Reiterstandbild Mark Aurels als Zentrum, gehört zu den fantastischsten Platzgestaltungen der Welt. „Nebenbei" erfand Michelangelo am Konservatorenpalast auch die Kolossalordnung.

Titusbogen, Rom
(oben rechts)

Der nach 81 n. Chr. errichtete Triumphbogen ist der älteste erhaltene Ehrenbogen Roms. Er repräsentiert die Architektur des Flavierzeitalters in reinster Form. Die seit Jahrhunderten bekannten Grundformen dieses eintorigen Bogens verselbstständigen sich hier zu einer hauptsächlich durch ihre Proportionen, das Material und ihre plastische Kraft sprechende Architektur.

Forum Romanum, Rom
(unten rechts)

Die Anfänge des Forums gehen bis ins 5. Jahrhundert v. Chr. zurück. Obwohl es heute sicherlich besser erhaltene Gebäude in Rom gibt, ist das Forum in seiner Bedeutung unübertroffen. Hier wurde die Größe Roms am eindrucksvollsten demonstriert, und hier wurden jene Ordnungen, Gesetze und Sitten entwickelt, die unser tägliches Leben noch heute bestimmen.

Kolosseum, Rom
(oben)

Das Kolosseum ist das monumentalste Bauwerk des antiken Rom, der Inbegriff des Amphitheaters und architektonischer Ausdruck des römischen Geistes schlechthin. 72–80 n. Chr. erbaut, stürzte 1348 bei einem Erdbeben ein Teil ein. Das mit einem genialen Gängesystem ausgestattete Gebäude konnte etwa 50 000 Schaulustige fassen, die sich hier an Gladiatorenspielen und Tierkämpfen ergötzten.

Maxentiusbasilika, Rom
(unten links)

Das gewaltige Gebäude, das eine außerordentliche baugeschichtliche Wirkung haben sollte, wurde 306–310 n. Chr. von Kaiser Maxentius (um 278–312 n. Chr.) begonnen und von Konstantin dem Großen (um 280–337 n. Chr.) vollendet. Es war das letzte Bauwerk, das römische Kaiser in Rom errichteten. 330, im Jahr der Vollendung, weihte Konstantin die neue Hauptstadt Konstantinopel, wo fortan die römischen Kaiser residierten.

Konstantinsbogen, Rom
(unten rechts)

Der dreitorige Ehrenbogen wurde ab 312 n. Chr. für Kaiser Konstantin I. (um 280–337 n. Chr.) und dessen Mitkaiser Licinius (um 265–325 n. Chr.) nach dem Sieg an der Milvischen Brücke errichtet. Der überaus reich mit Bildwerken geschmückte Bogen ist das besterhaltene Monument des antiken Rom. Architekturgeschichtlich wirkte der Bau als Vorbild für Fassaden und Brunnen der Renaissance und des Barock fort.

San Giovanni in Laterano, Rom
(oben)

Die Lateranbasilika ist die älteste Papstkirche und noch vor dem Petersdom die ranghöchste Kirche der katholischen Christenheit. Der unter Konstantin des Großen (um 280–337 n. Chr.) begonnene Monumentalbau erfuhr im Laufe der Jahrhunderte etliche Umbauten, von denen die geniale Neugestaltung des fünfschiffigen Langhauses (1646–1649) durch Francesco Borromini (1599–1667) herausragt.

Santo Stefano Rotondo, Rom
(unten links)

Im Urzustand der im fünften nachchristlichen Jahrhundert von dem Patriarchen Simplicius († 483) errichteten Kirche verschmolzen die beiden in der Ostkirche für Märtyrerkirchen gebräuchlichsten Grundrisstypen: das griechische Kreuz und der Kreis. Der vorzüglich erhaltene Bau, der als klassische frühchristliche Rundkirche gilt, zeigt deutliche Anleihen bei seinem Vorbild, der Jerusalemer Grabeskirche.

Caracalla-Thermen, Rom
(unten rechts)

Die 216 n. Chr. von Kaiser Caracalla (188–217 n. Chr.) eröffneten Thermen waren das großartigste Stadtbad in Rom und in jeder Hinsicht ein absolutes Meisterwerk, das bis zum Ausgang des Barock vorbildlich für die abendländische Architektur wirkte. Allein die vielen unterschiedlichen Wölbformen, die in dieser gewaltigen Anlage nebeneinander existierten, waren für ihre Erbauungszeit einzigartig.

Santa Cecilia in Trastevere, Rom (oben links)

Die Kirche wurde während der Regierungszeit von Papst Paschalis († 824) errichtet. Der Bau ist eine ungewöhnlich weiträumige Säulenbasilika, der die Bautradition spätantiker Kirchen diesen Typus wieder aufleben lässt. Größte Kostbarkeit der Kirche sind die kurz vor 1300 entstandenen Fresken von Pietro Cavallini (um 1250–1330), die für diese Zeit eine ungewöhnliche Natürlichkeit aufweisen.

Tempietto di San Pietro in Montorio, Rom (oben rechts)

In dem winzigen Innenhof des Franziskanerklosters findet sich, genau an der Stelle, an der das Kreuz Petri gestanden haben soll, der 1502 von Bramante (um 1444–1514) errichtete weltberühmte Tempietto. Der kleine Tempel gilt als Musterbeispiel der Hochrenaissancearchitektur. Eine vergleichbare Ausgewogenheit von Maßen und Proportionen wurde später nur ganz selten wieder erreicht.

San Paolo fuori le Mura, Rom (unten)

St. Paul vor den Mauern birgt eine der denkwürdigsten Stätten der Christenheit: das Grab des heiligen Paulus. Das gewaltige Gotteshaus steht zwar nur als Rekonstruktion des 19. Jahrhunderts vor uns, bewahrt aber als einzige Kirche Roms Idee, Grundriss und Raumeindruck einer frühchristlichen Basilika. Ein besonderes Schmuckstück ist der 1205–1241 errichtete Kreuzgang.

Dio Padre Misericordioso, Rom
(oben)

Ein eindrucksvoller Beweis, dass es in Rom auch herausragende moderne Architektur gibt, ist die 1998–2003 von Richard Meier (* 1934) errichtete Jubiläumskirche. Drei dramatisch aufragende Betonschalen unterschiedlicher Größe prägen den strahlend weißen Außenbau und stehen für die Hl. Dreifaltigkeit. Baukünstlerisches Hauptthema ist das natürliche Licht, das hier Gestaltungsbestandteil wird.

Palazzetto dello Sport, Rom
(unten links)

Der „Kleine Sportpalast" wurde 1956/57 von Pier Luigi Nervi (1891–1979) und Annibale Vitellozzi (1902–1992) für die Olympischen Spiele 1960 errichtet. Weltberühmt wurde die sphärische Kuppel mit fast 60 m Durchmesser. Das von 16 geneigten, Y-förmigen Stützen getragene, gleichsam schwebende Betongewölbe zählt zu den kühnsten Konstruktionen seiner Zeit.

Insulae, Ostia Antica
(unten rechts)

Das an der Tibermündung gelegene Ostia war einst der wichtigste Hafen des antiken Rom. Zu den interessantesten Bauten gehörten die sogenannte „Insulae": Da der Grund begrenzt und teuer war, errichtete man bis zu achtstöckige Wohnblocks, in denen eine große Anzahl an Bewohnern untergebracht werden konnte – eine multifunktionale und erstaunlich modern anmutende Anlage.

Abbazia di Monte Cassino
(oben)

Um 529 gründete Benedikt von Nursia (um 480–547) hier das Mutterkloster der Benediktiner, hier verfasste er seine Ordensregel und hier wurde er auch begraben. Das Kloster wurde viermal, zuletzt 1944 in einer der blutigsten Schlachten des Zweiten Weltkriegs, komplett zerstört und 1950–1954 wieder aufgebaut. Als einziger Teil des Klosters blieb die Krypta mit den Gebeinen Benedikts unversehrt.

Abbazia di Fossanova, Priverno
(Mitte)

Die Kirche der Zisterzienserabtei Fossanova dürfte um 1170 begonnen worden sein. Sie ist die früheste gotische Kirche in Mittelitalien und geht in ihrem Aufbau nahezu komplett auf die Kirche des Mutterklosters Pontigny zurück. Die Konventgebäude und vor allem der Kreuzgang, der zu den besten der italienischen Frühgotik zählt, sind von höchster Qualität.

Abbazia di Casamari, Veroli
(unten links)

Casamari und Fossanova, die beiden großen Zisterzienserabteien im Latium, sind im Kirchenbau so eng verwandt wie Schwestern. Beide Bauten entsprechen in den Bauformen fast wörtlich der Kirche der Primärabtei Pontigny. Casamari wurde nach 1140 gegründet und besitzt mit seinem Kapitelsaal, einem Vierstützenraum, ein Meisterwerk der Zisterzienserarchitektur.

La Reggia, Caserta
(linke Seite unten rechts)

1751 wurde Luigi Vanvitelli (1700–1773) vom spanischen König beauftragt, den Regierungspalast zu planen. Vanvitelli, der Sohn eines Malers aus Utrecht, erbaute einen Palast mit riesigen Ausmaßen, in dem sich 1200 Zimmer um vier Höfe gruppieren. Die Fassaden, die von über 1970 Fenstern durchbrochen sind, werden von drei Risaliten in der und an ihren Enden gegliedert.

Santissima Annunziata, Neapel
(oben)

Die 1761–1782 errichtete Kirche ist der bedeutendste Sakralbau Luigi Vanvitellis (1700–1773). Das Gebäude vereint die verschiedensten Vorbilder römischer Barockkirchen, ist aber dennoch ein Werk von eigenem Gepräge. Die Vierung ist fast im Zentrum angebracht und die Lichtführung hat kaum mehr barocke Züge. In dem Bau spürt man schon einen aufklärerischen Zug von kühler Monumentalität.

Santa Chiara, Neapel
(unten)

Das Kloster wurde ab 1310 erbaut und 1944 größtenteils zerstört. Berühmt wurde die Anlage durch ihren einmaligen Kreuzgang, der 1739–1743 zu einem Lustgarten umgewandelt wurde. Die Pfeiler sind komplett mit farbig glasierten Majolikafliesen toskanischer Künstler verkleidet: eine heitere, unbeschwerte Welt, die nichts vom asketischen Leben der Klarissinnen erahnen lässt.

Piazza del Plebiscito, Neapel
(oben links)

Diese Piazza ist der größte Platz Neapels. Geplant wurde die Anlage, die im Westen von der Kirche San Francesco di Paola und im Osten vom Palazzo Reale begrenzt wird, zu Beginn des 19. Jahrhunderts von König Joachim Murat von Neapel (1767–1815), dem Schwager Napoleon Bonapartes. Die Kirche erinnert an das römische Pantheon, und ihrer Fassade ist ein Portikus mit ionischen Säulen vorangestellt.

Casa dei Vettii, Pompeji
(unten links)

Da die Stadt Pompeji 79 n. Chr. nach dem Vesuvausbruch von einer 3 bis 5 m dicken Lavaschicht begraben wurde, vermittelt sie heute ein so authentisches Bild der Antike wie kein anderer Ort. Das komplett ausgegrabene und aufs Reichste ausgestattete Haus der Vettier gehörte zwei Brüdern aus dem Kaufmannstand. Weltberühmt sind die hervorragend erhaltenen Wandmalereien der Villa.

Villa Malaparte, Capri
(unten rechts)

Dieses einmalige Bauwerk, das zu den Ikonen moderner Architektur zu rechnen ist, wurde von Adalberto Libera (1903–1963) zwischen 1938 und 1942 für den italienischen Schriftsteller Curzio Malaparte errichtet. Das rote zweigeschossige Haus steht auf einem Felsvorsprung hoch über dem Meer. Die riesige Treppe führt auf eine Dachterrasse, die so groß ist, dass der Hausherr auf ihr Fahrrad fahren konnte.

Heratempel, Paestum
(oben)

Vorbild des um 460 v. Chr. errichteten, damals noch Poseidon gewidmeten Tempels ist wahrscheinlich der Zeustempel von Olympia. Paestum gehört seit 1997 zum Weltkulturerbe und besitzt mit dem Heratempel einen der besterhaltenen griechischen Tempel überhaupt. Die sechs massigen, sich stark verjüngenden dorischen Säulen tragen ein ungemein wuchtiges Gebälk mit Dreiecksgiebel.

Castel del Monte
(unten links)

Man übertreibt nicht, wenn man dieses Schloss als das schönste und bekannteste der Zeit des Hohenstauferkaisers Friedrich II. (1194–1250) bezeichnet. Es wurde von 1240–1250 errichtet und besticht durch seine perfekte Symmetrie. An den Kanten des achteckigen Baus stehen ebenfalls achteckige Türme. Die „Steinerne Krone Apuliens" gehört seit 1996 zum Weltkulturerbe.

Dom, Troia
(unten rechts)

Die den kompletten Bau umlaufenden, ungemein zierfreudigen Blendarkaden sind ohne das Vorbild des Pisaner Doms nicht denkbar. Die 1129 geweihte Kathedrale mit ihren berühmten Bronzetoren zeigt aber auch deutliche Reminiszenzen an die frühchristlich-syrische Architektur. Absolutes Glanzstück ist der obere Fassadenteil mit der wunderschönen Fensterrose.

San Nicola Pellegrino, Trani
(oben links)

Die Kirche entstand in direkter Konkurrenz zum Dom von Bari. Direkt am Meer gelegen, gilt die 1097 begonnene „weiße Kathedrale" als eines der schönsten Bauwerke des Landes. Die Säulenbasilika mit Emporen unterscheidet sich von den Vergleichsbauten durch die arkadenbegrenzten Doppelsäulen. Zudem besitzt der Bau mit einer dreischiffigen Unterkirche die größte ihrer Art in Italien.

San Valentino, Bitonto
(oben rechts)

Eine der schönsten romanischen Kirchen Apuliens ist der 1175–1200 errichtete Dom von Bitonto. Am Außenbau zeigt sich über kräftigen Säulenarkaden eine sehr filigrane Zwerggalerie. Das kunstvolle Portal ist von zwei Löwen und anderen Fabeltieren flankiert. Die regionaltypische Emporenbasilika besitzt eine bemalte Holzdecke und eine reich verzierte Kanzel mit Reliefs.

Sassi, Matera
(unten)

Die an einem steilen Felshang gelegenen berühmten Höhlensiedlungen wurden 1993 in die Liste des Weltkulturerbes aufgenommen. Das bereits in der Jungsteinzeit besiedelte Gebiet darf als eine der ältesten Städte der Welt gelten. Jede Epoche hat ihre Spuren hinterlassen, und noch in den 60er-Jahren des 20. Jahrhunderts lebten hier etwa 20 000 Menschen in ärmlichsten Verhältnissen.

San Nicola, Bari
(oben links)

Die Kirche, die die bedeutenden Reliquien des heiligen Nikolaus birgt, wurde 1087–1196 errichtet und ist der Gründungsbau der Bareser Romanik. Sie ist die erste Basilika mit Emporen und zeigt auch am Außenbau mustergültige Formen. Den Seitenschiffen sind kräftige, aquäduktartige Pfeilerarkaden vorgelegt, die im oberen Bereich eine Zwerggalerie tragen.

San Salvatore, Cefalù
(oben rechts)

Die 1131 begonnene Kathedrale gilt als eines der schönsten Bauwerke der normannischen Epoche. Der Ostbau besteht aus einem dreiteiligen Chor mit gestaffelten Apsiden und einem mächtigen Querhaus, das enorm steile Proportionen aufweist. Dagegen ist das Langhaus eine wesentlich niedriger bemessene Säulenbasilika mit islamisch anmutenden gestelzten Spitzbögen.

Teatro Greco, Taormina
(unten)

Die Hauptsehenswürdigkeit Taorminas ist nicht nur wegen seines ausgezeichneten Erhaltungszustands, sondern auch wegen der unvergleichlichen Lage das antike Theater. Der im 2. Jahrhundert v. Chr. entstandene Bau wurde in nachchristlicher Zeit stark erweitert. Den Zuschauern bietet sich ein einmaliger Anblick, da sowohl der Ätna als auch die Bucht von Naxos die Kulissen bilden.

Maria Santissima Assunta, Palermo *(oben links)*

Die auch als „Normannendom" bezeichnete Kathedrale wurde 1170–1185 errichtet und erlebte im Lauf der Jahrhunderte erhebliche Umbauten. Nur die Ostseite mit ihren mächtigen, von Türmchen flankierten Querhausriegeln und der vortretenden Apsis ist unverfälscht erhalten. Die Schmuckformen sind engstens mit jener der Kathedrale von Monreale verwandt, wirken allerdings etwas strenger im Stil.

San Giovanni degli Eremiti, Palermo *(unten)*

Die Anlage mit ihren fünf leuchtendrot gefärbten Halbkuppeln wurde im frühen 12. Jahrhundert errichtet und bietet ein typisches Beispiel der Vermischung von arabischen, byzantinischen und normannischen Stilelementen. Das Kloster ist heute von allen Anbauten befreit und bietet zusammen mit der üppigen Vegetation einen orientalisch-märchenhaften Anblick.

Cappella Palatina, Palermo
(linke Seite oben rechts)

Die Hofkapelle im Palazzo Reale wurde 1132–1140 im arabisch-byzantinisch-normannischen Stil errichtet. Die üppig mit Mosaiken und Marmorintarsien geschmückte Kapelle mit ihrer einzigartigen hölzernen Stalaktitendecke wurde von Guy de Maupassant als „das schönste, das erstaunlichste, vom Menschen erträumte und von Künstlerhand geschaffene religiöse Kleinod auf Erden" bezeichnet.

Tempel, Segesta
(oben)

Die Tempelanlage der ehemals blühenden Stadt Segesta gehört zu den besterhaltenen der ganzen Welt. Der wohl um 430 v. Chr. von den Elymern errichtete Sakralbau wurde nie fertiggestellt und geweiht. Er ist mit 36 dorischen Säulen verziert, die alle noch die Schutzschicht für den Transport zeigen. Diese wurde normalerweise abgeschlagen, und die Säulen wurden danach mit Kanneluren geschmückt.

Santa Maria Nuova, Monreale
(Mitte)

Der einzigartige Bau (1172–1176) vereint östliche und westliche Baugepflogenheiten in fulminanter Weise; dies ist besonders im einmaligen Prunk des Ostbaus zu erkennen. Der Dom besitzt zudem die größte Bronzetür des Mittelalters und einen der prächtigsten Kreuzgänge überhaupt. Den Weltruhm aber machen die unvergleichlichen, eine Fläche von etwa 3600 qm einnehmenden Mosaiken im Inneren des Doms aus.

Archäologische Stätten, Agrigent *(unten)*

Das 582 v. Chr. gegründete Akragas war der zweitwichtigste Stützpunkt der Griechen auf Sizilien. 1997 wurde das „Tal der Tempel" in die Liste des Weltkulturerbes aufgenommen. Zu den besterhaltenen Gebäuden der griechischen Antike zählt der Concordiatempel, der zu einer Reihe von Tempeln gehört, die im Lauf des 5. Jahrhunderts v. Chr. errichtet wurden.

Spanien

Domus, A Coruña
(oben)

1993–1995 errichtete Arata Isozaki (* 1931) den Museumsbau Casa del Hombre auf einer rauen Felsklippe. Dem besonderen Ort und dem harschen Klima entspricht auch die Formensprache Isozakis: Die 17 m hohe, gekurvte Fassade scheint den Wind wie ein Schild von dem Gebäude fernhalten zu wollen. Auch im Inneren gehört dieser Bau des Kenzo-Tange-Schülers zu den wichtigen Museumsbauten des 20. Jahrhunderts.

Santa María de Regia, León
(unten links)

Etwa 1255 wurde die Kirche begonnen, die vor allem im Inneren wie eine rein französische Kathedrale anmutet. Unfranzösisch sind jedoch die an die Außenfluchten der Seitenschiffe angesetzten Türme. Während die Architektur, die sich hauptsächlich an der Reimser Kathedrale orientiert, höchsten französischen Ansprüchen genügt, bleibt die Skulptur deutlich hinter den Vorbildern zurück.

Santa María, Burgos
(unten rechts)

Der heutige Bau der Kathedrale wurde 1221 begonnen und gehört seit 1984 zum Weltkulturerbe. Die nach französischem Muster angelegte Kathedrale bietet neben der „Capella del Condestable" und der Goldenen Treppe als besonderen Höhepunkt den Vierungsturm, dessen Achteckstern zur Gänze nach einem ornamentalen Muster perforiert und verglast ist – ein nie gesehenes Wunderwerk der Wölbkunst.

Kathedrale, Santiago de Compostela *(oben)*

Der Bischofssitz gilt als Grabstätte des Apostels Jakobus des Älteren und ist seit jeher das Ziel riesiger Pilgerströme aus ganz Europa. Die Kirche, seit 1985 Weltkulturerbe, wurde ab 1078 errichtet und mehrmals erweitert, bis hin zur doppelten Freitreppe und der imposanten Barockfassade. Ein Prachtstück von überbordender skulpturaler Dichte ist der berühmte „Pórtico de la Gloria" – das Endziel des Jakobsweges.

Santa María la Real de Las Huelgas *(unten links)*

Vor den Toren von Burgos liegt die um 1179 gegründete wichtigste Zisterzienserinnenabtei Spaniens, die als Grablege der kastilischen Königsdynastie diente. Die Kirche ist ein typisches Beispiel für karge zisterziensische Frühgotik, birgt aber einige Sarkophage von höchster Qualität. Bemerkenswert sind zudem der formvollendete Kreuzgang und der ungewöhnlich große Kapitelsaal sowie das Museum für mittelalterliche Stoffe.

Monasterio de Santo Domingo de Silos *(unten rechts)*

Das 929 gegründete Kloster war ein geisteswissenschaftliches Zentrum von europäischem Rang. Besonders die Bibliothek und das Skriptorium waren hochberühmt. Herzstück der Anlage ist der doppelstöckige Kreuzgang aus der Mitte des 11. Jahrhunderts. Die 64 Doppelkapitelle zieren fantastische Vogel- und Fabelwesen. Auch die sechs Reliefs der Eckpfeiler sind von höchster Qualität.

Guggenheim-Museum, Bilbao
(unten links)

Das 1993–1997 von Frank O. Gehry (* 1929) errichtete Gebäude gehört zu den wichtigsten Museumsbauten des 20. Jahrhunderts und bricht mit den traditionellen Maßstäben der Architektur. Wie eine Skulptur wirkt das Ensemble aus gekrümmten Formen, die sich biegen, strecken und gen Himmel aufbäumen. Die Fassade aus glänzenden Titanelementen gibt ihm ein futuristisches Aussehen.

Monasterio de San Juan de la Peña *(oben links)*

Die Wurzeln des in einmalig spektakulärer Lage unter einem überhängenden Felsen erbauten Benediktinerklosters gehen bis ins frühe 8. Jahrhundert zurück. Neben der Kirche, die den Königen von Navarra und Aragón als Grablege diente, haben sich Reste des Kreuzgangs erhalten. Der Blick aus der Abtskapelle über die Kreuzgangarkaden auf die bewaldete Schlucht ist faszinierend.

Monasterio de Santa María de Ripoll *(oben rechts)*

Das Kloster war bis zur Mitte des 15. Jahrhunderts die geistige Keimzelle Kataloniens. 888 wurde die ursprüngliche Kirche geweiht, deren Ostbau mit seinen eng aneinandergereihten sieben Apsiden lange Zeit einmalig blieb. Die heutige Kirche ist eine recht freie Rekonstruktion des 19. Jahrhunderts. Original erhalten ist allerdings die einzigartige Bilderwand rings um das prachtvolle Westportal.

Santa María, Girona
(unten rechts)

Die Kathedrale ist ein einmaliger Sonderfall der mittelalterlichen Architektur: Nach 1312 fügte man dem romanischen Langhaus einen kompletten Kathedralchor an. Ab 1417 wurde das Langhaus ersetzt, und zwar durch einen einschiffigen Raum, der mit fast 23 m Breite und 34 m Höhe jedes mittelalterliche Maß sprengte und den Chor wie ein zu klein geratenes Anhängsel erscheinen lässt.

Monasterio de Santa María de Poblet *(unten)*

Seit 1991 gehört das 1149 gegründete Kloster, das zu den besterhaltenen und größten Zisterzen des Abendlandes zählt, zum Weltkulturerbe. Ganz im Gegensatz zur zisterziensischen Strenge des Innenraums steht der achteckige Vierungsturm mit seiner offenen Maßwerkarchitektur. Meisterwerke sind der schöne Kreuzgang, das Brunnenhaus, der gewaltige Kapitelsaal und das Dormitorium.

Torre Agbar, Barcelona
(oben links)

2001–2004 errichtete Jean Nouvel (* 1945) diesen 142 m hohen, aufsehenerregenden Büroturm. Die schillernde, 16 000 qm große Fassade erinnert an eine Wasserfontäne. Die durchscheinende Farbigkeit der äußeren Hülle aus abgestuften Rot- und Blautönen wird nach oben hin allmählich zurückhaltender und geht in Weiß und schließlich in die vollständig verglaste Kuppel über.

Sagrada Família, Barcelona
(oben rechts)

Das Lebenswerk Antoni Gaudís (1852–1926) ist diese 1882 begonnene und bis heute nicht fertiggestellte Basilika. Der Touristenmagnet Barcelonas gehört seit 2005 zum Weltkulturerbe und zählt zu den fantastischsten Sakralbauten aller Zeiten. Stark geprägt wurde der verschiedene Stile vereinende Bau von der persönlichen Spiritualität Gaudís, der zuletzt sogar in der Krypta geschlafen hat.

Casa Milà, Barcelona
(oben)

Von 1906–1910 errichtete Antoni Gaudí mit dem Haus Milá sein berühmtestes Profanwerk: 1984 wurde es als erstes Bauwerk des 20. Jahrhunderts in die Liste des Weltkulturerbes aufgenommen. Das im Volksmund „La Pedrera" (Steinbruch) genannte Gebäude hat eine wellenförmige, nur horizontal gegliederte Fassade mit schmiedeeisernen Balkonbrüstungen und Kamintürmen, die wie freie Skulpturen anmuten.

Parque Güell, Barcelona
(Mitte)

Der 1900–1904 von Antoni Gaudí (1852–1926) erschaffene Park, in dem der Architekt bis zu seinem Tod wohnte, gehört seit 1984 zum Weltkulturerbe und ist eine der faszinierendsten Parkanlagen der Welt. Die fantasievollen Bauten – Treppenanlagen, Viadukte, Arkaden, Skulpturen mit Keramikmosaiken und ein „märchenhaftes" Pförtnerhaus – fügen sich harmonisch in die natürliche Landschaft ein.

Santa Cruz y Santa Eulalia, Barcelona *(unten)*

1298 wurde der Bau begonnen, der radikal mit der französisch geprägten Kathedralbaukunst Spaniens brechen sollte. Französisch ist hier nur noch der polygonale Chorumgang mit Kapellenkranz. Im Langhaus wurde versucht, die eigentlich unvereinbaren Bautypen Basilika und Hallenkirche zu vereinen. Außen hat der Bau eine festungsartige Geschlossenheit, da das Strebewerk nach innen geht.

Santa María del Mar, Barcelona
(oben)

In der 1329–1384 errichteten Kirche wurde jene Idee, die bereits bei der Kathedrale Barcelonas Verwendung fand, nämlich die Verbindung von Basilika und Hallenkirche, zu ihrer höchsten Vollendung gebracht. Der Innenraum, in dem die luftig-leichte Weiträumigkeit des Langhauses in totalem Kontrast zur steilen und hochgestelzten Arkatur der Apsis steht, gehört zum Besten, was die Gotik hervorgebracht hat.

Pabellón alemán, Barcelona
(unten)

Ludwig Mies van der Rohe (1886–1969) errichtete anlässlich der Weltausstellung 1929 mit dem deutschen Pavillon eine Ikone der modernen Architektur. Er verwirklichte hier zwei seiner Grundprinzipien: den „freien Grundriss", also nichttragende, frei einsetzbare Wände und den „fließenden Raum", bei dem Innen- und Außenbereich harmonisch verbunden sind. Seit 1986 steht ein rekonstruierter Bau an derselben Stelle.

Monasterio de Santes Creus
(Mitte)

Das Kloster der heiligen Kreuze ist neben Poblet die zweite zisterziensische Königsabtei von Aragón-Katalonien. Mitte des 12. Jahrhunderts ließ sich der Konvent hier nieder. Die mauerschwere Kirche stammt aus derselben Zeit wie der schöne Kapitelsaal. Höhepunkt der Anlage ist der gotische Kreuzgang, dessen Fenster zu den frühesten Beispielen des Flamboyantstils in Spanien gehören.

Monasterio Santa María de Montserrat *(oben)*

Schon von Weitem ist der gewaltige Klosterberg zu sehen: Zentrum der Wallfahrt auf den Montserrat ist das wundertätige schwarze Madonnenbild. Das spätmittelalterliche Kloster wurde 1811 weitgehend zerstört und wieder aufgebaut. Während des Franco-Regimes war dieser monumentale Komplex in einmaliger Lage ein kulturelles und religiöses Zentrum des katalanischen Widerstandes.

Colegio de San Gregorio, Valladolid *(unten links)*

Der 1488–1496 erbaute Konvent ist ein Hauptwerk des „isabellinischen Stils", der gotische Elemente mit den regionaltypischen islamischen Einflüssen verband. Die Kirche besitzt eine überaus prächtig dekorierte Fassade. Bemerkenswert ist der doppelstöckige Kreuzgang – eine Mischung aus maurisch beeinflusstem Mudéjar-Stil und nordeuropäischer Spätgotik.

Colegiata de Santa María la Mayor, Toro *(unten rechts)*

Die dreischiffige Basilika mit dem wunderschönen Vierungsturm wurde 1160 begonnen und gehört zu einer Gruppe von Sakralbauten, bei denen der Chorumgang französischer Prägung zugunsten einer direkt ans Querhaus angelagerten, gestaffelten Dreiapsidengruppe aufgegeben wurde. Besonders hervorzuheben ist das „Portal der Majestät" mit seinem reichen Figurenschmuck.

La Seo, Zaragoza *(rechte Seite unten links)*

Die älteste Kirche Zaragozas wurde nach 1300 begonnen und ist ein höchst ungewöhnlicher Bau. Denn hier wurde statt einer Basilika eine Hallenkirche mit Bündelpfeilern errichtet, die später noch auf fünf Schiffe erweitert wurde, was dem Raum eine labyrinthartige Weite verleiht. Unvergleichlich ist auch das prächtige, höchst virtuose Sterngewölbe im Vierungsturm.

Kathedrale, Zamora
(oben links)

Die 1151–1174 erbaute Kathedrale gehört zu den prächtigsten romanischen Sakralbauten Spaniens und wurde im Laufe der Zeit immer wieder verändert. Von 16 Doppelsäulen getragen, überragt die Hauptsehenswürdigkeit und das Wahrzeichen der Stadt die Kirche: die einmalige, byzantinisch inspirierte Kuppel mit Rippen, Rundfenstern und Ecktempelchen, die komplett mit Steinschuppen eingedeckt ist.

Kastell, Coca
(oben rechts)

1453 wurde die Zitadelle von maurischen Handwerkern begonnen. Sie gehört heute zu den eindrucksvollsten spätmittelalterlichen Festungen Mitteleuropas und ist ein Musterbeispiel für den Mudéjar-Stil, d. h. die Mischung aus abendländischen und maurischen Details. Die Kernburg ist von zwei Mauerringen umgeben, die in dieser an Steinen armen Region komplett aus Backstein errichtet werden mussten.

Catedral Vieja y Catedral Nueva, Salamanca *(unten rechts)*

Salamanca besitzt zwei prächtige Kathedralen, die zusammen einen Gebäudekomplex bilden. Die Mitte des 12. Jahrhunderts entstandene ältere Kirche (Catedral Vieja) glänzt durch ihren runden Vierungsturm, in dem eine nicht mehr zu überbietende Pracht an Blenden, Säulchen und Friesen herrscht. In der im 16. Jahrhundert errichteten neuen Kathedrale erlebt die Gotik ihre letzte Blütezeit in Spanien.

Santa María, Segovia *(oben)*

1525 wurde unter Kaiser Karl V. (1500–1558) mit dem Neubau der Kathedrale begonnen, die sich am höchsten Punkt der Stadt befindet. Das monumentale Gebäude ist einer der Bauten in Spanien, in denen die Spätgotik noch einmal eine allerletzte Blütezeit erlebte. Hohe Scheidarkaden, üppig profilierte Bündelpfeiler und reiche Stern- und Netzgewölbe zeichnen diese ungemein straff gegliederten Kirchen aus.

Real Sitio de San Lorenzo de El Escorial *(Mitte)*

1563–1584 erschufen Juan Bautista de Toledo († 1567) und später Juan de Herrera (1530–1597) für König Philipp II. diesen gewaltigen Bau, der zu den faszinierendsten Bauwerken der Welt gehört. Das Paradestück der wie ein Kastell eingefassten Anlage ist Herreras großes Treppenhaus. Der Komplex gehört seit 1984 zum Weltkulturerbe und wird in Spanien als „achtes Weltwunder" bezeichnet.

Palacio Real, Madrid *(unten)*

Das Madrider Stadtschloss und die ehemalige Residenz der spanischen Könige wurde von Juan Bautista Sachetti (1690–1764) zwischen 1735–1764 erbaut. Nach den ursprünglichen Plänen sollte die Anlage größer als Versailles werden. Ausgeführt wurde dann eine Vierflügelanlage mit Binnenhof und Eckrisaliten, in deren Fassade sich französische und italienische Elemente der Hofarchitektur vermischen.

Plaza Mayor, Madrid *(unten links)*
Der berühmte Marktplatz von der Größe eines Fußballfeldes stammt aus dem 15. Jahrhundert und wurde unter König Philipp II. (1527–1598) zum Zentrum des Hofes. Der rechteckige Platz ist komplett mit dreistöckigen Wohngebäuden umgeben, unter ihnen die berühmte, von Fresken geschmückte Casa de la Panadería. Im Zentrum befindet sich das Reiterstandbild Philipps III.

Palacio Real, Aranjuez *(oben)*
Philipp II. (1527–1598) ließ auf den Resten eines Klosters eine vierflüglige Sommerresidenz errichten, die unter Philipp V. (1683–1746) zu der heutigen barocken Hofstadt mit geometrischem Straßennetz und einer ausgedehnten Gartenanlage erweitert wurde. Die langen, flachen Gebäude sind bis auf den zentralen Mittelteil zweigeschossig. Seit 2001 gehört die Anlage zum Weltkulturerbe.

Santa María, Toledo *(unten rechts)*
Das Langhaus der 1122/23 begonnenen Kirche wurde zum prägenden Bau für die spanische Kathedralarchitektur. Auch die Choranlage der fünfschiffigen Basilika war ein einziger Geniestreich. Grandios sind zudem das gewaltige Hochaltar-Retabel und das berühmte „Transparente" – jene Hochaltarverkleidung, die alles in den Schatten stellt, was es an barocker Theatralik je gegeben hat.

Ciudad de las Artes y de las Ciencias, Valencia (oben)

Errichtet wurde diese extravagante und spektakuläre Stadt der Künste und Wissenschaften im Zuge der Sanierung eines großen Gebietes am Ostrand von Valencia. Santiago Calatrava (*1951) errichtete in den Jahren 1991–2006 zunächst das Planetarium, dann ein IMAX-Kino, ein Museum und schließlich das fantastische Opernhaus. Alle Bauwerke zeichnen sich durch einen organisch durchgeformten Charakter aus.

Römische Stätten, Mérida (unten links)

Emerita Augusta war eine 25 v. Chr. gegründete römische Stadt, aus der sich das heutige Mérida entwickelte. Die gut erhaltenen antiken Stätten gehören seit 1993 zum Weltkulturerbe. Grundlage für die Blüte der Stadt war die Wasserversorgung mit Stausee, Staumauer und Aquädukt, allesamt Meisterleistungen römischer Ingenieurbaukunst. Theater und Amphitheater sind ebenfalls bestens erhalten.

Santa María, Murcia (unten rechts)

1388 wurde mit dem Bau der Kathedrale begonnen, die erst im 18. Jahrhundert von Jaime Bort y Meliá († 1754) vollendet wurde und eine Mixtur verschiedenster Stilarten darstellt. Das Innere ist gotisch, der berühmte, 95 m hohe Glockenturm weist Renaissance-, Barock- und klassizistische Formen auf. Hauptsehenswürdigkeit ist die prächtige Schaufront – eine der bedeutendsten Barockfassaden Spaniens.

La Seu, Palma de Mallorca (rechte Seite oben links)

1230 wurde der Grundstein für dieses einmalige Raumwunder gelegt, das schließlich 1601 geweiht wurde. Das neu erbaute Langhaus der Kathedrale steigerte die Dimensionen ins Gewaltige: 121 m Länge, 18 m Mittelschiffsbreite und über 42 m Höhe. Der Kontrast von Weite und Steilheit macht die Faszination dieses Raumes aus; der Außenbau wirkt wie ein Gebirge aus aufragenden Pfeilern.

Mezquita, Córdoba
(unten links)

Der Bau ist nicht nur ein Meilenstein der mittelalterlichen Baukunst, sondern auch ein einzigartiges Miteinander von Moschee und Kathedrale in einem Gebäude. Ab 784 wurde der Bau mit seinen schier endlos erscheinenden rot-weißen Doppelbögen auf 850 Säulen aus den kostbarsten Materialien erbaut. Im 16. Jahrhundert wurde mitten in der Moschee eine monumentale gotische Kathedrale errichtet.

Santa María de la Sede, Sevilla
(unten rechts)

Die 1401–1519 errichtete Kathedrale ist die größte gotische und zugleich die viertgrößte Kirche der Welt und gehört seit 1987 zum Weltkulturerbe. Erbaut wurde die monumentale Kathedrale auf den Überresten einer Moschee, von der sich der berühmte Turm – die Giralda – erhalten hat, der zu den höchsten Gebäuden der Welt gehörte und heute das weithin sichtbare Wahrzeichen der Stadt ist.

Alhambra, Granada
(oben rechts)

Seit 1984 gehört der Palast der letzten muslimischen Dynastie in Spanien zum Weltkulturerbe. Die schlichten Mauern verraten nicht, welche Kunstschätze sich dahinter verbergen. Einen einmaligen orientalischen Zauber entfachen die islamische Ornamentik, das Farbenmeer aus Kacheln und die einmalige Wasser-Architektur. Der prächtigste Teil der gesamten Anlage ist der weltberühmte Patio de los Leones (Löwenhof).

Palast Karls des Fünften in der Alhambra, Granada *(oben)*

Kaiser Karl V. (1500–1558) ließ ab 1527 von Pedro Machuca (1485–1550) einen quadratischen Palast im Stil der italienischen Hochrenaissance in der Alhambra errichten, der allerdings nie vollendet wurde. Der außen von kostbarem Marmor und mächtiger Rustika geschmückte Bau birgt einen imposanten zweigeschossigen Innenhof, der mit einfachen dorischen und ionischen Säulen eingefasst ist.

Catedral de la Encarnación, Málaga *(Mitte)*

Die dreischiffige Hallenkirche wurde 1523 begonnen und steht am Anfang der Renaissancebaukunst in Spanien. Während die Gewölbe immer noch spätgotische Rippengewölbe blieben, ersetzte man die Dienste der Bündelpfeiler durch Vorlagen in Form kannelierter Halbsäulen korinthischer Ordnung. Erstaunlich ist die genaue Kenntnis der antiken Regeln der Säulenordnungen.

Auditorio de Tenerife, Santa Cruz de Tenerife *(unten)*

Die 1989–2003 von Santiago Calatrava (* 1951) errichtete Konzerthalle ist einer der aufsehenerregendsten Bauten der Gegenwart und wurde schlagartig zum Wahrzeichen Teneriffas. Der Bau mit seinem gewaltigen sichelförmigen Betonschalendach fasziniert den Betrachter immer wieder durch neue, überraschende, oft surreal anmutende Formen und gehört zu den atemberaubendsten Schöpfungen des spanischen Architekten.

Portugal

Sé da Guarda
(oben)

Guarda, die höchstgelegene Stadt Portugals, ist seit dem 6. Jahrhundert Bischofssitz. Hauptattraktion ist die von 1390 bis in die Mitte des 16. Jahrhunderts errichtete Kathedrale, die gotische und manuelinische Stilelemente kombiniert. Die wehrhafte Außenerscheinung steht in hartem Kontrast zu der zierlichen Formgebung im Inneren, mit ihren einzigartigen, spiralförmig gewundenen Säulenbündeln.

Bom Jesus do Monte, Braga
(Mitte)

Mit dem Bau des auf einem Hügel vor Braga gelegenen Heiligtums wurde 1722 begonnen. Trotz der einmaligen Silhouette ist es weniger die Kirche als die zu ihr hinaufführende Treppenanlage, die den Ruhm der Anlage ausmacht. Im Zickzack erstreckt sich die fantastische Konstruktion den Berghang hinauf, deren Dramatik durch die immer prächtiger werdende Ornamentierung noch gesteigert wird.

Casa da Música, Porto
(unten)

Wie ein gewaltiger polygonaler Kristall aus weißem Beton erhebt sich das städtische Konzerthaus an der Rotunda da Boavista. Das Projekt stammt aus dem Jahr 2001, als Porto europäische Kulturhauptstadt war. Rem Koolhaas (* 1944) konzipierte das große, unregelmäßige Vieleck, das im April 2005 eingeweiht wurde. Der Bau ist einer der aufsehenerregendsten Monumente der zeitgenössischen Architektur.

Convento de Cristo, Tomar
(oben links)

Die 1162 von Tempelrittern gegründete Anlage gehört seit 1983 zum Weltkulturerbe. Aus der Zeit als Templerburg hat sich die Kirche erhalten, ein zinnenbekrönter, aufs Reichste ausgeschmückter Zentralbau. Nach und nach wurde das Kloster zu einer prachtvollen Residenz ausgebaut, mit dem einmaligen Südportal, dem Prachtfenster an der Westseite und dem im palladianischen Stil errichteten Kreuzgang.

Mosteiro de Santa Maria, Alcobaça *(oben rechts)*

Das zu den größten Zisterzen gehörende Kloster ist seit 1989 Weltkulturerbe. Es wurde 1153 gegründet, besitzt die größte Kirche Portugals und war für lange Zeit das geistige Zentrum des Landes. Die Kirche mit ihrem Chor von bemerkenswerter Eleganz ist wohl die erste Hallenkirche der Zisterzienser. Auch die Konventgebäude und der mittelalterliche Kreuzgang sind baukünstlerisch herausragend.

Palácio Nacional, Mafra
(unten)

Zwischen 1717–1730 wurde dieses gewaltige Klosterschloss in bewusster Konkurrenz zum spanischen Escorial erbaut. Es ist eines der gigantischen Projekte König Joãos V. (1689–1750), des verschwendungssüchtigsten portugiesischen Herrschers. Geplant wurde der Komplex mit der 220 m langen Fassade, den 154 Treppen, 880 Sälen, 300 Zellen und 20 Höfen von dem Schwaben Johann Friedrich Ludwig (1670–1752).

Mosteiro de Santa Maria da Vitória, Batalha *(unten links)*

Seit 1985 gehört das vom 14. bis ins 16. Jahrhundert entstandene ehemalige Dominikanerkloster zum Weltkulturerbe. Die Kirchenfassade ist mit feinstem Maßwerk überzogen und birgt einen der steilsten Kirchenräume der Welt. Die beiden Grabkapellen, in denen u. a. Heinrich der Seefahrer (1394–1460) beigesetzt ist, sind von höchster baukünstlerischer Qualität, ebenso der einmalige Kapitelsaal mit seinem Sterngewölbe.

Palácio Nacional da Pena, Sintra *(unten rechts)*

Dieses fantastische, kunterbunte Märchenschloss wurde nach 1830 von Wilhelm Ludwig von Eschwege (1777–1855) als königliche Sommerresidenz errichtet und gilt allgemein als das Neuschwanstein Portugals. Dem Baumeister wurden keine Grenzen gesetzt, und dieser komponierte hier mutig sämtliche Baustile, die man in Portugal jemals gesehen hat. Seit 1995 gehört das Schloss samt Parkanlage zum Weltkulturerbe.

Estação do Oriente, Lissabon *(oben)*

Anlässlich der Weltausstellung 1998 wurde der Lissabonner Ostbahnhof 1993–1998 von Santiago Calatrava (* 1951) errichtet. Der eindrucksvollste Teil der gesamten Anlage ist zweifellos die fantastische 78 x 238 m große Dachkonstruktion, die mit ihren filigranen Verzweigungen an ein Wäldchen erinnert. Der futuristische Eindruck wird noch durch das dynamisch leichte, flügelförmige Vordach gesteigert.

Torre de Bélem, Lissabon
(oben links)

Der 1515–1521 errichtete Leuchtturm gehört zu den Wahrzeichen Portugals und zu den wenigen Zeugnissen des manuelinischen Stils, die das große Erdbeben von 1755 überstanden haben. Das trotz seiner Wehrhaftigkeit erstaunlich zierlich wirkende, mit vielen maurischen und orientalischen Details ornamentierte Schutzsymbol der Seefahrer gehört seit 1993 zum Weltkulturerbe.

Mosteiro dos Jerónimos, Lissabon *(oben rechts)*

1496 stiftete König Manuel I. (1469–1521) das Kloster, das zu einer Demonstration seines Reichtums und zur Grablege Vasco da Gamas (um 1469–1524) werden sollte. Die Pfeiler der 92 m langen Hallenkirche sind mit Renaissanceornamenten bedeckt. Höhepunkt der manuelinischen Zierfreude ist der Kreuzgang, der den Weltruhm des Klosters im Lissabonner Stadtteil Belém begründet hat.

Ponte Vasco da Gama, Lissabon
(unten)

Diese gewaltige Schrägseilbrücke wurde 1995 begonnen und rechtzeitig zur Weltausstellung 1998 fertiggestellt. Mit 17 158 m Länge ist sie eine der längsten Brücken der Welt und die längste Europas. Insgesamt wurden 145 000 t Stahl und 700 000 m^3 Beton verarbeitet, um das den Fluss Tejo überspannende Wahrzeichen des modernen Portugals zu errichten.

Russland

Verklärungskirche, Kischi Pogost (unten links)

Die Kischi-Insel im Onega-See birgt einen wahrhaften Schatz an Holzbauten. Insgesamt befinden sich auf Kischi 60 dieser fantastischen Bauwerke (darunter beispielsweise auch Wohngebäude), die allesamt zum Weltkulturerbe gehören. Fantastisch wirkt die 34 m hohe, 1714 erbaute Verklärungskirche mit ihren 22 Zwiebeltürmchen. Das Wunderwerk wurde erbaut, ohne einen einzigen Nagel zu verwenden.

Auferstehungskirche, St. Petersburg (oben)

Die farbenprächtige Kirche fällt im Stadtbild von St. Petersburg sofort auf, da sie der einzige Sakralbau ist, der sich nicht an italienischen oder klassizistischen westlichen Baustilen orientiert. 1883–1912 von Alfred Parland (1842–1919) errichtet, folgt der Bau der Moskauer Basilius-Kathedrale und ist ein Musterbeispiel des „Neuen Stils", einer russischen Ausprägung des Jugendstils mit seinen spielerischen Elementen.

Smolny-Institut, St. Petersburg (Mitte)

1744–1760 errichtete Bartolomeo Francesco Rastrelli (1700–1771) dieses ehemalige Nonnenkloster für Zarin Elisabeth I. Das weißblaue Barockwunder der Smolny-Kathedrale ist Rastrellis letztes Meisterwerk und verblüfft im Inneren durch seine absolute Schlichtheit. Bekanntestes Gebäude des Komplexes ist die 1806–1808 von Giacomo Quarenghi (1744–1817) entworfene, streng klassizistische Mädchenschule.

Winterpalast, St. Petersburg (unten rechts)

Der italienisch-russische Baumeister Bartolomeo Francesco Rastrelli (1700–1771) errichtete ab 1754 eines der Prunkstücke des russischen Barock in rein französischen Spätbarockformen. Die überreich geschmückten Fassaden der Zarenresidenz bergen mehr als 1000 Räume, die aufs Kostbarste ausgestattet sind. Heute ist das Winterpalais Teil der Eremitage, eines bedeutendsten Kunstmuseen der Welt.

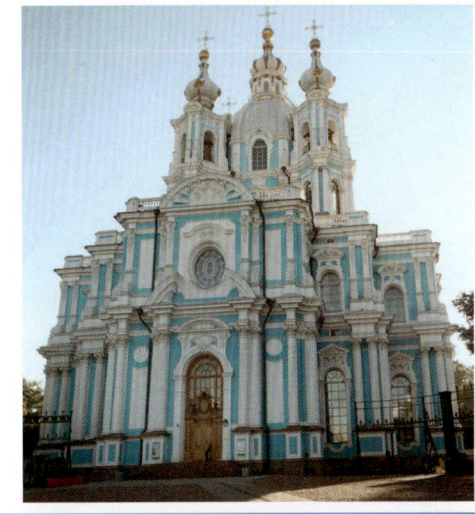

Neue Admiralität, St. Petersburg *(oben)*

Andrejan Sacharow (1761–1811) schuf von 1806–1823 diese monumentale, ehemalige Werftanlage. Der Hauptflügel des U-förmigen Baus hat eine Länge von 407 m, die beiden Seitenflügel messen je 163 m. Zentrum und Wahrzeichen der Stadt ist der 72,5 m hohe, vom Vorgängerbau übernommene Turm mit seiner goldenen „Nadel", die von einer goldenen Wetterfahne in Form einer Karavelle, dem Symbol der Stadt, gekrönt ist.

Isaakskathedrale, St. Petersburg *(unten links)*

1818–1858 wurde dieser gewaltige Sakralbau errichtet, der zu den größten Kirchen der Welt gehört. Baumeister war der Franzose Auguste Ricard de Montferrand (1786–1858). Durch die vier riesigen Portiken wirkt das rechteckige Gebäude wie eine Kreuzkuppelkirche. Zur reichen Innenausstattung gehören etwa 400 Statuen, eine Ikonostase und Mosaiken aus Glas mit über 12 000 Farbnuancen.

Peterhof, St. Petersburg *(unten rechts)*

Die riesige, prachtvolle Palastanlage, „russisches Versailles" genannt, birgt einen wahren Schatz an Bauwerken und wunderbaren Gärten sowie Wasserspielen. Der Große Palast mit einer Fassadenlänge von 268 m und seiner vorgelagerten Großen Kaskade, erbaut ab 1714, sowie die beiden Lustschlösschen Monplaisir und Marly stechen aus dem Ensemble hervor.

Altstadt, Jaroslawl
(oben)

Seit 2005 zählt Jaroslawl zum Welterbe der UNESCO. Die 1024 gegründete Stadt nennt zahlreiche Klosteranlagen und Kirchen ihr Eigen, darunter das Kloster der Verklärung Christi, ein Beispiel altrussischer Architektur aus dem 12. Jahrhundert. Die Erlöserkathedrale, erbaut ab 1516, ist im Inneren mit wertvollen Fresken ausgestattet. Das älteste Theater des Landes erstrahlt in barocker Pracht.

Katharinenpalast, Puschkin
(Mitte)

Die einstige Zarenresidenz beherbergt die Rekonstruktion des berühmten Bernsteinzimmers. Baumeister des ab 1749 erschaffenen Barockpalastes war Bartolomeo Francesco Rastrelli (1700–1771). Blau, Weiß und Gold sind die dominierenden Farben der prächtigen Fassade, die von Balkonen, Säulen und Figuren gegliedert wird. Im Inneren des Prunkbaus herrschen neoklassizistische Elemente.

Palast, Pawlowsk
(unten)

Das einzigartige klassizistische Schloss wurde Ende des 18. Jahrhunderts von Charles Cameron (um 1743–1812) auf einer leichten Anhöhe erbaut. Malerische Gärten, Gewässer und Wälder sowie Pavillons, künstlich geschaffene Bassins und Skulpturen schmeicheln dem Gesamteindruck des innen wie außen edlen Palastes. 1990 wurde das gesamte Areal in die Liste des UNESCO-Welterbes aufgenommen.

Dreifaltigkeitskloster, Sergijew Possad *(oben)*

Das zu den bedeutendsten Zentren der russisch-orthodoxen Kirche zählende Kloster wurde 1340 gegründet und gehört seit 1993 zum Weltkulturerbe. Der wie eine Burg wirkende Komplex beherbergt insgesamt neun Kirchen. Die älteste, die Dreifaltigkeitskathedrale, ist wegen ihrer Ikonen weltberühmt. Die Mariä-Himmelfahrt-Kathedrale mit ihren fünf Kuppeln ist das Wahrzeichen des Klosters.

Basiliuskathedrale, Moskau *(unten links)*

1555 wurde das heutige märchenhafte Bauwerk anstelle der ursprünglichen Holzkirche am Roten Platz errichtet. Die Kirche aus rotem Backstein mit ihren neun verschieden gestalteten Kuppeln ist Wahrzeichen Moskaus. Der Bau hat einen achtstrahligen sternförmigen Grundriss, die Hauptkirche – das Bauwerk besteht aus neun einzelnen Kirchen – ist viereckig und verjüngt sich nach oben in den achteckigen Turm.

Kreml und Roter Platz, Moskau *(unten rechts)*

Zwischen 1485–1495 wurden die bis zu 19 m hohe Mauer und die einzigartigen Türme des Kreml erschaffen. Die sogenannte Nekropole an der Kremlmauer beherbergt die Leichen Stalins und Breschnews sowie die Urnen weiterer Berühmtheiten. Der Rote Platz mit seinen Ausmaßen von 500 x 150 m wird vom Kaufhaus GUM, dem Kreml, der Basiliuskathedrale und dem Historischen Museum begrenzt.

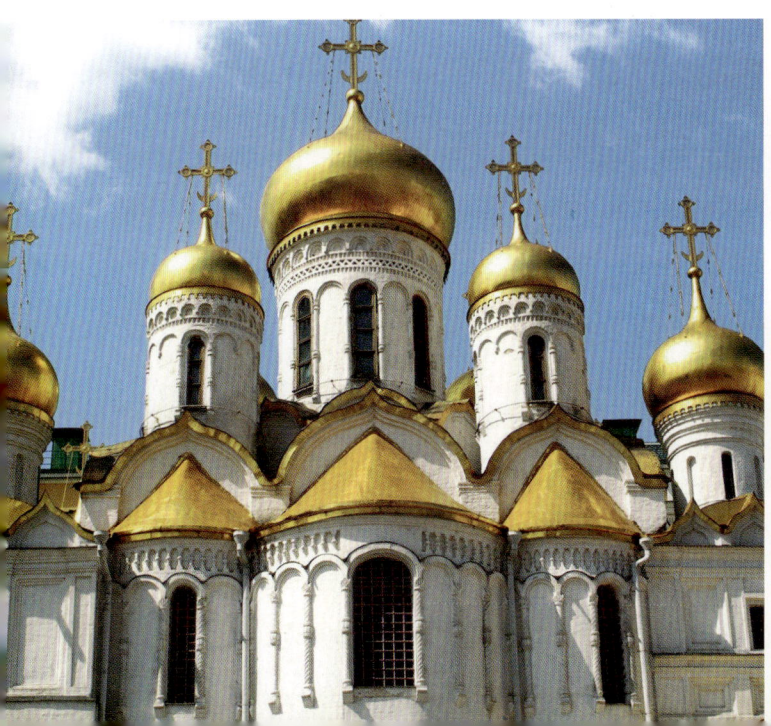

Staatliche Universität, Moskau
(oben)

Die größte Universität Russlands, die Lomonossow-Hochschule, ist ein 1755 gegründetes monumentales Bauwerk mit 240 m Höhe und damit das höchste Hochhaus der sogenannten „Sieben Schwestern" im Zuckerbäckerstil des Stalinismus. Lew Rudnew (1885–1956) erbaute das Gebäude im Stil des sozialistischen Klassizismus. Der Turm selbst trägt eine Reihe Heldenfiguren und den 12 t schweren roten Stern.

Mariä-Entschlafens-Kathedrale, Moskau *(unten links)*

Die größte Kirche des Kreml ist die 1475–1479 von Aristotile Fioravanti (um 1415–1486) erbaute Uspenski-Kathedrale mit ihren fünf vergoldeten Kuppeln – die Hauptkuppel misst 42 m. Vier reich bemalte Pfeiler gliedern den Innenraum des Sakralbaus, der Krönungskirche der russischen Zaren bis ins Jahr 1894 war. Hier befindet sich auch der Thron von Zar Iwan dem Schrecklichen (1530–1584).

Metro, Moskau
(unten rechts)

Die prachtvollen Stationen der Moskauer U-Bahn, die sogenannten „Paläste des Volkes", sind alle auf individuelle Weise gestaltet und wurden von Stalin selbst ab 1930 beauftragt. Mosaike, Marmor, Skulpturen und wertvolle Kronleuchter schmücken die Stationen. Eine der faszinierendsten Hallen, die Station Komsomolskaja, ist in ihrem Mittelbahnsteig mit mosaikreichen Stuckgewölben ausgestattet.

Nowodewitschi-Kloster, Moskau *(unten)*

Das Neujungfrauenkloster wurde 1524 gegründet, 1611 zerstört und kurz darauf wieder aufgebaut. Es zählt als eines der berühmtesten Klöster Russlands seit 2004 zum Weltkulturerbe. Hauptsehenswürdigkeit ist die Smolensker Kathedrale, eine im Gründungsjahr errichtete Kreuzkuppelkirche mit hochberühmten Ikonen. Aus dem 17. Jahrhundert stammen etliche Gebäude, die im Moskauer Barockstil errichtet wurden.

Mariä-Himmelfahrtskathedrale, Wladimir *(oben links)*

Das Wahrzeichen Wladimirs ist die einzigartige Uspenski-Kathedrale, die seit 1992 zum Weltkulturerbe gehört. 1158–1160 wurde sie erstmals als Sitz des Bischofs und des Fürsten errichtet und im 12. Jahrhundert weiter ausgebaut. So entstand ein beeindruckendes Bauwerk mit weißen Mauern und insgesamt fünf goldenen Kuppeln, das jahrhundertelang als Prototyp für viele orthodoxe Kathedralen diente.

Auferstehungskirche, Kolomenskoje *(oben rechts)*

Die Weiße Säule von Kolomenskoje: 63 m misst der hohe Turm der 1532 aus Stein erbauten zeltartigen Kirche. Über dem kreuzförmigen Erdgeschoss erhebt sich der oktogonale Aufbau mit Haube. Der sakrale Bau, der der ersehnten Geburt Iwan des Schrecklichen im Jahr 1530 gedenkt, bezeugt den Bruch mit der byzantinischen Bautradition. Seit 1994 ist das einzigartige Bauwerk auf der Liste des Weltkulturerbes.

Litauen

Kreml, Susdal
(unten)

Das einzigartig Museumsstädtchen Susdal gehört zu den besterhaltenen altrussischen Ortschaften überhaupt. Hochberühmt ist der seit 1992 zum Weltkulturerbe gehörende Kreml aus dem 10. Jahrhundert mit der Muttergottes-Geburtskathedrale. Die Kirche mit ihren weithin sichtbaren fünf blauen Kuppeln wurde erstmals 1222–1225 errichtet und später mehrmals auf- und umgebaut.

Sophienkathedrale, Weliki Nowgorod *(oben links)*

Prinz Wladimir II. Holti (1020–1052) erbaute diese wunderschöne Kirche, die mitten im Nowgoroder Kreml steht, um 1052 im russisch-orthodoxen Stil. Fünf Kuppeln, davon die größte mit Blattgold überzogen, schmücken die Kreuzkuppelkirche mit ihren drei Apsiden. Der weiße Sakralbau besitzt im Inneren bemerkenswerte Fresken aus dem 11. und 19. Jahrhundert.

St.-Annen-Kirche, Vilnius
(oben rechts)

Die um 1500 errichtete Annenkirche gehört wie die gesamte Altstadt seit 1994 zum Weltkulturerbe. Der Bau ist eine aus mitteleuropäischer Sicht äußerst interessante, exotische Schöpfung. Besonders die fantastische Fassade, die auf höchst künstlerische Weise Elemente der Backsteingotik mit der Flamboyantgotik vereint, sucht in Europa ihresgleichen.

Ukraine

Sophienkathedrale, Kiew *(oben)*

Die wichtigste Kirche der Ukraine und eines der bedeutendsten Bauwerke europäisch-christlicher Kultur wurde 1037 begonnen. Die fünfschiffige Kreuzkirche erhielt erst 1685–1707 ihre heutige Gestalt: Die Hauptkuppel und die zwölf kleinen Kuppeln symbolisieren Jesus und seine Jünger, wertvolle Fresken und wunderschöne Mosaiken verzieren das monumentale byzantinische Bauwerk.

Höhlenkloster, Kiew *(Mitte)*

Um 1050 schuf der Mönch Antonij über dem Fluss Dnepr eine erste künstliche Höhle, die wichtigste Sehenswürdigkeit Kiews in ihrer heutigen Gestalt entstammt aber dem frühen 18. Jahrhundert. Besondere Bedeutung haben die Dreifaltigkeitskirche sowie die Allerheiligenkirche und die ursprünglichen Katakomben mit unterirdischen Kirchen und Wohnzellen und den mumifizierten Leichnamen Hunderter von Mönchen.

St. Andreas, Kiew *(unten links)*

Heute dient die von fünf Kuppeln bekrönte, 1747–1753 erbaute Kathedrale als Museum und Konzerthaus. Das Gotteshaus wurde nach den Originalplänen des russisch-italienischen Architekten Bartolomeo Francesco Rastrelli (1700–1771) restauriert. Malerisch in ihrer hellen Farbigkeit, liegt sie an einem Steilhang über dem Dneprtal, der orthodoxe Baustil ergänzt sich auf wunderbare Weise mit barocken Elementen.

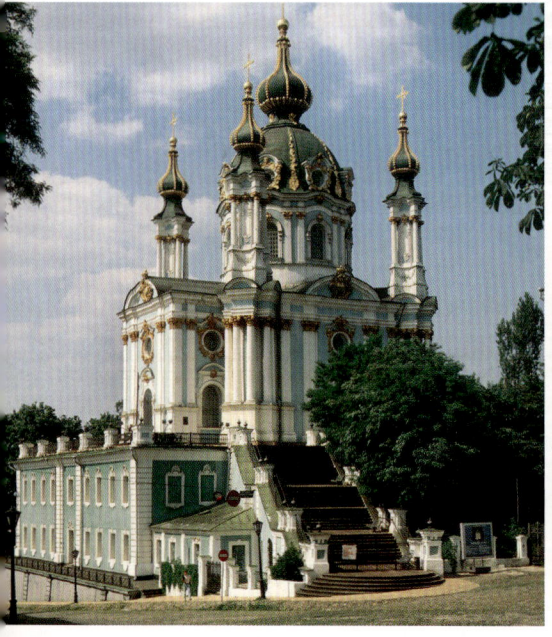

Polen

Ordensburg Marienburg
(linke Seite unten rechts)

Der ehemalige Hauptsitz des Deutschen Ordens bei Malbork ist eine der größten Burg- und Klosteranlagen der Welt. 1274 begonnen, avancierte die Burg im 19. Jahrhundert zum deutschen Nationalheiligtum, wurde im Zweiten Weltkrieg schwer zerstört und 1961–1978 mustergültig rekonstruiert. Höhepunkt ist der Hochmeisterpalast mit den beiden spätgotischen Prunkräumen.

Altstadt, Warschau
(unten links)

Das im Zweiten Weltkrieg zerstörte Zentrum Warschaus wurde nach dem Krieg so originalgetreu wie möglich wieder aufgebaut. Auch das alte Königsschloss, das bedeutendste Symbol des selbstständigen Polens, entstand in dieser Zeit neu. Man sieht es ihm nicht an, aber das historische Zentrum ist die jüngste Altstadt der Welt und darüber hinaus seit 1980 Weltkulturerbe.

Rathaus, Toruń
(oben)

Das gotische Rathaus zählt zu den prachtvollsten mittelalterlichen Profanbauten Polens. Es wurde im 13. Jahrhundert errichtet und bis zur Barockzeit mehrfach umgebaut. Charakteristisch sind die Ecktürmchen und der 40 m hohe Turm. Das Rathaus fungierte als Vorbild für das Rote Rathaus in Berlin und gehört zusammen mit der gesamten Altstadt seit 1997 zum Weltkulturerbe.

Zisterzienserabtei, Pelplin
(unten rechts)

1295 erfolgte die Grundsteinlegung der Kirche der ehemaligen Zisterzienserabtei, die zusammen mit den Konventbauten 1348 weitgehend vollendet war. Baukünstlerisch herausragend ist die gewaltige, über 90 m lange Backsteinkirche mit ihren prachtvollen Staffelgiebeln. Über den im Inneren zisterziensisch kargen Bau spannt sich fast schwerelos leicht das herrliche Netzgewölbe.

Palais Wilanów, Warschau
(oben)

Der ehemalige Herrensitz Wilanów wurde 1677–1679 im Auftrag des polnischen Königs Jan III. Sobieski von Agostino Locci (um 1601–1660) im barocken Stil nach dem Vorbild des Versailler Schlosses errichtet. 1692 wurde auf Anraten des preußischen Architekten Andreas Schlüter (um 1662–1714) der Mitteltrakt erhöht. Die prächtige Anlage mit Pavillons und flankierenden Galerien wird von zweistöckigen Türmen eingefasst.

St. Jadwiga, Legnickie Pole
(unten links)

Die Bauten des 1703 neu gegründeten Zisterzienserklosters wurden ab 1723 errichtet. Baumeister der Kirche, einem Hauptwerk des „radikalen böhmischen Barock", war Kilian Ignaz Dientzenhofer (1689–1751), die Fresken stammen von Cosmas Damian Asam (1686–1739). Der Zentralbau, der sich hinter der kraftvoll durchgegliederten Doppelturmfassade verbirgt, ist ein herausragendes Beispiel der „kurvierten Architektur".

Zisterzienserkloster, Lubiąż
(unten rechts)

Das Kloster Leubus mit seiner 223 m langen Front wird auch als „schlesischer Escorial" bezeichnet und gehört zu den größten Abteien Europas. Die Klostergebäude entstanden von 1681–1720, der Architekt ist unbekannt. Sehr gut erhalten und frisch renoviert ist der herrliche Fürstensaal, der in den letzten Jahren der Habsburger Herrschaft ausgestattet wurde und vor allem durch sein 360 qm großes Deckengemälde beeindruckt.

Zisterzienserkloster, Krzeszów
(unten links)

Das Glanzstück von Kloster Grüssau, die mit 80 m Länge größte Barockkirche Schlesiens, wurde 1728–1735 erbaut. Nur der ausführende Baumeister ist bekannt, die Formensprache weist aber eindeutig nach Prag in den Umkreis der Baumeisterfamilie Dientzenhofer. Die überreich durchgegliederte Doppelturmfassade mit ihrer gewaltigen Eingangsädikula gehört zu den großen Schöpfungen der Barockarchitektur.

Jahrhunderthalle, Breslau
(unten rechts)

Der 1911–1913 von Max Berg (1870–1947) erbaute Stahlbetonbau gehört seit 2006 zum Weltkulturerbe. Die Kuppel mit einem Durchmesser von 65 m war zur Erbauungszeit die größte der Welt und ein Meilenstein der modernen Architektur. Berg schuf einen Bau ohne jedes Dekorationselement und stellte damit die ästhetischen Ansprüche des Historismus an einen repräsentativen Raum auf den Kopf.

Wawel, Krakau
(oben)

Die ehemalige Residenz der polnischen Könige liegt hoch über dem Weichselufer und gehört zusammen mit der Altstadt Krakaus seit 1978 zum Weltkulturerbe. Das 1506–1548 errichtete Schloss zählt zu den prächtigsten Renaissancebauwerken Europas. Neben vielen anderen Kunstwerken ist die Wawelkathedrale, in der die polnischen Könige gekrönt wurden, die Hauptattraktion Krakaus.

Marienkirche, Krakau
(oben)

Die im 13. Jahrhundert gestiftete Kirche ist eines der Wahrzeichen Krakaus und ein klassisches Beispiel gotischer Architektur in Polen. Das Bauwerk mit den unterschiedlichen Türmen beherbergt eines der größten Meisterwerke der gotischen Kunst: den 1477–1489 von Veit Stoß (um 1447–1533) geschaffenen Marienaltar. Mit 13 x 11 m ist er der größte mittelalterliche Altar Europas.

Tuchhallen, Krakau
(unten links)

Der Krakauer Hauptmarkt ist einer der größten Plätze Europas. An ihm befinden sich die weltberühmten Tuchhallen. Das 1358 errichtete und später ergänzte, über 100 m lange Gebäude strahlt noch heute den Glanz des ehemaligen Zentrums internationalen Handels aus und ist Europas bekanntester und besterhaltener mittelalterlicher Umschlag- und Lagerplatz für Textilien.

Tschechien

Große Kolonnade, Marienbad
(unten rechts)

Marienbad, dessen salzhaltige Quellen bereits im Mittelalter bekannt waren, stieg im 19. Jahrhundert zum internationalen Kurort auf. Von der einstigen Pracht zeugen die neoklassizistischen Kuranlagen, von denen die berühmte Kolonnade mit der singenden Fontäne heraussticht. 1888–1889 wurde die gusseiserne Konstruktion mit ihrer einzigartigen hölzernen Kassettendecke errichtet.

Benediktinerabtei, Kladruby
(rechte Seite oben links)

Berühmt wurde das 1115 gegründete Kloster Kladrau durch den Neubau der Kirche in den Jahren 1712–1727, eines der bedeutendsten Beispiele für die Barockgotik. Johann Blasius Santini-Aichl (1677–1723) schuf im lichterfüllten Dreikonchenchor mit seinen faszinierenden Schlingrippengewölben und der fantastischen Außenkuppel in Form einer überdimensionierten Krone zwei bedeutende barockgotische Werke.

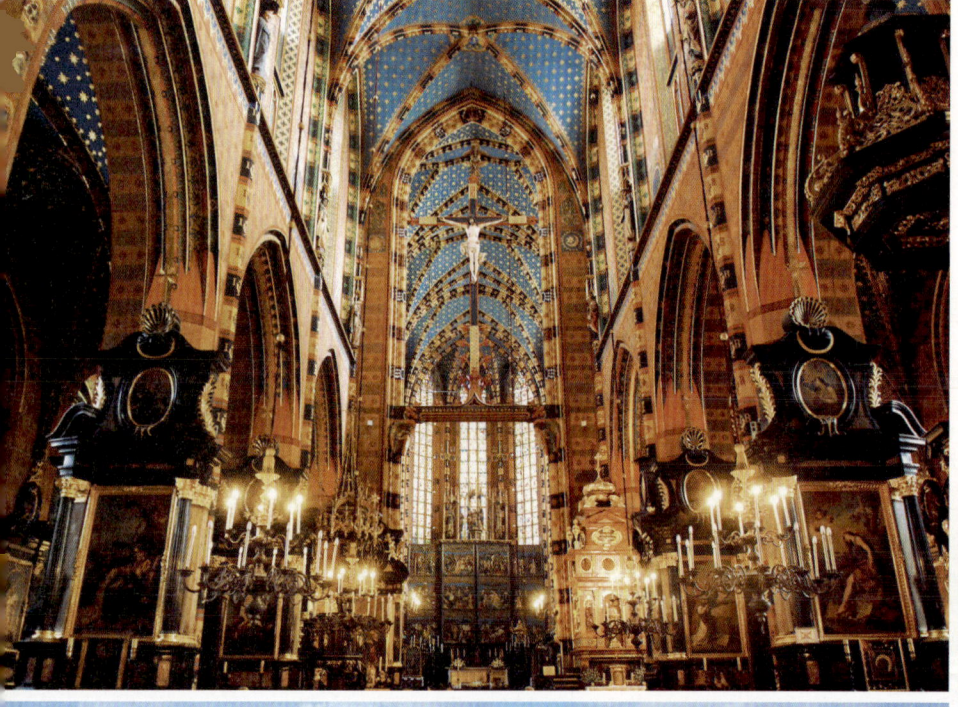

Schloss Troja, Prag
(unten links)

Wenzel Adalbert Graf Sternberg († 1708) ließ sich auf einer künstlichen Terrasse diese Vorstadtvilla erbauen. Die Pläne stammen von Jean-Baptiste Mathey (um 1630–1695), der lange in Rom gelebt hatte, was man seinen Bauten durchaus ansieht. Berühmt ist die Anlage besonders wegen der Gartenfassade mit ihrer vorgelagerten Freitreppe, die in den kleinen französischen Schlossgarten – ein Novum in Böhmen – führt.

Stift Břevnov, Prag
(unten rechts)

Die Benediktinerabtei wurde 993 gegründet, war über mehrere Jahrhunderte verlassen und feierte im 18. Jahrhundert eine beispiellose Wiedergeburt. Ab 1708 wurde die Kirche von Christoph Dientzenhofer (1655–1722) errichtet. Sie ist innen wie außen eines der Hauptwerke des böhmischen Hochbarock. Das Deckenfresko des großen Saals wurde von Cosmas Damian Asam (1686–1739) ausgeführt.

Palais Lobkowicz, Prag
(oben rechts)

Das nach seinen späteren Eigentümern benannte Palais Lobkowicz wurde 1702–1704 durch Giovanni Battista Alliprandi (um 1665–1720) errichtet. Die Gartenfassade mit ihrem konkav nach vorne tretenden Mittelrisalit zählt zu den herausragenden Leistungen barocker Fassadengestaltung. Vom Balkon der heutigen Deutschen Botschaft aus verkündete Hans-Dietrich Genscher 1989 die Ausreisemöglichkeit für 4000 DDR-Flüchtlinge.

Veitsdom, Prag *(oben)*

1344 begannen die Arbeiten an der neuen Kathedrale: Der erste Baumeister war Matthias von Arras (1290–1352), der einen recht herkömmlichen Bau geplant hatte. Nach dessen Tod übernahm jedoch der erst 23-jährige Peter Parler (um 1330–1399) die Leitung und revolutionierte die Baukunst. Er entwickelte unter anderem das Netzgewölbe, Gewölbe mit Abhänglingen, ein neuartiges Triforium und atemberaubende Maßwerkformen.

Wladislawsaal, Prag *(unten links)*

1493–1502 errichtete Benedikt Ried (um 1454–1534) in der Prager Burg für König Wladislaw II. Jagiello diesen 62 x 16 m messenden Riesensaal und schuf damit den bedeutendsten mittelalterlichen Profanraum nördlich der Alpen. Das einzigartige, bis auf den Boden herabreichende Schlingrippengewölbe ist ein letzter Glanzpunkt der Spätgotik, während die Portale und die Fenster schon die neuen Formen der Renaissance zeigen.

Palais Czernin, Prag
(unten rechts)

Der gewaltige Palast der Familie Czernin von Chudenitz ist ein Musterbeispiel für das übersteigerte Selbstbewusstsein eines einzelnen Adelsgeschlechts, das seine gesamte Finanzkraft in diesen Bau investierte. Die 150 m lange Fassade des ab 1669 von Francesco Caratti (1620–1677) errichteten Monumentalbaus mit ihren gewaltigen Halbsäulen besitzt einen kraftvoll gespannten Zug und läutete den Prager Barock mit ein.

Prager Burg
(oben)

Die Prager Burg auf dem Hradschin blickt auf eine 1000-jährige künstlerische und politische Geschichte zurück. Sie bildet das größte zusammenhängende Burgareal der Welt, allein die Frontseite ist einen halben Kilometer lang. 925 wurden die ersten Bauten errichtet, unter Kaiser Karl IV. kam der St.-Veits-Dom hinzu, und Königin Maria Theresia brachte zudem einen Hauch Wiener Glanzes nach Prag.

Kloster Strahov, Prag
(unten links)

Das Prämonstratenserkloster wurde 1148 gegründet und im Laufe seiner Geschichte unzählige Male beschädigt und wieder erneuert. Der Ruhm Strahovs basiert auf seiner Bibliothek. Hauptattraktionen sind der theologische sowie der philosophische Saal – letzterer mit den einmaligen Deckenfresken des genialen Franz Anton Maulpertsch (1724–1796) – mit ihren insgesamt 130 000 Bänden.

Palais Waldstein, Prag
(unten rechts)

Der Palast Albrecht Graf Wallensteins (1583–1634) wurde durch Andrea Spezza (1580–1628) ab 1624 errichtet. Es handelt sich um Prags ersten barocken Monumentalbau, für den 23 Häuser abgerissen wurden. Von europäischer Bedeutung ist die Verbindung von Architektur und Garten, in dem rauschende Feste gefeiert wurden, die von der schier unerschöpflichen Finanzkraft des Auftraggebers zeugten.

St. Nikolaus auf der Kleinseite, Prag *(oben links)*

Die Niklaskirche gehört zu den bedeutendsten Sakralbauten überhaupt. Christoph Dientzenhofer (1702–1711, Langhaus) und sein Sohn Kilian Ignaz (1737–1753, Choranlage) gestalteten das starre Wandpfeilersystem entscheidend um und brachten eine völlig neue Dynamik in den alten Typus. Das Langhaus besteht aus mehreren sich durchdringenden Rotunden und ist das Hauptwerk der kurvierten Sakralarchitektur in Böhmen.

Altstädter Ring, Prag *(oben rechts)*

Der Altstädter Ring bildet den Mittelpunkt der Altstadt und ist eine der bedeutendsten Platzanlagen der Welt. In seiner langen Geschichte sind so berühmte Bauten wie das Rathaus, die Teynkirche und das Kinsky-Palais entstanden. Der Abriss von zwei Häusern an der nordwestlichen Seite bedeutete die Durchbrechung der architektonischen Grenzen des Platzes und öffnete den Blick auf die barocke St.-Nikolaus-Kirche.

Karlsbrücke, Prag *(unten)*

Erst die Möglichkeit, die Moldau zu überqueren, machte aus Prag jene bedeutende Stadt, die es über Jahrhunderte bleiben sollte. Die 1357 begonnene, 10 m breite und 520 m lange Karlsbrücke, die sich auf 16 Bögen über den Fluss spannt, gehörte zu den berühmtesten Bauten des mittelalterlichen Europa und bildet mit ihren 30 Heiligenstatuen noch heute eine der Hauptsehenswürdigkeiten der Goldenen Stadt.

Tanzendes Haus, Prag *(rechte Seite unten links)*

Das 1992–1996 von Frank O. Gehry (* 1929) und Vlado Milunić (* 1941) errichtete wild bewegte Bürogebäude überrascht Betrachter immer wieder. Es ist ein Symbol der politischen Wende des Jahres 1989 und erinnert an das Bild eines Tänzers, der eine Dame mit gläsernem Faltenkleid im Arm hält. Daher rührt auch sein Zweitname „Ginger und Fred" (nach den Tanzpartnern Ginger Rogers und Fred Astaire).

Herz-Jesu-Kirche, Prag *(rechte Seite unten rechts)*

Der lange vergessene Jože Plečnik (1872–1957) wird heute zu den führenden Architekten der Moderne gerechnet. Der Sakralbau (1928) gehört zu seinen Meisterwerken. Im Inneren erklimmt man über eine Rampe den Kirchturm und blickt durch das gläserne Ziffernblatt auf den Hradschin.

Historisches Zentrum, Český Krumlov *(oben links)*

Wer den idyllischen Ort Krumau mit seinen verwinkelten Gassen, den Renaissance- und Barockhäusern und dem prächtigen Schloss- und Burgkomplex in seiner herrlicher Lage im Moldautal einmal mit eigenen Augen gesehen hat, wird die Aufnahme in die Liste des Weltkulturerbes (1992) bestens verstehen. Das einmalige Ensemble ist heute auch unter der Bezeichnung „Venedig an der Moldau" bekannt.

Burg, Karlštejn *(oben rechts)*

Die Burg wurde ab 1348 von Kaiser Karl IV. (1316–1378) als Aufbewahrungsort der Reichskleinodien gegründet. Der Hauptteil der auf unterschiedlichen Höhenniveaus angelegten Befestigungsanlage ist der große Turm mit der Kreuzkapelle, in der sich die berühmten Gemälde Meister Theoderichs (14. Jahrhundert) befinden. 1648 wurde die Burg von den Schweden erobert und im 19. Jahrhundert puristisch renoviert.

St. Johannes von Nepomuk auf Zelená Hora, Žd'ár nad Sázavou (oben)

Johann Blasius Santini-Aichl (1677–1723) schuf unter Verwendung von gotischen und barocken Stilformen einen in Europa einmaligen Baustil. Der typisch expressiv-dynamische Charakter seiner Bauten und der Symbolismus seiner Grundrisse kommt in der 1719–1722 errichteten Wallfahrtskirche exemplarisch zum Ausdruck. Die fantastisch bizarr wirkende Anlage gehört seit 1994 zum Weltkulturerbe.

Villa Tugendhat, Brünn (unten links)

Seit 2001 gehört dieser Meilenstein moderner Architektur zum Weltkulturerbe. Ludwig Mies van der Rohe (1886–1969) schuf dieses Juwel funktionalistischer Baukunst 1929/30. Stahlskelettstützen ermöglichten einen frei wählbaren Grundriss. In keinem anderen Bau hat Mies seine Maxime „Einfachheit der Konstruktion, Klarheit der tektonischen Mittel und Reinheit des Materials" so konsequent umgesetzt.

St. Barbara, Kutná Hora (unten rechts)

Der Dom der heiligen Barbara ist einer der außergewöhnlichsten Sakralbauten der Gotik. 1388 von Johann Parler (um 1359–1405), dem Sohn des berühmten Peter Parler, begonnen, wurde sie von Benedikt Ried (um 1454–1534) weitergeführt. In der fünfschiffigen Emporenhalle findet sich ein einzigartiges Bogenrippengewölbe, das zusammen mit dem einmaligem Strebewerk des Außenbaus den Rang dieser Kirche ausmacht.

Slowakei

Schloss, Litomyšl
(unten links)

Das von 1568–1581 durch die Brüder Giovanni Battista (um 1510–1575) und Ulrico (um 1521–1597) Aostalli errichtete ist eines der bedeutendsten Renaissancedenkmäler Tschechiens und seit 1999 Weltkulturerbe. Obwohl der Bau während der Barockzeit umgestaltet wurde, hat er sein ursprüngliches Aussehen weitgehend erhalten. Einzigartig ist die berühmte Sgraffittoverzierung der Giebel und Fassaden.

Erzbischöfliches Schloss, Kroměříž *(unten rechts)*

Kremsier war über Jahrhunderte hinweg Residenz und Zentrum religiöser und weltlicher Macht der Bischöfe von Olmütz. Nach den Zerstörungen im Dreißigjährigen Krieg wurde das Schloss ab 1686 nach Entwürfen der Wiener Filiberto Lucchese (1606–1666) und Giovanni Pietro Tencalla (1629–1702) neu errichtet. Die einzigartige Verbindung von Schloss- und Gartenarchitektur führte 1998 zur Aufnahme in die Liste des Weltkulturerbes.

Burg, Zips
(oben)

Die größte Burg Mitteleuropas thront auf einem 634 m hohen Kalkfelsen. Sie diente bereits den Kelten als Zentrum, wurde im 12. Jahrhundert im Renaissance-Stil umgebaut und im 15. Jahrhundert auf ihre heutige Größe erweitert. Seit 1993 zählt die Ruine, die einen hochinteressanten Einblick in die Burgarchitektur vom 12. bis ins 18. Jahrhundert gewährt, gemeinsam mit dem Städtchen Kirchdrauf zum Weltkulturerbe.

Ungarn

Schloss Esterházy, Fertöd
(oben)

Mehr als 120 feudal ausgestattete Räume bietet der ehemalige Hauptsitz des Fürstengeschlechts Esterházy, der in nur sechs Jahren ab 1760 erbaut wurde. Der viergeschossige barocke Prunkbau, in dem Josef Haydn als Kapellmeister tätig war, wurde von Fürst Nikolaus I. Joseph (1714–1790) in Auftrag gegeben. Die kolossale Pilasterordnung lässt das Schloss sehr mächtig erscheinen.

Mariä-Himmelfahrtsbasilika, Esztergom *(Mitte)*

Die größte Kirche Ungarns und zugleich das katholische Zentrum des Landes ist im Stil des Klassizismus erschaffen und wurde 1856 mit einer von Franz Liszt komponierten Festmesse eingeweiht. Wie ein Rundtempel wirkt das prachtvolle Bauwerk, das von einer 72 m hohen Kuppel überragt wird. Die mittelalterliche Bakóczkapelle des ursprünglichen St. Adalbert-Doms wurde dem heutigen Bau angefügt.

Westbahnhof, Budapest
(unten)

Gustave Eiffel (1832–1923) ließ den Bahnhof 1874–1877 durch seine Firma Eiffel & Cie erbauen. Die elegante und durch ihre Leichtigkeit bestechende Mittelhalle aus Stahl und Glas wird von sogenannten Polonceau-Trägern gestützt, die hauptsächlich bei breiten Hallen, besonders Sporthallen, Verwendung fanden. Heute befindet sich in den ursprünglichen Gebäuden das europaweit größte Eisenbahnmuseum.

Parlamentsgebäude, Budapest
(rechte Seite unten links)

Ehrwürdige Repräsentationsräume und prächtige Treppenhäuser bietet das 268 m lange und 96 m hohe Prachtbauwerk an der Donau. 88 Statuen ungarischer Herrscher schmücken die Fassade eines der größten Parlamentsgebäude der Welt, zahlreiche Türmchen und Giebel bezeugen den neugotischen Baustil des Fin de siècle. Das Innere ist von historischem Klassizismus geprägt.

Kettenbrücke, Budapest
(oben links)

Zwischen 1839–1849 wurde in Budapest die erste die Donau überspannende Kettenbrücke in Auftrag gegeben. William Tierny Clark (1738–1852) und Adam Clark (1811–1866) errichteten das 375 m lange klassizistische Bauwerk, das an den zwei 48 m hohen triumphbogenartigen Pfeilern verankert ist. Jeweils zwei mächtige, vom Bildhauer János Marschalkó (1818–1877) gestaltete Löwen „bewachen" die Brücke an den Uferseiten.

Andrássy-Straße, Budapest
(oben rechts)

Auf der Pester Seite liegt eine der wichtigsten Straßen der Stadt: Auf 3 km reihen sich Prachtbauten an Prachtbauten, größtenteils im Stil des Historismus vom damaligen Stararchitekten Miklós Ybl (1814–1891) erbaut. Die ungarische Staatsoper, das Museum „Haus des Terrors" und der Heldenplatz befinden sich an diesem berühmten Boulevard. Seit 2002 gehört die „Andrássy út" zum Weltkulturerbe.

Matthiaskirche, Budapest
(unten rechts)

König Béla IV. (1206–1270) ließ zwischen 1255–1269 eine romanische Basilika erbauen, die sogenannte Liebfrauenkirche. 1470 wurde das Bauwerk um den fünfgeschossigen gotischen Turm ergänzt, unter türkischer Besatzung zeitweilig als Moschee genutzt und um 1874 nach den Vorgaben von Frigyes Schulek (1841–1919) im neugotischen Stil erneuert. Besonders sehenswert ist das gotische Marientor aus dem 14. Jahrhundert.

Burgviertel, Budapest
(oben links)

Das malerisch über der Stadt gelegene Burgviertel hat eine bewegte Geschichte hinter sich. Der Burgpalast selbst wurde häufig zerstört und wieder errichtet. Daneben bieten heute die neuromanische Fischerbastei, die prächtige Nationalgalerie, die gotische Matthiaskirche und die herrlichen Barockbauten der Herrengasse dem Besucher ein reiches kunsthistorisches Angebot.

Zitadelle, Budapest
(unten links)

Der Festungsbau auf dem 235 m hohen Gellértberg wurde 1850–1854 von den Habsburgern nach der Märzrevolution errichtet. An der südlichen Seite der Festung findet sich die Freiheitsstatue von Zsigmond Kisfaludi Strobl (1884–1975), die an die gefallenen sowjetischen Soldaten während der Befreiung Budapests erinnern soll. Von hier aus ist der Blick über die Stadt einmalig.

Slowenien

Tromostovje, Ljubljana
(oben rechts)

Jože Plečnik (1872–1957) entwarf die romantischen Drei Brücken im Stadtzentrum von Ljubljana, die als Wahrzeichen der Landeshauptstadt gelten. Die Brückenanlage teilt sich dort, wo der Fluss Ljubljanica eine scharfe Biegung macht, in drei Arme. Die Steinbogenbrücke, die vom italienischen Architekten Giovanni Picco (* 1932) erbaut wurde, ist Grundlage der „Brückentrilogie".

Kroatien

Euphrasius-Basilika, Poreč
(oben links)

Die 553–564 von Bischof Euphrasius auf den Grundmauern einiger Vorgängerbauten errichtete dreischiffige Basilika gehört seit 1997 zum Weltkulturerbe. Die weitgehend original erhaltene Kirche ist eines der wichtigsten Zeugnisse byzantinischer Baukunst im Adriaraum. Hochbedeutend sind die Stein- und Perlmuttinkrustationen im Chor, die Boden- und die prächtigen Apsismosaiken.

Diokletianspalast, Split
(linke Seite unten rechts)

Der riesige Palast, den Kaiser Diokletian (um 240– 313) um 300 n. Chr. erschaffen ließ, war das Zentrum der antiken Stadt, die seit 1979 zum Weltkulturerbe zählt. Als Split im 7. Jahrhundert bedroht wurde, flüchteten die Einwohner in den 30 000 qm großen, stark befestigten Palast und errichteten dort etwa 250 Häuser, die heute noch stehen und den besonderen Reiz dieser Anlage ausmachen.

Amphitheater, Pula
(oben rechts)

Die istrische Stadt Pula war ein wichtiger Hafen des Römischen Reiches und ein beliebter Ferienort wohlhabender Römer. Das beeindruckendste Zeugnis dieser Zeit ist das im ersten und zweiten nachchristlichen Jahrhundert errichtete, einst 23 000 Besucher fassende Amphitheater. Die sehr gut erhaltene Stätte ist eines der größten von den Römern erbauten Theater.

Altstadt, Dubrovnik
(unten)

Dubrovnik, dessen gesamte Altstadt 1992 in die Liste des Weltkulturerbes aufgenommen wurde, zählt zu den malerischsten Städten des Mittelmeerraums. Die enormen während des kroatischen Unabhängigkeitskrieges entstandenen Schäden sind heute weitgehend behoben. Die autofreie Altstadt wird vom größten Verteidigungssystem Europas umschlossen, einer 1940 m langen Stadtmauer.

Serbien

Kloster Studenica
(oben)

Das berühmteste serbische Kloster wurde im 12./13. Jahrhundert erbaut und zeigt eine Mischung von romanischen und byzantinischen Stilelementen. Drei Kirchen, darunter die aus weißem Marmor erbaute Muttergotteskirche mit ihrer beeindruckenden Vierungskuppel, und das Refektorium zählen zum Klosterkomplex. Die Marienfresken aus dem frühen 13. Jahrhundert sind einzigartig.

Rumänien

Holzkirchen in der Maramureş
(Mitte)

45 der insgesamt 60 Holzkirchen aus der Region Maramureş befinden sich in Rumänien, acht davon gehören als typische Vertreter der nordrumänischen Sakralarchitektur seit 1999 zum Weltkulturerbe. Wegen eines Verbotes, orthodoxe Kirchen aus Stein zu errichten, wurden diese einzigartigen Bauwerke aus verschiedenen Epochen mit ihren schlanken Glockentürmen aus Holz geschaffen.

Moldauklöster in der Bukowina
(unten)

Die sieben Klöster in Arbore, Humor, Moldoviţa, Pătrăuţi, Probota, Suceava und Voroneţ gehören seit 1993 zum Weltkulturerbe. Die im 15./16. Jahrhundert errichteten Bauten sind einzigartig in Europa, und die Fresken an den Außenwänden gehören inhaltlich und formal zu den Meisterwerken byzantinischer Kunst. Sie sollten dem einfachen Volk – einem Bilderbuch gleich – Geschichten und Botschaften der Bibel nahebringen.

Schloss Peleş, Sinaia
(rechte Seite oben links)

Das Schloss wurde vom Wiener Architekten Wilhelm von Doderer (1825–1900) für König Carol I. ab 1873 als Sommerresidenz angelegt. Die 160 Räume zeigen eine Vielfalt verschiedenster Stilrichtungen, vom europäischen Mittelalter bis zur orientalischen Prachtentfaltung. Der Tscheche Karel Liman (um 1860–1929) erweiterte das romantische Schloss in seiner einmalig idyllischen Umgebung.

Bulgarien

Kloster Rila (oben rechts)

Die im 10. Jahrhundert von dem Mönch Iwan Rilski (876–946) gegründete Anlage ist eines der größten orthodoxen Klöster weltweit und seit 1983 Weltkulturerbe. Im Verlauf der Türkenherrschaft wurde das Bauwerk zerstört, ab 1816 begann der Wiederaufbau. Auch heute ist das Kloster noch eine Hochburg geistigen und kulturellen Lebens in Bulgarien.

Alexander-Newski-Kathedrale, Sofia (Mitte)

1904 begann der Bau der gewaltigen Kathedrale, die in ihrer Grundfläche fast 4000 qm misst und nahezu 7000 Menschen aufnehmen kann. Mit ihren goldenen Kuppeln strahlt sie Prunk und Ehrwürdigkeit aus. Benannt ist die Kirche nach dem russischen Nationalheiligen Alexander Newski (um 1220–1263), der gegen die Mongolenherrschaft ankämpfte.

Griechenland

Agia Georgios, Thessaloniki (unten)

Der ursprünglich um 300 als Mausoleum für Kaiser Galerius (um 250–311) nach dem Vorbild des römischen Pantheons errichtete Rundbau mit einer flachen Kuppel wurde im 5. Jahrhundert in eine Kirche umgewandelt. Die Kuppel und die acht rechteckigen Nischen tragen hochberühmte Mosaiken aus dieser Zeit. Die Rotunde wurde zwischenzeitlich als Moschee genutzt und dient heute als Museum.

Metéora-Klöster
(oben links)

Flüsse haben die Landschaft so ausgewaschen, dass bis zu 300 m hohe bizarre Felsnadeln entstanden sind, auf denen ab dem 14. Jahrhundert insgesamt 24, ursprünglich nur äußerst schwer zugängliche Klöster errichtet wurden. Diese außergewöhnlichen und weltberühmten Bauten, von denen heute noch sechs bewohnt sind, sind einzigartige Zeugnisse mönchischen Lebens.

Klöster auf dem Berg Athos
(oben rechts)

Seit 1988 gehört der Heilige Berg Athos zum Weltkulturerbe. Die autonome Mönchsrepublik ist das einzige Gebiet der Welt, das ausdrücklich für Frauen verboten ist. Die Geschichte der Klöster geht bis ins Jahr 963 zurück, als das erste der 20 Großklöster gegründet wurde. Hochberühmt sind auch die Malerwerkstätten mit ihrer Jahrhunderte alten Tradition der Ikonenmalerei.

Heiligtum, Delphi
(unten)

Delphi war seit dem 8. Jahrhundert v. Chr. Zentrum des Apollonkultes und Sitz des berühmtesten Orakels der Antike. Die Wahrsagungen der Priesterin Pythia galten als direkte Offenbarungen Apollons. In Delphi reiht sich ein wichtiges Bauwerk an das andere, zu deren berühmtesten der Apollontempel, das Schatzhaus der Athener und der im 4. Jahrhundert v. Chr. errichtete Tholos gehören.

Tempel des Hephaistos, Athen
(oben rechts)

Er ist zwar weniger bekannt als sein berühmter Nachbar, der Parthenon, dennoch ist das Hephaisteion der am besten erhaltene griechische Tempel überhaupt. Um 450 v. Chr. entstanden, stellt er den „Normaltyp" eines attischen dorischen Tempels dar. Während der osmanischen Herrschaft war der Tempel die wichtigste griechisch-orthodoxe Kirche in Athen.

Kloster Hosios Lukas
(unten links)

Das Kloster wurde im 10. Jahrhundert gegründet, gehört zu den bedeutendsten Klöstern Griechenlands aus byzantinischer Zeit und ist seit 1990 Weltkulturerbe. Die heute noch von Mönchen bewohnte Anlage besteht in ihrem Kern aus zwei Kirchen, eine davon ist die dem heiligen Lukas geweihte Kreuzkuppelkirche mit ihrer freskierten Kuppel und den Mosaiken aus dem 11. Jahrhundert.

Odeon des Herodes Atticus, Athen *(oben links)*

Das um 160 n. Chr. vom berühmten römisch-griechischen Redner, Philosophen und Politiker Herodes Atticus (um 101–177) in Auftrag gegebene Odeon galt einst als das schönste Theater Griechenlands. Die 32 in den Fels geschlagenen Sitzreihen sind komplett mit Marmor verkleidet und waren ursprünglich überdacht. Noch heute kann man hier antike Dramen und Konzerte bestaunen.

Stoa des Attalos, Athen
(unten rechts)

Die 1952–1956 komplett wiedererrichtete 116 m lange Säulenhalle gehört zu der weltberühmten Agora in Athen. Diese war über Jahrhunderte hinweg Zentrum des öffentlichen Lebens, Versammlungsplatz und Treffpunkt der Gelehrten und Philosophen. Die Stoa wurde von König Attalos II. (220–138 v. Chr.) in hellenistischer Zeit errichtet und beherbergt heute das Agora-Museum.

Agii Apostoli, Athen
(oben links)

Die Ende des 10. Jahrhunderts errichtete Kirche ist neben dem Hephaistostempel der einzige original erhaltene Bau der Athener Agora. Es handelt sich um die erste wichtige mittelbyzantinische Kirche, die eine gelungene Kombination aus Kreuzkuppelkirche und Zentralbau bildet. Nicht nur Aufbau und Grundriss, sondern auch die Beschaffenheit des Mauerwerks zeugen von höchster Qualität.

Turm der Winde, Athen
(oben rechts)

Der 12 m hohe Turm der Winde ist das besterhaltene antike Bauwerk Athens. Im 1. Jahrhundert v. Chr. wurde der achteckige Turm errichtet, der ursprünglich eine Wasser- und Sonnenuhr beherbergte, die als offizielle Uhr der Stadt Athen diente. Auf jeder Seite des Turms ist ein Relieffries mit der Darstellung eines Windgottes angebracht, daher der Name.

Erechtheion, Athen
(unten links)

Der etwa zwischen 420 und 406 v. Chr. erbaute Tempel gehört zu den elegantesten, aber auch zu den ungewöhnlichsten Bauten der Athener Akropolis. Durch seinen asymmetrischen Grundriss genießt er eine Sonderstellung. Weltberühmt ist die nördliche Vorhalle, bei der keine Säulen, sondern steinerne überlebensgroße Frauengestalten, sogenannte Koren, das Dach tragen.

Niketempel, Athen *(unten rechts)*

Der Niketempel ist der kleinste Tempel auf der Akropolis und gehört wie die gesamte Anlage seit 1986 zum Weltkulturerbe. Der nur 4,14 x 3,79 m große attisch-ionische Amphiprostylos wurde ab 432 v. Chr. von Kallikrates (um 470–420 v. Chr.) erbaut, von den Türken abgerissen und 1835 wiedererrichtet. Da der Wiederaufbau fehlerhaft war, wurde der Bau 1935 abgetragen und neu errichtet.

Olympieion, Athen
(oben links)

Der im 6. Jahrhundert v. Chr. begonnene und erst unter Kaiser Hadrian (76–138 n. Chr.) vollendete Tempel gehört zu den größten der Antike. Zudem ist der gewaltige Bau, von dem heute noch 15 über 17 m hohe Säulen aufrecht stehen, der einzige in Griechenland nachgewiesene korinthische Tempel. Nach dem ursprünglichen Plan sollte das Dach auf stattlichen 108 Säulen ruhen.

Parthenon, Athen
(oben rechts)

Der Pallas Athena Parthenos geweihte Tempel ist eines der berühmtesten Bauwerke der Welt. Die architektonischen Feinheiten des 447–438 v. Chr. von Iktinos (5. Jahrhundert v. Chr.) erbauten Tempels sind legendär. Die Baudekorationen, unter ihnen die weltberühmten Elgin Marbles von Phidias (um 500–432 v. Chr.), befinden sich heute weitgehend im British Museum in London.

Panathinaikon-Stadion, Athen
(unten)

Als kürzlich die neuen sieben Weltwunder gesucht wurden, war das Kallimarmaro in der engeren Auswahl: In dem heute restaurierten Bau wurden 1896 die ersten Olympischen Spiele der Neuzeit ausgetragen. Die hufeisenförmige Anlage (330/329 v. Chr.) war aber schon in antiker Zeit hochberühmt und konnte auf seinen Tribünen aus weißem Marmor 50 000 Zuschauer aufnehmen.

Theater, Epidauros
(oben)

Mit dem Asklepios-Heiligtum und dem antiken Theater bildet Epidauros eine der bedeutendsten Kulturstätten Europas und wurden 1988 zum Weltkulturerbe ernannt. Das um 330 v. Chr. erbaute Theater war mit seinen etwa 15 000 Plätzen das größte des antiken Griechenlands. Besonders berühmt war seine außergewöhnliche Akustik, die auch heute noch von den zahlreichen Touristen getestet wird.

Aphaiatempel, Ägina
(unten links)

Der um 480 v. Chr. errichtete Bau ist einer der am besten erhaltenen Tempel der griechischen Inseln und zugleich ein herausragendes Monument der Übergangszeit zwischen Archaik und Klassik. Die berühmten Giebelskulpturen, von denen die des Westgiebels noch archaische, die des Ostgiebel bereits klassische Formen zeigen, befinden sich heute in der Münchner Glyptothek.

Mykene
(unten rechts)

Das um 1600 v. Chr. gegründete Mykene gehört zu den wichtigsten historischen Stätten im gesamten Mittelmeerraum. Die legendären Ausgrabungen begann Heinrich Schliemann (1822–1890) 1876. Er legte dabei ein Gebiet von etwa 30 000 qm frei und entdeckte unter anderem einen prächtigen Goldschatz, das berühmte Löwentor sowie das hochbedeutende Schatzhaus des Atreus.

Stadion, Olympia
(rechte Seite unten links)

Spätestens seit 776 v. Chr. wurden im Heiligtum von Olympia die Olympischen Spiele ausgetragen. Für die Dauer der Wettkämpfe herrschte in ganz Griechenland Waffenruhe. Der gewaltige Zeustempel beherbergte mit der Zeusstatue des Phidias (um 500–432 v. Chr.) eines der sieben antiken Weltwunder. Die heutigen Überreste des Stadions stammen überwiegend aus römischer Zeit.

Apollontempel bei Bassae
(oben links)

Neben dem Athener Hephaisteion ist der Bau der am besten erhaltene Tempel Griechenlands und gehört seit 1986 zum Weltkulturerbe. Das zwischen 450 und 420 v. Chr. errichtete Gebäude vereinigt die dorische, die ionische und die korinthische Ordnung, wobei letztere hier das erste Mal bei einem Bau erscheint. Seit 1987 ist der Tempel komplett durch ein Zelt geschützt.

Ruinenstadt, Mystras
(oben rechts)

Vom 13. bis zum 15. Jahrhundert wurde auf dem gleichnamigen Berg eine gewaltige, von zwei Umfassungsmauern umgebene Stadt erbaut. Mystras gehört seit 1989 zum Weltkulturerbe und ist die besterhaltene Stadtanlage aus spätbyzantinischer Zeit. Etliche Klöster und Kirchen stehen noch und beherbergen zu einem großen Teil farbenprächtige Fresken in erstklassigem Zustand.

Palast, Knossos
(unten rechts)

Die ab 1900 auf Kreta durchgeführten Grabungen förderten auf einer Fläche von über 20 000 qm sensationelle Bauwerke und Funde aus der Zeit um 1700 bis etwa 1375 v. Chr. zutage. Die minoische Anlage zeichnet sich durch ein verzweigtes Grundrisssystem aus, weswegen man in Knossos auch den Ursprung der antiken Sage vom Labyrinth des Minotauros annimmt.

AFRIKA
UND NAHER OSTEN

FRÜHE HOCHKULTUREN UND GIGANTOMANIE

Afrika und der Nahe Osten nähren so manche romantischen Erzählungen mit ihren märchenhaften Bauwerken, ihren prunkvollen Städten und ihrer lebensfrohen Bevölkerung. Verschiedenste Hochkulturen wie die Ägypter, Sumerer oder die Babylonier haben hier ihren Ursprung. Aus dieser Region stammen die ersten Städte, Regierungen, Gesetzesbücher und Alphabete. Nicht umsonst werden Afrika und der Nahe Osten auch „Wiege der Zivilisation" genannt. Nordafrika ging den Kulturen der Welt voraus: In Ägypten liegen die Anfänge menschlichen Denkens und Handelns; davon zeugen noch die 3000 Jahre alten Pyramiden und ehrwürdige, gigantische Tempelanlagen mit kolossalen Statuen, deren Namen wie Märchen im Ohr klingen: Abu Simbel, Luxor, Gizeh, Theben. Meisterwerke muslimischer Baukunst hingegen finden sich im Irak, im Iran, in Pakistan, der Türkei oder in Syrien. Reich ausgestattete Moscheen in Mekka oder in Istanbul, ehrwürdige Medresen und prunkhafte Paläste wie aus 1001 Nacht erstrahlen im Glanz einer scheinbar längst vergangenen Zeit. Unter weiteren weltbekannten Orten, die die Fantasie Reisender beflügeln dürften, sind Babylon, Damaskus, Casablanca, Persepolis, Jerusalem oder Petra. Wie Feuer auf Wasser treffen die modernen Schöpfungen der Baukunst, die monströsen Hochhäuser, die künstlichen Inseln, die gigantischen Hotel- und Flughafenanlagen, auf die Mysterien des Orients. Die Vereinigten Arabischen Emirate erschaffen in einem Wettlauf der Technik immer neue, immer höhere, immer fantastischere Bauten. Wo der Weg der Boomtowns mit ihren künstlichen Lebenswelten hinführen wird, ist heute noch nicht absehbar.

Türkei

Selimiye-Moschee, Edirne
(oben links)

1567–1574 wurde die bedeutendste Moschee des großen Baumeisters Sinan (um 1489–1588) im Stil der osmanischen Klassik erbaut und gilt als Leitbild dieser Architekturrichtung. Fast 44 m Höhe misst die von acht Pfeilern getragene stattliche Kuppel, die vier Minarette sind 73 m hoch, und ihre Umgänge können über verschiedene Treppenaufgänge erreicht werden. Der Zentralraum besitzt einen würfelförmigen Grundriss.

Topkapi-Palast, Istanbul
(oben rechts)

1453 wurde mit dem gigantischen Bau des labyrinthartigen Wohn- und Regierungssitzes der osmanischen Sultane begonnen. Bis ins 18. Jahrhundert wurde der Komplex stets erweitert und zeigt in beeindruckender Fülle osmanische Bauweise und Dekoration. Besonders sehenswert ist der elegante Chinili-Kiosk von 1473, der für seine strahlend grün und blau glasierten Iznikfliesen bekannt ist.

Hagia Sophia, Istanbul
(unten)

Die ehemalige Hauptkirche des byzantinischen Reiches wurde im 6. Jahrhundert erbaut, unter den Osmanen 1453 schließlich in eine Moschee verwandelt und wird heute als Museum genutzt. Der gigantische Sakralraum wird von einer 56 m hohen Flachkuppel bekrönt und ist von vier Minaretten umgeben. Der Innenraum des Bauwerks ist mit wunderbaren Mosaiken und farbigem Marmor ausgeschmückt.

Süleymaniye-Moschee, Istanbul *(oben)*

Das Westufer des Goldenen Horns wird von der im 16. Jahrhundert erbauten Moschee mit ihren bleistiftartigen Minaretten beherrscht. Bunte Glasfenster erhellen den mit Iznikfliesen verzierten Innenraum, der von einer halbkugelförmigen Kuppel bedeckt wird. Neben Süleyman dem Prächtigen wurde hier auch Sinan (um 1489–1588), der Baumeister der Moschee, beigesetzt.

Sultan-Ahmed-Moschee, Istanbul *(unten links)*

Das wegen seines Reichtums an blau-weißen Fliesen auch als Blaue Moschee bezeichnete Gotteshaus wurde 1609–1616 von Sinans Schüler Mehmet Ağa (um 1540–1617) erbaut. Sechs Minarette flankieren die mit bunten Glasfenstern, Marmor und wunderbaren Fliesen ausgestattete Moschee. Die 43 m hohe Hauptkuppel liegt in einem Meer von kleinen Halbkuppeln und bietet dem Besucher einen atemberaubenden Anblick.

Tempel der Artemis, Ephesos *(unten rechts)*

Das zu den sieben Weltwundern der Antike zählende Artemision wurde um 560 v. Chr. unter dem lydischen König Krösus begonnen. 18 m hohe Marmorsäulen trugen auf einer Fläche von 115 x 55 m ein massives Dach aus Zedernholz. Er war der größte Tempel der Antike, bis er 356 v. Chr. durch einen Brand zerstört wurde. Der daraufhin neu erschaffene Prachtbau wurde letztendlich durch die Goten 262 n. Chr. vernichtet.

Celsus-Bibliothek, Ephesos
(oben)

Nahezu 12 000 Papyrusrollen machten den Schatz der monumentalen, 151 v. Chr. errichteten Bibliothek aus. Die zweigeschossige Fassade des Bauwerks, das dem Senator Tiberius Celsus gewidmet war, war im unteren Stock mit vier Wandnischen versehen, die Statuen Raum gaben. Die bewusst eingesetzte leichte Wölbung des Baus sollte dem Betrachter ein Gefühl von Lebendigkeit und Monumentalität vermitteln.

Antike Stadt, Priene
(Mitte)

Auf einer Fläche von etwa 37 ha erstreckte sich die vermutlich von Alexander dem Großen (356–323 v. Chr.) um 350 v. Chr. gegründete Stadt Priene. Der typische gitternetzartige Grundriss der antiken Stadt bot Raum für 80 Wohneinheiten, die die Agora umgaben. Der von Pytheos (4. Jahrhundert v. Chr.) erbaute Athenetempel sowie das 6500 Menschen fassende Theater und das Stadion befanden sich außerhalb der klassischen Stadtstruktur.

Mausoleum von Halikarnassos
(unten)

Die 3 m hohe Statue von Statthalter Mausolos II. (✝ 353 v. Chr.) findet sich heute im Britischen Museum in London. Das 40 m hohe Grabmal des Königs, eines der sieben antiken Weltwunder, bestand aus einem Podium mit gigantischem Überbau, das von einem Säulengang umringt und von einem pyramidenartigen Dach gekrönt war. Im 15. Jahrhundert wurde das Bauwerk durch Erdbeben zerstört.

Wohnhöhlen, Göreme
(rechte Seite unten links)

Die sogenannten Feenkamine in Göreme, ausgehöhlte Tuffsteinformationen, stellen eine der Hauptattraktionen der Türkei dar. Die Höhlen wurden von ersten Christen genutzt, um etwa 10 000 Menschen Sicherheit und Lebensraum zu bieten und bis zu 360 teils unterirdische Kirchen zu errichten. Durchdachte Luftzirkulations- und Wassersysteme machten ein Leben in bis zu zehn Stockwerken unter der Erde erst möglich.

Syrien

Ruinenstadt, Palmyra *(oben links)*

Der gigantische Tempel des Baal ist die Hauptsehenswürdigkeit der altrömischen Oasenstadt Palmyra, die sich über 10 km^2 ausdehnte: Turmgrabmäler, das bekannte dreigliedrige Tor am Rand des Ruinenfeldes, Säulenreihen und diverse Gebäudereste können bewundert werden. Um 270 n. Chr. ließ der römische Kaiser Aurelian (214–275) Palmyra zerstören und dessen Herrscherin Zenobia (um 240–272) verhaften.

Crac des Chevaliers *(oben rechts)*

Die Kreuzfahrerfestung aus dem 12. und 13. Jahrhundert, die zum Weltkulturerbe zählt, wurde von den Johannitern gegründet, durch Erdbeben zerstört und in ihrer heutigen Form mit einem durch Rundtürme gegliederten Mauerring, eine wehrhafte 9 m dicke, mit Pechnasen versehene Mauer, wieder aufgebaut. In Friedenszeiten speiste ein Aquädukt die Burg mit Wasser, im Krieg diente eine Zisterne diesem Zweck.

Zitadelle, Aleppo *(unten rechts)*

Erste Vorläufer der ovalen Zitadelle sind der Zeit der Seleukiden (3./2. Jahrhundert v. Chr.) zuzuordnen, der heutige Bau wurde im 13. Jahrhundert unter der Herrschaft ayyubidischer Emire errichtet. Nach mehreren Zerstörungen durch Erdbeben und Mongolenstürme sind heute noch die Mauer aus Kalkstein, die Brücke, die Torbauten – besonders das stattliche Haupttor – sowie das Minarett der Moschee erhalten.

Libanon

Umayyaden-Moschee, Damaskus *(oben links)*

Im Nordwesten der Altstadt von Damaskus befindet sich das Gotteshaus aus dem 8. Jahrhundert, eine sogenannte Pfeilerhallenmoschee. Die Hauptgebetshalle birgt den Schrein mit dem Haupt Johannes des Täufers. Teile der Außenfassade des Sakralbaus stammen von einem antiken Heiligtum und tragen noch griechische Schriftzeichen. Das Bauwerk ist mit vielfarbigen Mosaiken verziert.

Khan as'ad Pacha, Damaskus *(unten)*

Die Mitte des 18. Jahrhunderts erbaute Karawanserei wurde leider größtenteils zerstört. Heute steht noch der ehemals überwölbte Innenhof, erbaut aus weißem und schwarzem Marmor, mit seinem gezackten Brunnen, seinen Säulen und Bögen. Ursprünglich gruppierten sich um den Hof Ställe, Warenlager, Wirtschaftsgebäude und Übernachtungsgelegenheiten für die Reisenden.

Tempelanlagen, Baalbek *(oben rechts)*

Baalbek bietet mit seinen antiken Stätten nicht nur die größte Tempelanlage des oströmischen Reiches, sondern auch mit dem 1500 t schweren Stein des Südens den größten steinernen Baustein der Welt. Im 1. bis 3. Jahrhundert wurden bis heute gut erhaltene Heiligtümer mit römischer Dekoration geschaffen. Die 20 m hohen Säulen des Jupitertempels sind das Wahrzeichen des Libanon.

Israel

Felsendom, Jerusalem
(oben links)

Der zwischen 669 und 692 errichtete Zentralbau auf achteckigem Grundriss ist das weltweit am besten erhaltene Gebäude aus frühis-
lamischer Zeit. An dieser Stelle soll der Prophet
Mohammed gen Himmel aufgefahren sein.
Das Innere erstrahlt in kostbarem Marmor mit
farbigen Mosaiken, von außen besticht der
Dom durch die prächtigen Fayencefliesen und
die 31 m hohe vergoldete Kuppel.

Al-Aqsa-Moschee, Jerusalem
(oben rechts)

Die siebenschiffige Moschee ist an dem Ort
erbaut, an dem sich Mohammed von Mekka
aus am weitesten entfernt hatte, deshalb
auch der Name, der übersetzt „Fernster
Punkt" bedeutet. Die Westmauer des Bauwerks bildet die Klagemauer. Nach vielen
Umbauten und Veränderungen erhielt die
Moschee im 11. Jahrhundert ihre heutige
Ausprägung mit versilberter Kuppel.

Tempel Salomos, Jerusalem
(unten)

Der Salomonische Tempel, auf dem Berg
Moria zu Ehren Jahwes erbaut, wurde zu
Beginn des babylonischen Exils 587 v. Chr.
von den Babyloniern zerstört. Die Bundeslade
soll in dem reich mit Zedernholz und Blattgold ausgestatteten Sakralbau aufbewahrt
worden sein. Heute befinden sich an der
sagenumwobenen Stelle in Jerusalem Felsen-
dom und Al-Aqsa-Moschee.

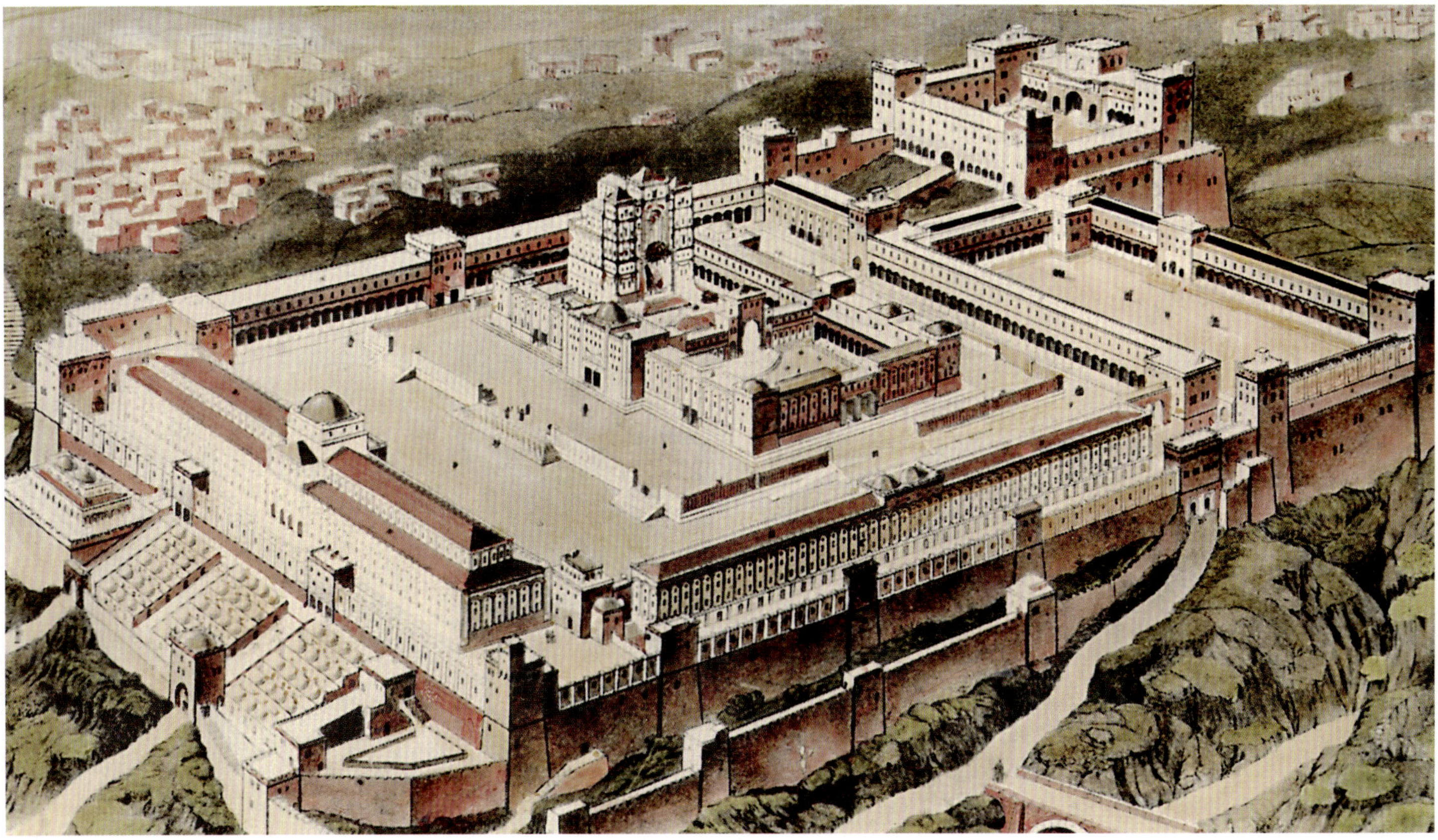

Jordanien

Antike Stätten, Jerash
(oben)

63 v. Chr. fiel das damalige Gerasa durch Pompeius (106–48 v. Chr.) unter römische Herrschaft, und die goldene Zeit der Provinz begann. Heute, nach fast 70 Jahren Ausgrabungen, stellt sich dem Besucher ein wahrhafter Schatz an gut erhaltenen Bauten dar: ein Meer an Säulen, Theater, Stadtmauer, Tempelanlagen und Badehäuser – eine seltene Mischung aus römischer und orientalischer Architektur.

Wüstenschloss Qusair 'Amra
(unten links)

Zwischen 711 und 715 wurde in der jordanischen Steppe vom Kalifen Al Walid I. (668–715) eine Art Jagdschloss errichtet. Bedeutend sind die wunderbar erhaltenen Fresken im Inneren des Baus, die inhaltlich rein profane Themen zur Schau stellen. Deshalb sieht man in ihnen auch die frühen Anfänge islamischer Kunst. Das Bauwerk selbst besteht aus einer Audienzhalle und einer römischen Badeanlage.

Felsenstadt Petra
(unten rechts)

Die verlassene Felsenstadt war ursprünglich die Hauptstadt des Reiches der Nabatäer. Am Ende der Felsenschlucht Siq erscheint die Ruine wie aus dem Nichts: In leuchtendem, rosarotem Sandstein finden sich unbeschreibliche Zeugnisse antiker Baukunst. Die Schatzkammer, die Königswand und das 42 m hohe Felsengrab Ad Deir sind einzigartige Kunstwerke und begründen die Rolle Petras als Kulturerbe.

Algerien

Ruinenstadt Timgad *(oben)*

100 n. Chr. wurde Timgad von Kaiser Trajan (53–117) als Colonia Marciana Traiana Thamugadi gegründet. Die römische Ruinenstadt ist in typischer quadratischer Form erbaut und zeigt klassische römische Stadtstrukturen. Das große Theater wurde durch Touristen derart beschädigt, dass derzeit ein neues Amphitheater gebaut wird, das für Aufführungen und Konzerte genutzt werden kann.

Kasbah, Algier *(Mitte)*

Die Altstadt von Algier wurde 1992 zum UNESCO-Weltkulturerbe erklärt. Die aus dem 16. Jahrhundert stammende Burg – die Kasbah –, maurische Paläste, eine Zitadelle aus dem 16. Jahrhundert, Moscheen und Gebäude aus der französischen Kolonialzeit spiegeln eine längst vergangene Epoche wider. Der Begriff Kasbah umfasst heute die gesamte malerische Altstadt.

Marokko

Al-Karaouine-Moschee, Fès *(unten links)*

Fès ist die älteste der vier Königsstätten Marokkos und beheimatet in ihrer Altstadt Fès el Bali die größte Moschee Nordafrikas: Sie wurde 859 gegründet und beherbergt seit Anbeginn die islamische Universität – mit heute allerdings nur noch zwei Fakultäten. Seit dem 12. Jahrhundert wurde die Moschee mehrfach erweitert und verändert. Sie erstrahlt mit ihren grün gekachelten Dächern in typisch maurischer Bauweise.

Hassan-II.-Moschee, Casablanca *(unten rechts)*

Der Sakralbau ist nach Mekka die zweitgrößte Moschee mit dem höchsten Minarett der Welt: Das gigantische Bauwerk, 1993 fertiggestellt, besitzt ein automatisch abnehmbares Dach, ein Laserstrahl weist in Richtung Mekka. Der gesamte Vorplatz ist aus blankem Marmor, das Gotteshaus selbst reich an Kunstschätzen und Zier. Die Moschee ist die einzige Marokkos, die auch Nichtmuslime betreten dürfen.

Tunesien

Ruinenstadt Karthago
(oben links)

Als größtes Handelszentrum des Altertums wurde Karthago nach mehreren Auseinandersetzungen mit dem Römischen Reich letztlich im dritten Punischen Krieg völlig zerstört und der römischen Provinz Africa einverleibt. Die Ruinen sind größtenteils römischen Ursprungs; so sind etwa Thermen, Theater und das Odeon erhalten, aber auch eine christliche Basilika wurde freigelegt.

Antike Stätten, Dougga
(oben rechts)

Die ursprünglich numidisch-römische Stadt Thugga ist neben Karthago das größte Kulturdenkmal Tunesiens. Im 4. Jahrhundert v. Chr. gegründet, sind heute eine Reihe gut erhaltener römischer Bauwerke zu besichtigen: das von Säulen umgebene Forum, Theater, Kapitol und Thermen sowie der beeindruckende Triumphbogen des römischen Kaisers Severus Alexander (208–235 n. Chr.).

Sidi-Oqba-Moschee, Kairouan
(unten links)

Berührend in ihrer Schlichtheit mit dem festungsartigen Minarett, zeigt die Moschee ihre Schönheit erst im Inneren: 414 Säulen gliedern den von einem Ziegelgewölbe überdachten Gebetssaal, die Böden des Innenhofs sind aus edlem Marmor, fein gearbeitete Fliesen zieren die Nischen. Bedeutend ist die aus Bagdad stammende älteste Kanzel der Welt – das mit feinen Intarsien verzierte Minbar.

Amphitheater, El Djem
(unten rechts)

Etwa 40 000 Besucher konnten in dem gewaltigen Bau Platz finden, der 238 n. Chr. unter Prokonsul Gordianus I. (um 159–238) erbaut wurde. Drei übereinander errichtete Bogengänge und die starke Außenmauer bilden das in weiten Teilen erhaltene Gerüst des Theaters. Die Arena selbst ist nahezu so groß wie das Kolosseum in Rom; Kämpfe, Spiele und auch Hinrichtungen fanden hier statt.

Libyen

Ruinenstadt, Leptis Magna
(oben)

1921 wurde das „versunkene" Leptis Magna sprichwörtlich aus dem Sand gehoben und 1982 zum Weltkulturerbe erklärt. Als größte erhaltene antike Ausgrabungsstätte der Welt finden sich einmalige Bauwerke wie das Alte Forum, die Basilika des hier geborenen Kaisers Septimius Severus (146–211 n. Chr.), der Severische Triumphbogen, der an der Küste gelegene Circus oder das Amphitheater.

Hadriansthermen, Leptis Magna *(unten links)*

Die Anlagen, die sich im südöstlichen Teil der antiken Stadt befinden, gelten als die größten und besterhaltenen der römischen Welt: Vielfarbiger Marmor, Mosaiken und wunderbare Skulpturen zierten einst die heißen Quellen. Anstelle der sonst bei römischer Architektur üblichen Aquädukte versorgten hier unterirdische Kanäle die kaiserlichen Thermen mit Wasser.

Antike Stätten, Kyrene
(unten rechts)

Kyrene wurde im 7. Jahrhundert als griechische Kolonie gegründet und von 96 v. Chr. bis zur Eroberung durch die Araber 634 von den Römern regiert. Die meisten Sehenswürdigkeiten entstammen der Römerzeit. Erwähnenswert sind die Akropolis auf dem Westhügel, der im dorischen Stil erbaute Apollontempel, die Trajansthermen sowie der massiven Triumphbogen des Mark Aurel.

Ägypten

Montaza-Palast, Alexandria
(oben)

1892 ließ der Vizekönig des seinerzeit osmanischen Alexandria mit dem Palast im Stadtteil Montaza ein wahres Wunderwerk der Architektur errichten, das 1925 im neobyzantinischen Stil erweitert wurde. Venezianisch mutet die Sommerresidenz der letzten ägyptischen Könige an. Im Inneren sind sowohl der Thronsaal als auch der Bereich des Harems besonders sehenswert.

Pharos von Alexandria *(Mitte)*

Der zwischen 115–160 m hohe Leuchtturm Alexanders des Großen wurde 346–279 v. Chr. erschaffen, um Alexandria von der Meerseite aus gebührend anzukündigen. Das siebte antike Weltwunder stand auf einer großen Plattform, die durch eine Mole mit dem Festland verbunden war. Am Turm angebaut war eine Rampe, auf der Esel Brennmaterial transportieren konnten. Das Leuchtfeuer soll etwa 56 km weit zu sehen gewesen sein.

Al-Azhar-Moschee, Kairo *(unten)*

970 wurde die Moschee mit dem Beinamen „die Blühende", die gleichzeitig bis heute eine der wichtigsten muslimischen Universitäten des Landes ist, von den Fatimiden erbaut. Interessant sind die fünf verschieden gestalteten Minarette, so beispielsweise die Zwillingstürmchen über dem prachtvollen Haupteingang, dem „Tor der Barbiere", einem von sechs Eingangstoren.

Zitadelle, Kairo *(oben)*

Der Ursprung der Zitadelle im Jahre 1176 geht auf Sultan Saladin (um 1138–1193) zurück. Ab 1250 residierten dort die Sultane, 1824 zerstörte eine Explosion viele Teile der Anlage. In der Folge wurde die Moham-med-Ali-Moschee („Alabastermoschee") in ihrem Innern im osmanischen Stil erneuert. Sie erinnert an die Hagia Sophia in Istanbul, die als Vorbild diente. Die Hauptkuppel misst stolze 21 m im Durchmesser.

Kait-Bey-Moschee, Kairo
(unten links)

Als eines der wichtigsten Zeugnisse mame-lukkischer Kunst steht die Madrasa, von Sultan Kait-Bey 1474 erschaffen, inmitten der Altstadt Kairos. Der zarte Bau mit reich verzierter Kuppel dient als Schule, Moschee und Mausoleum. Wunderbare Arabeskenmuster schmücken das ganze Gebäude, im Inneren dagegen zeigt sich der Sakralbau einfach und ohne jegliche Zierde.

Sultan-Hassan-Moschee, Kairo
(unten rechts)

1356–1363 wurde die Moschee errichtet und zählt mit ihren angehend 8000 qm Grundfläche noch heute zu den beeindruckendsten Werken islamischer Architektur. Das fast 82 m hohe Minarett ist das zweithöchste Nordafrikas. Rund um den Innenhof mit dem Reinigungsbrunnen finden sich offene Vorhallen mit tonnenförmigen Kuppeln, sogenannte Liwane.

Ibn-Tulun-Moschee, Kairo
(oben links)

Die Moschee wurde um 879 im samarrischen Stil erbaut. Der Brunnen für rituelle Waschungen dominiert das ganze Bauwerk und steht im Kontrast zu dem spiralförmigen Minarett mit Außentreppe. Es kann bestiegen werden und liefert einen einmaligen Ausblick. Bedeutend sind zudem die gut erhaltenen hölzernen Friese sowie die Gebetsnischen mit Zierrat aus Glas- und Steinmosaiken.

Stufenpyramide des Djoser, Sakkara *(oben rechts)*

Um 2650 v. Chr. wurde von Hohepriester Imhotep die erste Pyramide in Ägypten mit einer Höhe von über 60 m erbaut. Sie befindet sich im Zentrum des weitläufigen Tempelkomplexes und war ursprünglich nur als einstöckiges Grabmal gedacht. Stück für Stück wurden anschließend die fünf einzelnen Stufen aufeinandergesetzt, 27 m unter der Erde liegt Pharao Djoser begraben.

Cheops-Pyramide, Gizeh
(unten)

2580 v. Chr. wurde für Pharao Cheops ein Grabmal aus etwa 2,5 Millionen Steinquadern geschaffen, ehemals knapp 147 m hoch und damit die größte Pyramide der Welt. Sie beinhaltet drei Grabkammern, eine jedoch wurde nur benötigt. Bedeutsam ist die „Große Galerie", ein hoher Gang im Inneren des Baus. Das gesamte Bauwerk war ursprünglich mit weißem Kalkstein überzogen.

Katharinenkloster, Sinai
(oben links)

Um 550 wurde das griechisch-orthodoxe Kloster, eines der ältesten der Christenheit, von Kaiser Justinian I. (um 482–565) gegründet, genau dort, wo, der Heiligen Schrift folgend, Gott aus dem brennenden Dornbusch sprach. Bekannt ist die Ikonengalerie, die wahre Schätze bereithält. Die Bibliothek mit über 6000 Handschriften wird nur von den vatikanischen Sammlungen übertroffen.

Tempel des Amun-Re, Karnak
(oben rechts)

Die Tempelanlage, die um 1530 v. Chr. geschaffen wurde, besteht aus drei Komplexen. In der Mitte befindet sich der der Amun-Tempel mit dem stattlichen Säulensaal: 134 frei stehende, wunderbar verzierte Säulen in 16 Reihen, ein Wunderwerk der Architektur. Von herausragender Bedeutung ist zudem die von Widdersphingen gesäumte Verbindungsstraße zwischen den Tempeln.

Hatschepsut-Tempel, Deir el-Bahari *(unten)*

Drei Terrassen, verbunden durch Ehrfurcht einflößende Rampen, bilden den von Senenmut erbauten Totentempel, der keineswegs Grabstätte der mächtigen Königin Hatschepsut (15. Jahrhundert v. Chr.) war: Sie ruht an anderer Stelle. Auf der Plattform befinden sich der Säulenhof und die Grabkapelle. Reliefs und Statuen mit Szenen aus dem Leben der Herrscherin zieren das Bauwerk.

Horus-Tempel, Edfu (oben)

Der von Ptolemäus III. (um 284–222 v. Chr.) begonnene Tempel ist nach den Anlagen von Karnak der größte Tempelbau Ägyptens und erstaunlich gut erhalten. Über 150 Jahre wurde an der Kultstätte gebaut, deren Abschluss 57 v. Chr. erfolgte. Für die Philologie ist der Tempel bedeutsam, da sich hier eine große Sammlung hieroglyphischer Texte aus griechischer und römischer Zeit befindet.

Medînet Hâbu, Theben
(Mitte)

Zur Nekropole von Theben gehört auch Medînet Hâbu mit dem Totentempel von Ramses III. (um 1221–1156 v. Chr.), erschaffen 1186–1155 v. Chr. Das Äußere des Tempels ist fast vollständig erhalten, die Tempelwände zeigen Jagd- und Kriegsszenen. Den Hauptzugang bildet das „Hohe Tor" mit plastischen Reliefs, die die Siege des Königs darstellen. Das Allerheiligste weisen Statuen aus Rosengranit aus.

Tempel, Luxor
(unten)

Der um 1500 v. Chr. erbaute Tempel gilt als einer der größten des alten Ägypten. Ramses II. (um 1298–1213 v. Chr.) schuf den riesigen Pylon am Eingang sowie den Obelisken, dessen Zwillingsbruder seit 1836 in Paris eine Heimat gefunden hat. Eine Allee mit Sphingen führt zum Tempel hin. Ein 52 m langer Säulengang weist vom ersten in den zweiten Hof und letztendlich ins Allerheiligste.

Felsentempel von Abu Simbel
(oben)

Um 1250 ließ Ramses II. (um 1298–1213 v. Chr.) zwei ägyptischen Gottheiten geweihte Tempel bis zu 60 m tief in den Fels schlagen. 20 m hohe Kolossalstatuen bewachen den Eingang. Die Bauwerke mussten wegen Überschwemmungsgefahr bei der Errichtung des Assuanstaudamms in 1036 Teile zerschnitten und an anderer Stelle wieder aufgebaut werden: technisch eine Meisterleistung.

Trajanskiosk, Philae
(unten links)

Das Heiligtum der Insel Philae gehört seit 1979 zum Weltkulturerbe. Ein Großteil der Anlage mit ihrem Höhepunkt, dem Isis-Tempel, wurde im Zusammenhang mit dem Bau des Assuanstaudamms auf der Nachbarinsel Agilkia wiederaufgebaut. Zu einem der schönsten Gebäude des Tempelkomplexes zählt der unvollendet gebliebene Trajanskiosk vom Anfang des 2. Jahrhunderts.

Isis-Tempel, Philae
(unten rechts)

Als der Insel Philae Überschwemmung drohte, wurde der Isis-Tempel 1969 abgebaut und auf der Insel Agilkia wiedererrichtet. Das Bauwerk ist etwas einfacher als seine Vorläufer in Abu Simbel und gilt als eines der letzten Werke altägyptischer Baukunst. Philae ist der Inbegriff der Verbindung von ägyptischer, griechischer und römischer Architektur und Skulptur.

Saudi-Arabien

Kingdom Centre, Riad
(oben links)

302 m Höhe auf 41 Etagen: ein gigantisches Bauwerk in einzigartiger Form, erbaut vom Architektenteam Ellerbe Becket & Omrania. Eine 65 m lange Stahlbrücke überspannt die beiden Seiten der parabelförmigen Öffnung, deren Umrahmung bei Nacht in verschiedenen Farben erstrahlt. Das höchste Gebäude Saudi-Arabiens beinhaltet ein Hotel, Appartements und ein Einkaufscenter.

Al Faisaliyah Center, Riad
(oben Mitte)

Das zweitgrößte Hochhaus Saudi-Arabiens wurde vom Stararchitekten Norman Foster (* 1935) erbaut und ist mit 30 Stockwerken 267 m hoch. Gekrönt wird der Wolkenkratzer von einer Glaskugel in der Gebäudespitze, in der sich ein Restaurant sowie eine große Aussichtsplattform befinden. Im Innern bietet das Bauwerk seinen Besuchern ein Hotel, Kaufhäuser und mehrere Fitnessbereiche.

Al-Masdschid al-Haram-Moschee, Mekka *(unten)*

Einmal im Leben nach Mekka zu pilgern ist die Pflicht eines Muslims, solange es ihm finanziell und körperlich möglich ist. Sieben Minarette umgrenzen die Große Moschee, in deren Zentrum die Kaaba das wichtigste Heiligtum des Islam birgt: ein schwarzer Meteorit, der Legende nach vom Engel Gabriel an Abraham übergeben. Ihn nach Umrunden der Kaaba zu berühren ist das Ziel der Wallfahrt.

Jemen

Wohnhäuser, Shibam *(oben)*
Die mächtigen, sechs- bis zehnstöckigen Bauten aus Lehmziegeln wurden jeweils nur von einer Großfamilie bewohnt und wirken doch wie Mehrfamilienhäuser aus dem Märchen: 2000 Jahre alt und von einer wehrhaften 7 m hohen Stadtmauer umgeben, mussten die 500 eng aneinander gebauten Bauwerke Wind und Wetter trotzen. 1984 wurde Shibam UNESCO-Weltkulturerbe.

Altstadt, Sana'a *(unten rechts)*
Der Blick durch eines der sieben Stadttore lässt den Besucher eintauchen in eine Märchenwelt: 6000 bis zu acht Stock hohe, rotbraune Turmhäuser aus Lehm, ein Meer von Minaretten der 140 Moscheen und buntes Leben in den Gassen zeichnen die Hauptstadt des Jemen aus. Die Bauwerke sind mit durchbrochenem Mauerwerk und reliefartigen Ornamenten künstlerisch geschmückt.

Vereinigte Arabische Emirate

Rose Tower, Dubai
(linke Seite oben rechts)
Das Architekturbüro Khatib & Alami ließ zwischen 2004 und 2007 einen stattlichen Wolkenkratzer aus dem Boden stampfen: Mit 333 m Höhe und 72 Stockwerken wurde es über einer nur rund 900 qm kleinen Grundfläche erbaut. Das „Rose Rotana Suites" wurde im Frühjahr 2008 eröffnet. Mehr als 80 Millionen US-Dollar verschlang der Bau des Giganten aus Stahl und Glas.

Burj Dubai, Dubai
(unten links)
Seit 2008 ist der „Turm von Dubai", obwohl unvollendet, das höchste Bauwerk der Welt: 819 m soll das im Bau befindliche Hochhaus aus Stahl und Beton einmal messen, noch sind die exakte Gestaltung und Höhe nicht festgelegt. 7000 qm Grundfläche geben Raum für Hotels, Büros, Einkaufscenter und sogar Grünflächen sowie die am höchsten gelegene Außenterrasse der Welt.

Eritrea

Burj al Arab, Dubai *(oben links)*

321 m machten das Burj al Arab zum höchsten Hotel der Welt. Das britische Architektenteam WS Atkins PLC schuf das segelförmige 7-Sterne-Hotel mit 60 Etagen und 220 Suiten in nur fünf Jahren von 1994–1999. Ein an den Bau im 28. Stock angegliederter Hubschrauberlandeplatz komplettiert das Design des Riesen. Schwingungstilger im Inneren des Bauwerks schützen das Hochhaus vor Stürmen und Erdbeben.

Künstliche Inseln, Dubai *(unten)*

Die Palm Islands und The World, aufgeschüttet als künstliche Inseln vor der Küste Dubais, sind vermutlich nur der Anfang der übermenschlichen Offshore-Projekte des Immobilienunternehmens Nakheel. Im Bau sind zudem das Universum und ein Killerwal. Tausende Kubikmeter Sand wurden aus den Tiefen abgesaugt, massive Ringe aus Steinen schützen die Sandgiganten mit ihren Bebauungen vor Wellen und Erosion.

Nda-Mariam-Kathedrale, Asmara *(oben rechts)*

Die orthodoxe, auf einem Hügel thronende Marienkirche ist ein Paradebeispiel für die Verbindung von einheimischen Traditionen und italienischen Einflüssen im Zuge der Kolonisierung Eritreas. Ab 1930 erbaut, gelang Odoardo Cavagnari mit dem Ensemble aus schroffen Türmen, weißen Glockenstühlen und dem mosaikgeschmückten Eingang ein ungemein edles Stück Architektur.

Äthiopien

Cinema Impero, Asmara
(oben rechts)

Das Kinogebäude des Architekten Mario Messina aus dem Jahr 1938 ist ein herausragendes Beispiel dafür, wie italienische Baukünstler im Zuge der faschistischen Kolonisierung den Geist der klassischen Moderne nach Asmara brachten. Der im Inneren spürbare Anflug von Art Déco wird an der funktionalistischen Fassade sogleich wieder zurückgenommen.

Ruinenstadt, Aksum
(oben links)

Aksum, erstmals vor 4700 Jahren erwähnt, ist das religiöse und historische Zentrum Äthiopiens, von Sagen umrankt und berühmt wegen seiner fast 30 m hohen Granitstelen, die Gräber schmückten. Bis zu Haile Selassie (1892–1975) wurden die äthiopischen Kaiser in Aksum gekrönt. In der Kirche der Heiligen Maria von Zion soll angeblich die heilige Bundeslade aufbewahrt werden.

Bet Giyorgis, Lalibela
(unten)

Lalibela ist ein bekannter Wallfahrtsort und der Standort von elf Kirchen aus Lavagestein, von denen einige direkt aus dem Felsen herausgeschlagen wurden. Bet Giyorgis, entstanden um 1300, ist am besten erhalten. Die Kirche mit dem Grundriss eines Kreuzes steht in einer Art Schacht, der Eingang des Monolithen ist durch einen Felsentunnel erreichbar.

Côte d'Ivoire

Notre-Dame de la Paix, Yamoussoukro *(oben)*

Finanziert vom ehemaligen Präsidenten der Elfenbeinküste, Félix Houphouët-Boigny (1905–1993), wurde mit dieser Kathedrale das größte Gebäude der Christenheit nach dem Vorbild des Petersdoms in Rom erbaut. Wertvoller italienischer Marmor und 7000 qm Mosaikfenster lassen den Besucher staunen. Papst Johannes Paul II. (1920–2005) weihte 1990 das sakrale Wunderwerk, in dem 18 000 Menschen Platz finden.

Mali

Altstadt, Timbuktu *(Mitte)*

Die Oasenstadt, am südlichen Ende der Sahara gelegen, wurde in der typischen Lehmbauweise erschaffen: Das Grundgerüst der sakralen wie profanen Bauwerke bildeten Konstruktionen aus Holz, die mit Lehm ummantelt wurden. Das Stadtbild bestimmen die Minarette der Moscheen. Heute bedrohen Wanderdünen und Sandstürme die Kostbarkeiten der „Verbotenen Stadt".

Große Moschee, Djenné *(unten)*

Diese gewaltige Moschee, 20 m hoch und 150 m lang, ist das größte aus Lehm gebaute Gebäude der Welt. Unter dem Gründer des Massina-Reiches 1834 zerstört, wurde das sakrale Wunderwerk im Sudanstil wieder aufgebaut und wird noch heute nach jeder Regenzeit von der Bevölkerung neu verputzt. 90 Säulen tragen das Dach, jedes Minarett schließt mit einem Straußenei ab.

Tansania

Kilwa Kisiwani und Songo Mnara *(rechte Seite oben links)*

Die ehemalige Hafenstadt Kilwa, durch Gold-, Silber-, Parfum- und Perlenhandel bis ins 15. Jahrhundert eine der reichsten Städte am Indischen Ozean, nennt einmalige Bauwerke ihr Eigen: Husuni Kubwa – ein direkt am Meer liegender Palast, die Große Moschee und ein um 1500 erbautes Fort. Auch im mittelalterlichen Songo Mnara finden sich Zeugnisse längst vergangenen Reichtums.

Irak

Madrasa Al-Mustansiriyya, Bagdad *(oben rechts)*

Aus gelbem Ziegel erbaut und mit reicher Ornamentik verziert, dient die Madrasa heute wie vor Hunderten von Jahren als Universität. Erbaut wurde sie während der Abbasiden-Dynastie um 1230 unter Kalif Al-Mustansir (1192–1242). Der 106 x 48 m große, beeindruckende Innenhof ist von doppelstöckigen Arkaden umgeben, spitzbogige Eingänge lassen persische Einflüsse erkennen.

Große Moschee, Samarra *(unten links)*

Das größtenteils zerstörte Gotteshaus im Osten der heutigen Stadt ist durch sein spiralförmiges Minarett, den sogenannten Spiralenturm, weltberühmt geworden: Kalif Al-Mutawakkil (gest. 861) ließ die Moschee 847 im Stil der Umayyaden erbauen. Heute noch erhalten sind ausschließlich das 27 m hohe Minarett sowie die 9 m hohe Mauer, die die Anlage umgibt.

Palast Taq-e Kisra, Ktesiphon *(unten rechts)*

Um 530 n. Chr. errichteten die Könige der Sassaniden-Dynastie einen Palast mit einem riesigen, zeltförmig gestalteten Saal, der an beiden Schmalseiten geöffnet war. Der heute noch erhaltene, fast 37 m hohe Bogen aus Lehmziegeln, der den Saal bedeckt haben muss, begeistert die Besucher. Die gesamte Anlage lässt aufgrund ihrer Gestaltung römische Einflüsse vermuten.

Ischtar-Tor, Babylon
(Mitte)

Das Ischtar-Tor, ehemals Teil der Stadtmauer, befand sich in Babylon am Ende eines von schreitenden Löwen gesäumten Prozessionsweges. Heute im Berliner Pergamonmuseum zu besichtigen, wurde das 16 m hohe Tor unter der Verwendung von Originalziegeln rekonstruiert. Verziert sind die Wände mit Darstellungen von Löwen, Drachen und Stieren – Symbole für die Gottheiten Babylons.

Hängende Gärten der Semiramis, Babylon *(oben rechts)*

Der Legende nach wurden die Gärten, eines der Sieben Weltwunder, von der antiken Heldin Semiramis errichtet, tatsächlich war es wohl König Nebukadnezar II. (um 640–562 v. Chr.). Im 19. Jahrhundert entdeckte man in der Nähe des Ischtar-Tores Fundamente und Brunnenschächte, die dem Weltwunder – einer gigantischen, auf Terrassen angelegten Gartenkonstruktion – zugeschrieben wurden.

Zikkurat, Ur *(oben links)*

Für den Mondgott Nanna wurde die Zikkurat, ein dreistufiger Tempel mit einer Größe von 60 x 45 m, unter der Herrschaft von König Ur-Nammu um 2100 v. Chr. erbaut. Schlamm und Ziegel machten das Bauwerk haltbar. Ur war eine der wichtigsten Städte der Sumerer, eine der ältesten antiken Zivilisationen und die Zikkurat die besterhaltene Ruine ganz Mesopotamiens.

Iran

Masjid-i-Jami-Moschee, Isfahan *(unten)*

Um 771 wurde die Freitagsmoschee begonnen und bis ins 20. Jahrhundert immer wieder erweitert und renoviert. Vier Liwane – offene, gewölbte Hallen –, ein wunderschöner Hof mit Arkaden und eine Gebetshalle machen das Bauwerk aus. 1080 wurde die Kuppel über der Gebetshalle erbaut, unter der Herrschaft der Safawiden entstanden die runden Zwillingsminarette sowie die glasierten Schmuckfliesen.

Arg-é-Zitadelle, Bam
(oben)

Die Stadt Bam wurde vor etwa 2000 Jahren komplett aus Lehmziegeln erbaut, in ihrer Geschichte mehrmals zerstört und wieder-aufgebaut. Die Safawiden errichteten inner-halb der Zitadelle eine komplette Stadt mit Palast, Moschee, Basar und Karawanserei. Als 2003 ein entsetzliches Erdbeben den Iran erschütterte, wurde Bam nahezu dem Erd-boden gleichgemacht. Die UNESCO arbeitet derzeit am Wiederaufbau.

Masjid-i-Schah-Moschee, Isfahan *(unten links)*

1611–1630 wurde die komplett mit blauen Fliesen verzierte Königsmoschee von den Safawiden erbaut. Minarette, Tore, Mauern und Innenausstattung leuchten in schim-merndem Gold, Gelb und Blau. 33 m hohe Minarette, eine das Stadtbild Isfahans domi-nierende, mit gelben Ranken verzierte Kuppel und das eindrucksvolle südliche Eingangstor zeichnen das prächtige sakrale Wunderwerk aus.

Palastanlage, Persepolis
(unten rechts)

Die ehemalige Festungs- und Begräbnisstadt der persischen Könige wurde um 520 v. Chr. von König Dareios I. (549–486 v. Chr.) gegrün-det. Die Palastanlage steht auf einer 14 m über dem Boden errichteten riesigen Platt-form. Faszinierend ist die prächtige doppel-läufige, heute noch erhalten Treppe, die von kunstvollen Reliefs geziert ist. Das Glanzstück muss der 100-Säulen-Saal – ein prächtiger Thronsaal – gewesen sein.

ASIEN UND OZEANIEN

UNERREICHTE STILVIELFALT

Mehr als zwei Drittel der Menschheit leben auf dem kunterbunten Erdteil Asien, einem Kontinent, auf dem viele Religionen ihren Ursprung und damit viele Kulturen ihren Ausgangspunkt haben. China, das „Land des Lächelns", besticht durch seine ganz individuelle Architektur, festgelegt durch die 1103 erschienenen „Baunormen": leuchtende Dachziegel, Löwen-, Drachen- und Schlangenembleme und klare Proportionen. Japan wiederum verfolgt eine lieblichere Bautradition, wie etwa die zarten, gen Himmel strebenden Tempel, geprägt von Leichtigkeit und Naturverbundenheit. Indische Bauwerke scheinen einem Märchen entnommen zu sein. Ein Hauch von Geheimnis umweht den Taj Mahal, den Palast der Winde oder die vergoldeten Stupas, die vor der Kulisse grüner Wälder wie Edelsteine leuchten. In Asien finden sich sagenumwobene Stätten wie das vielfach besungene Mandalay in Myanmar, das indonesische Borobudur oder Angkor Wat in Kambodscha, aber auch Pioniere der Moderne wie Le Corbusier oder Louis Kahn haben ihre Spuren hinterlassen. Megacitys wie Shanghai, Hongkong, Kuala Lumpur oder Taipeh trumpfen mit gigantischen Wolkenkratzern auf, die wie nebenbei in den Himmel wachsen. In Asien gibt es den höchsten Berg, die längste Brücke, den größten Palast und mit der Chinesischen Mauer auch das größte Bauwerk der Welt. Und das Streben nach Superlativen nimmt kein Ende.
Architektonisch kaum weniger bescheiden kommt Ozeanien daher: Bauten wie das Sydney Opera House oder der „Beehive" in Neuseelands Hauptstadt Wellington sind längst zu modernen Ikonen der Architektur geworden.

Usbekistan

Mir-i-Arab-Madrasa, Buchara
(oben)

1535 wurde die Hochschule in Buchara errichtet, einer Stadt, die seit jeher für Bildung berühmt war. Noch heute befindet sich in der Madrasa eine Koranschule. Der Bau besticht durch seine prunkvolle Eingangshalle, den sogenannten Iwan, sowie durch die zwei Rundtürme mit türkisfarbenen Kuppeln. Einer der Türme birgt den Leichnam Scheich Abdullahs, der den Beinamen Mir-i Arab trug.

Gur-Emir-Mausoleum, Samarkand *(Mitte)*

Das achtseitige Mausoleum wurde zu Zeiten des sunnitischen Mongolenherrschers Timur um 1400 erbaut und dient als dessen Grabstätte. Die 34 m hohe Kuppel erstrahlt in leuchtendem Blau und ist mit 64 Rippen versehen – Symbole für das Leben Mohammeds. Mosaiken schmücken die Fassade und Sternmuster sowie Schriftbänder in Blau und Gold den gedrungenen Innenraum. Ursprünglich war dem Grabmal eine Madrasa angegliedert.

Afghanistan

Blaue Moschee, Mazar-e-Sharif
(unten)

Glasierter Fayenceschmuck in Blau und Türkis lässt das im 15. Jahrhundert erbaute Ali-Mausoleum erstrahlen, das als „Blaue Moschee" eine der wichtigsten Wallfahrtsstätten Afghanistans für Schiiten und Sunniten ist. Der Sarkophag des Kalifen Ali, des Schwiegersohns des Propheten Mohammed, befindet sich hier. Einflüsse aus Pakistan, der Türkei und Indien lassen sich an dem eindrucksvollen Sakralbau erkennen.

Masjid-i-Jami-Moschee, Herat
(rechte Seite oben)

Die Freitagsmoschee wurde im 10. Jahrhundert von den Ghuriden gegründet, später zerstört und im 14. Jahrhundert unter den Timuriden wieder in neuer Pracht aufgebaut. Die größte Moschee Afghanistans ist für ihre wunderschönen handbemalten Fliesenmosaiken berühmt, die im Rahmen der Restaurierung von der wiedereröffneten, ursprünglichen Glasziegelwerkstatt hergestellt wurden.

Pakistan

Jahangir-Mausoleum, Lahore
(Mitte)

Das ehrwürdige Bauwerk inmitten herrlicher Gärten ist auf einer Banknote Pakistans verewigt und stellt ein klassisches Zeugnis der Mogularchitektur dar. Das Grabmal des vierten großen Mogulkaisers Jahangir besteht aus Sandstein und Marmor und ist mit Halbedelsteinen reich verziert. Vier Minarette flankieren den Bau, das Grabmal selbst ist über marmorne Gänge erreichbar.

Badshahi-Moschee, Lahore
(unten)

Die zweitgrößte Moschee Pakistans – ein Wunderwerk der Mogulzeit – ist 1673/1674 erbaut worden und steht auf einer Plattform, die über Treppen erreichbar ist. Drei eindrucksvolle marmorne Kuppeln überwölben die drei Gebetshallen des von einer roten Sandsteinfassade eingefassten Hauptgebäudes. Vier Minarette zieren das Bauwerk, etwa 60 000 Menschen finden im Innenhof Platz.

Indien

Goldener Tempel, Amritsar
(oben)

Der Tempel ist das größte Heiligtum der Sikhs und befindet sich auf einer künstlichen Insel im sogenannten Nektarteich. Er wurde Ende des 16. Jahrhunderts errichtet und bis auf den marmornen unteren Teil komplett mit Blattgold überzogen und mit einem Pavillon mit Kuppel bekrönt. Die Niederschriften der Sikhgurus werden in einem edlen Schrein aufbewahrt.

Ruinenstadt, Mohenjo-Daro
(unten links)

Die größte erhaltene Stadt aus der Bronzezeit wurde vermutlich zwischen 2600 und 1800 v. Chr. erbaut und erlangte ihren Reichtum – so nimmt man an – durch den Kornhandel: So ist denn auch der Kornspeicher das größte erhaltene Gebäude der Anlage. Daneben gruppieren sich Wohnhäuser und das Badehaus. Sogar Brunnen und Abwasserkanäle kann die „moderne" antike Stadt aufweisen.

Mausoleum von Rukn-i-Alam, Multan *(unten rechts)*

Das auf einem Hügel gelegene achteckige Mausoleum, Wahrzeichen der Stadt Multan und in weiter Ferne sichtbar, ist aus roten Ziegeln erbaut und von einer Kuppel überwölbt. Das Grabmal hat einen Unterbau, auf dem ein weiterer Pavillon mit Terrasse steht, die Fassade ist mit Ziegeln verkleidet und mit wunderschönen Fliesen in Weiß und verschiedenen Blautönen verziert.

Planstadt, Chandigarh
(rechte Seite oben links)

Da Le Corbusier (1887–1965) das Vertrauen des indischen Premierminister Jawaharlal Nehru genoss, wurde ihm 1951 der Auftrag für die Erbauung der neuen Hauptstadt der Bundesstaaten Punjab und Haryana übertragen. Er entwarf die erste Planstadt Indiens, die zu einem der Hauptwerke Le Corbusiers wurde, mit dem er sein Ideal einer menschengerechten Stadt realisieren konnte.

Humayun-Mausoleum, Delhi
(oben rechts)

Im Mogulstil zwischen 1564–1573 erbaut, beherbergt das Grabmal die letzte Ruhestätte des zweiten Mogulherrschers Humayun (1508–1556) und seiner Hauptfrau, die auch das Gebäude in Auftrag gab. Die Anlage ist ein prächtiges Beispiel der Vereinigung von indischer und persischer Bautradition, errichtet aus Sandstein und durchzogen von reinweißen Marmorlinien.

Rotes Fort, Delhi
(unten links)

Die von einer 18–34 m hohen zinnenbewehrten Sandsteinmauer umgebene Palastanlage wurde 1639–1648 für den Mogulkaiser Shah Jahan (1592–1666) errichtet. Zahlreiche Gärten, Paläste, die marmornen Audienzhallen und die kleine Perlenmoschee sind Zeugnisse längst vergangener Pracht. Letztere erstrahlt in weißem Marmor und wurde für Aurangzep (1618–1707), den Sohn des Shahs, erbaut.

Rashtrapati Bhavan, Neu-Delhi
(unten rechts)

Die Residenz des indischen Präsidenten wurde 1913–1930 aus weißem und rotem Sandstein von Edwin Lutyens (1869–1944) als Palast für den Vizekönig erbaut. Zwei Flügelbauten begrenzen den Hauptbau, im Zentrum steht die riesige kuppelbekrönte Durbar Hall. Antiken römischen Bauten nachempfunden, wirkt der Palast als Zielpunkt der zu ihm hinführenden Prachtstraße sehr ehrwürdig.

Bahai-Tempel, Neu-Delhi
(unten)

Das 1986 eingeweihte „Haus der Andacht" wird von einer lotusförmigen, 34 m hohen Kuppel vervollständigt. Das Gebäude, ein Rundbau, ist komplett von Wasser umgeben und enthält keine gerade Linie. Die meisten Bauteile sind – der heiligen Zahl 9 in der Bahai-Religion Rechnung tragend – neunmal vorhanden, was diesem architektonischen Wunder einen besonderen Reiz verleiht.

Jami-Masjid-Moschee, Fatehpur Sikri *(oben links)*

Aus Dank für die Geburt seines Sohnes ließ Scheich Salim Chisti (1478–1572) eine Moschee erbauen, die auf wunderbare Weise indische und persische Elemente zusammenführt. Bemerkenswert ist das 54 m hohe Eingangsportal der Moschee, auch Siegestor genannt. Das Mausoleum des Scheichs, das ursprünglich aus rotem Sandstein erbaut wurde, erstrahlt heute in feinstem Marmor.

Itimat-ud-Daula-Mausoleum, Agra *(oben rechts)*

Das auch „Baby-Taj-Mahal" genannte Mausoleum des Itimad-ud-Daula wurde 1628 erschaffen. Es erstrahlt in Sandstein und Marmor und liegt im Zentrum eines prachtvollen Gartens. Eine Reihe faszinierender Intarsien aus Edelstein begeistern den Besucher. Der zentrale quadratische Grabraum wird von acht Kammern umschlossen, darüber findet sich ein Pavillon mit Marmor-Gitterwerk.

Taj Mahal, Agra
(oben)

Der als Mausoleum 1632–1648 erbaute, in weißem Marmor erstrahlende „Kronenpalast" wird von vier über 40 m hohen Minaretten eingesäumt. Wände und Fassaden zeigen anmutige Intarsien aus Edelstein. Das 57 m hohe Wunder der Mogul-Architektur wurde von Shah Jahan (1592–1666) für seine verstorbene Frau erbaut, die unter der zwiebelförmigen Kuppel ihre letzte Ruhe fand.

Rotes Fort, Agra
(unten links)

Die Festungs- und Palastanlage aus dem 16./17. Jahrhundert, im Grundriss der Form des Halbmondes nachempfunden, diente den Mogulkaisern als Residenz und wird heute teilweise militärisch genutzt. Im Inneren des aus rotem Sandstein bestehenden Gebäudekomplexes, der von einer 21 m hohen Mauer umgeben ist, befinden sich eindrucksvolle Paläste, Moscheen und Gärten.

Stadtpalast, Jaipur
(unten rechts)

Ein Siebtel der Altstadt Jaipurs, die aufgrund ihrer rosafarbenen Gebäude auch „Pink City" genannt wird, besteht allein aus dem Palastbezirk, der von wunderschönen Gärten und einer 6 m hohen Mauer umgeben ist. Teile des Palastes werden von Nachfahren der indischen Herrscher bewohnt, andere Bauwerke dienen als Museum und sind der Öffentlichkeit zugänglich.

Palast der Winde, Jaipur
(oben)

Der architektonisch einzigartige, sich nach oben verjüngende Palast Hawa Mahal wurde 1799 in rotem und rosafarbenen Sandstein erbaut, seine wabenartige Bauweise garantiert eine gute Belüftung des Palastinneren, daher der Name. 943 vergitterte Fenster, reich mit Branntkalk verziert und auf fünf Stockwerke verteilt, sollten den Haremsdamen einen Blick auf das Leben außerhalb des Palastes ermöglichen, ohne selbst vom Volk gesehen zu werden.

Observatorium, Jaipur
(unten links)

Das größte Freiluftobservatorium der Welt, das Jantar Mantar, wurde zwischen 1728 und 1734 errichtet. Ein Großteil der wissenschaftlichen Instrumente wurde von Maharadscha Jai Singh II. von Amber (1688–1743) selbst entwickelt. Bedeutend ist die Sonnenuhr Samrat Yantra: Sie besteht aus einer 27 m hohen und 44 m langen Rampe, deren Schatten als „Uhrzeiger" fungierte.

Tempelanlagen, Khajuraho
(unten rechts)

Die ehemals 80 Tempel, von denen heute nur noch 24 erhalten sind, wurden während der Chandella-Dynastie zwischen 950–1050 erbaut und sind aufgrund ihrer erotischen Kunstwerke der Bildhauerei berühmt, die ihre mystischen Ursprünge im Tantrismus haben: Aktivität und Passivität, das Männliche und das Weibliche sollen in ihrer Wechselwirkung die Harmonie des Universums bilden.

Tempel der Jainas, Ranakpur
(rechte Seite unten links)

Der entscheidende Tempel der reich ausgeschmückten Anlage ist der sogenannte Chaumukha-Tempel, der 1439 im Stil des Jainismus erbaut wurde und als Hauptwerk desselben gilt. Auf etwa 3600 qm erstrahlt das Wunderwerk in weißem Marmor. Skulpturen und plastischer Fassadenschmuck dekorieren den Sakralbau, etwa 1444 überkuppelte Säulen zieren sein Inneres.

Stadtpalast, Udaipur
(rechte Seite Mitte)

Der Maharana Udai Singh (1522–1572), Stadtgründer von Udaipur, begann den Bau der Residenz; ab 1614 wurde der Palast in seiner heutigen Pracht vollendet: eine beeindruckende Mischung aus indischer und islamischer Bautradition. Im Innenbereich bestechen die wunderschönen Wandmalereien, besonders sehenswert sind die fein eingearbeiteten Glasstücke in Mauern und Decken.

Lake Palace Hotel, Udaipur
(oben)

Bekannt als Drehort für Fritz Langs „Der Tiger von Eschnapur" oder den James-Bond-Film „Octopussy", liegt das romantische Bauwerk umgeben von märchenhaften Gärten auf einer Insel des Pichola-Sees. Ehemals war das wie ein Schiff aus weißem Marmor im See liegende Gebäude die Sommerresidenz der Herrscher, heute ist es ein viel besuchtes, luxuriöses 5-Sterne-Hotel.

Indian Institute of Management, Ahmedabad *(unten rechts)*

Louis Kahn (um 1901–1974) ist wohl der bedeutendste Architekt der zweiten Hälfte des 20. Jahrhunderts, in seiner Wirkung fast nur mit Le Corbusier vergleichbar. Kahn war Vertreter des Brutalismus, eines Architektur stils, der mit Sichtbeton, also mit unkaschiertem Betonmaterial arbeitete. Zu seinen Meisterwerken gehört die 1962–1974 errichtete Wirtschaftshochschule in Ahmedabad.

Chaitya-Halle, Karli
(oben)

Die größte Chaitya-Halle Indiens, die Haupt-halle eines in den Felsen gehauenen buddhis-tischen Höhlentempels, ist ein beispielhaftes Zeugnis der Maurya-Kultur. Eine von Löwen besetzte Säule weist zu dem großen Eingang der 14 m hohen und 38 m breiten Halle. Wei-tere kleinere Grotten, wahrscheinlich Behau-sungen für Mönche und Einsiedler, reihen sich daneben aneinander.

Großer Stupa, Sanchi
(unten links)

In Sanchi befinden sich architektonische Werke, die über 1500 Jahre buddhistischer Baukunst widerspiegeln. Der 16 m hohe Große Stupa wurde während der Regent-schaft König Ashokas im 3. Jahrhundert v. Chr. begonnen. Eine steinerne Ummante-lung sowie vier steinerne Tore wurden dem Urbau bis 35 v. Chr. hinzugefügt. Der Stupa gilt als berühmtestes Denkmal Indiens.

Höhlentempel, Ajanta
(unten rechts)

Zwischen 200 v. und 500 n. Chr. wurden 29 Höhlen in der Form eines Hufeisens in den Fels hoch über dem Fluss Waguma geschla-gen. Die tempelartigen Grotten sind etwa 30 m breit und 15 m tief und durch schmale Eingänge erreichbar. Fresken, Wandmalereien, die das Wirken Buddhas beschreiben, sowie faszinierende steinerne Figuren zieren die ehemaligen Wohn- und Gebetshöhlen.

Chhatrapati Shivaji Terminus, Mumbai *(oben)*

Der 1778–1788 erbaute Westbahnhof ist im viktorianisch-neugotischen Stil gehalten und lässt in seiner Lebendigkeit den Puls der quirligen Metropole nachspüren. Indische Ornamentik und britische Kolonialpracht sind gleichermaßen gut erkennbar und verwandeln das Bauwerk mit seinen 400 m langen Bahnsteigen in einen buchstäblich fantastischen Palast.

Kailasanatha-Tempel, Ellora *(unten links)*

757 begonnen, wurde der Tempel über zwei Jahrhunderte bearbeitet und letztendlich knapp 40 m tief in den Felsen gegraben. Er ist somit der größte Felsentempel Indiens und das eindrucksvollste der 34 Heiligtümer in der Region. Der einstöckige Sockel, auf dem das Bauwerk ruht, ist aufgrund seiner einmaligen Steinschnitzarbeiten von unschätzbarem Wert.

Tempelanlagen, Bhubaneswar *(unten rechts)*

In der ehemaligen Hauptstadt des Kalinga-Königreichs lassen sich von 1000 Tempeln noch einige Hundert besichtigen, die vom 7. bis ins 12. Jahrhundert geschaffen wurden. Beispielhaft für den Orissa-Baustil ist der Mukteshvara-Tempel mit seinen bienenkorbförmigen Schreinen. Der größte Sakralbau mit seinem 54 m hohen Turm ist der Tempel des Shiva-Lingaraja, um 1000 erbaut.

Sonnentempel, Konarak
(oben links)

Als eines der wichtigsten Bauwerke Indiens wurde der „Surya Deul" im 13. Jahrhundert im Orissa-Stil erbaut. Auf einer monumentalen Sockelleiste, die 1700 unterschiedliche Elefanten darstellt, ruht das gigantische Bauwerk in Form eines riesigen Sonnenwagens. Gekrönt wird es von einem pyramidenartigen Dach und von Tausenden von Skulpturen geziert. Wundervoll erhalten sind die Vor- und die sogenannte Tanzhalle.

Gol Gumbaz, Bijapur
(oben rechts)

Eine der größten Kuppeln der Welt mit einem Durchmesser von 37 m und einer Höhe von 51 m vollendet das Grabmal des Sultan Mohammed Adil Shah (1627–1657). Vier siebengeschossige Türme, die selbst von umgehbaren Kuppeln gekrönt werden, flankieren das würfelförmige Mausoleum, das 1659 erbaut wurde. In der Mitte befinden sich die Sarkophage, die Gräber liegen unterirdisch.

Charminar, Hyderabad
(unten)

Die Stadt Hyderabad verfügt über eine Reihe faszinierender Bauwerke, herausragend aber ist der viertürmige, nach allen Seiten geöffnete Triumphbogen, der als Dank für die Verschonung von der Pest 1591 errichtet wurde. Das Bauwerk mit seinen 56 m hohen Türmen liegt prachtvoll inmitten des Zentrums. Arkadengänge umschließen den mächtigen Kubus.

Brihadisvara-Tempel, Tanjavur
(unten links)

Als perfektes Beispiel hinduistischer Tempelarchitektur wurde das fast 70 m hohe Bauwerk aus Granit 1002 von König Rajaraja I. († 1014) im Dravida-Stil begonnen und 1010 vollendet. Zahlreiche Hallen sowie die drittgrößte Nandi-Statue Indiens – das Reittier Shivas – gehören zur Anlage, die von einer zweifachen Mauer umgrenzt wird. 1997 wurde der Tempel zum UNESCO-Weltkulturerbe erklärt.

Chennakesava-Tempel, Somanathapura *(oben links)*

Der Chennakesava- oder Sternentempel, 1268 erbaut und Vishnu geweiht, zeigt den typisch sternförmigen Grundriss der Architektur der Hoysala-Dynastie. Im Inneren befindet sich der Säulensaal, dessen Dach von 18 Säulen gestützt wird. Eine reich mit ornamentalen Verzierungen und Szenen aus den indischen Epen geschmückte Fassade sowie Dekorationsbänder aus Speckstein vervollkommnen das Bauwerk.

Ekambaresvara-Tempel, Kanchipuram *(oben rechts)*

Das Bauwerk wurde 1509 zu Ehren der Gottheit Shiva um einen großen Mangobaum herum gebaut, den es heute noch gibt. Sehenswert ist der für die dravidisch-hinduistische Architektur typische Torturm. Mit seinen 58 m ist er der höchste Südindiens und eröffnet den Tempelbezirk. Bedeutend ist die „1000-Säulen-Halle" mit ihren 540 durch Skulpturen und Reliefs reich verzierten Säulen.

Tempelbezirk, Mahabalipuram
(unten rechts)

Die alte Hafenanlage zeigt eine Vielzahl an sehenswerten Bauwerken: Felsentempel, offene, galerieartige Hallen, freistehende Monolithskulpturen – sogenannte Rathas – und ein gewaltiges, 27 m langes und 9 m hohes Steinrelief, eines der berühmtesten der Welt. Der Küstentempel wurde aus Granitblöcken erbaut und diente im Pallava-Königreich als Leuchtturm.

Sri Lanka

Ruvanvelisaya-Stupa, Anuradhapura *(oben)*

Majestätisch mutet er an, der riesige Stupa mit seinem Durchmesser von 90 m und seiner stattlichen Höhe von 100 m. Erbaut wurde er um 137 v. Chr. von König Dutthagamani. Elefanten umrunden den Sockel des strahlend weißen Bauwerks. In nächster Umgebung befindet sich der Ableger des Bodhi-Baumes, unter dem Buddha zur Erleuchtung gekommen sein soll.

Myanmar

Kuthodaw-Pagode, Mandalay *(Mitte)*

729 kleine weiße Pagoden umgeben die in weiter Ferne sichtbare golden leuchtende, 30 m hohe Kuthodaw-Pagode, Wahrzeichen der Stadt Mandalay. 1857 wurde das Bauwerk von König Mindon Min (1808–1878) erschaffen. Die kleinen, in geordneten Reihen aufgestellten Pagoden bilden das weltweit größte Buch und beinhalten auf menschenhohen Marmortafeln fortlaufend die Texte der buddhistischen Lehre.

Maha-Muni-Pagode, Mandalay *(rechte Seite oben links)*

Der fast vier Meter hohe Buddha im Inneren der Pagode – die meist verehrte Statue Myanmars – wird seit Generationen am Körper mit Plättchen aus Blattgold beklebt. Auch den besuchenden Touristen ist die Weiterführung dieser Tradition erlaubt. Der Legende nach wird ein Leidender, wenn er die entsprechende Stelle am Körper des Buddha berührt, geheilt.

Shwedagon-Pagode, Rangun *(unten)*

Die um 1700 erbaute, 113 m hohe Pagode dominiert in ihrem Prunk aus Gold und Juwelen das Stadtbild von Rangun. Der zentrale Stupa misst nahezu 100 m und wird von 60 kleineren Pagoden umringt. Acht Erdbeben konnten dem buddhistischen Heiligtum und religiösen Zentrum Myanmars nichts anhaben. Der Sage nach stammen die ältesten Teile des Bauwerks aus dem 5. Jahrhundert.

Thailand

Ananda-Tempel, Bagan
(oben rechts)

Um 850 entstanden in Bagan rund 5000 Tempel, von denen etwa 1000 erhalten sind. Der nach einem Schüler Buddhas benannte Ananda-Tempel mit seinem 55 m hohen Hauptturm ist ein sogenannter Terrassentempel. Er wurde 1091 von König Kyansittha (1084–1112) in kreuzförmigem Grundriss erschaffen und bewahrt in seinem Inneren vier stehende und zahlreiche sitzende Buddhastatuen.

Sommerpalast, Bang Pa In
(unten links)

Der große Palastkomplex wurde 1632 als Sommerresidenz für die siamesischen Könige erbaut. Umgeben von einer hohen Mauer, finden sich im äußeren und inneren Bereich, letzterer war nur den Königen vorbehalten, malerische Paläste und Pavillons. Bekannt ist der im Wasser erbaute, kreuzförmige Wassertempel, der sich, einem Märchenschloss gleich, im Wasser spiegelt.

Wat Phra Sri Sanphet, Ayutthaya *(unten rechts)*

Thailands bedeutendstes Ruinenfeld fasziniert durch seine glockenförmigen Stupas, sogenannte Chedis, die inmitten der Reste eines Königspalastes und eines Klosters stehen. Die Stupas – ehemals Königsgräber – tragen konische Spitzen und sind mit Steinreliefs verziert. 1767 wurde die Anlage wie viele anderen in der Gegend von den Burmesen erobert und zugrunde gerichtet.

Bang Na Expressway, Bangkok
(oben)

Die längste Brücke der Welt wurde 2000 errichtet und trägt eine sechsspurige Autobahn. Sie beginnt im Südosten Bangkoks und führt weiter südöstlich in Richtung der Provinz Chonburi. 1,9 Millionen qm misst die Brücke insgesamt. Jedes einzelne Segment wurde wie eine Art Fachwerk zu dem „Riesen" zusammengesetzt. Technik und Ausmaße machten weltweit Furore.

Palastbezirk, Bangkok
(unten links)

Der riesige Komplex besteht aus vielen Einzelbauten: 1876–1882 wurde der Große Palast erbaut. Er diente den siamesischen Königen als offizielle Residenz. Das Gebäude stellt eine Mischung aus siamesischer Baukunst und italienischen Renaissanceelementen dar. Der in Thailand meistverehrte Tempel des Smaragd-Buddhas, der „Wat Phra Keo", birgt eine Buddhastatue aus grüner Jade.

Phra Pathom Chedi, Nakhon Pathom *(unten rechts)*

Der „Heilige Chedi des Anfangs" ist mit 127 m Höhe der höchste buddhistische Chedi weltweit. Das Bauwerk wurde im 5./6. Jahrhundert als schlichter Stupa errichtet und im 9./10. Jahrhundert ergänzt. Sieben Ringe aus golden gebrannten Ziegeln schmücken das thailändische Heiligtum. Ein Hof umgibt den Chedi, 1000 Jahre alte Statuen zieren den Tempelbereich.

Malaysia

Petronas Towers, Kuala Lumpur
(rechte Seite oben links)

Der Mineralölkonzern Petronas war Hauptsponsor des 1993–1998 erbauten Gebäudekomplexes. César Pelli (* 1926) schuf die beiden sternförmigen Zwillingstürme, die auf der 41. Etage durch die Skybridge miteinander verbunden sind – in schwindelerregender Höhe von 452 m. Konzertsaal, Museum, Einkaufszentrum und Büros erfüllen die Türme mit Leben. Bis 2003 war der Wolkenkratzer mit 78 Aufzügen das höchste Bauwerk der Welt.

Singapur

Raffles Hotel, Singapur
(unten links)

1887 wurde das historisch bedeutsame Hotel im viktorianischen Stil der Kolonialzeit von den Brüdern Martin, Tigran, Aviet und Arshak Sarkies erbaut. Das feudale Gebäude zog berühmte Persönlichkeiten wie Hermann Hesse, Charlie Chaplin oder Queen Elisabeth II. an und ist noch heute der Inbegriff eines Luxushotels. In der berüchtigten Hotelbar genießt man am besten einen hier erfundenen Singapore Sling.

Kambodscha

Tempelareal, Banteay Srei
(oben rechts)

Der dem Gott Shiva gewidmete Tempel ist zwar sehr klein, durch seine wertvolle Gestaltung aber umso bedeutender: Er wurde 967 geweiht und zeigt einzigartige florale Ornamentik, die aus dem rosafarbenen Sandstein herausgearbeitet wurde, sowie kachelartige Skulpturen und figürlichen Reliefdekor. 1931 wurde der mittlerweile verfallene Tempel wieder aufgebaut und seit 2004 restauriert.

Ruinen, Ta Prohm
(unten rechts)

Von haushohen Würgefeigen überwuchert und halb verfallen, muten die Bauten von Ta Prohm, die Anfang des 13. Jahrhunderts erschaffen wurden, geheimnisvoll an. Die Anlage umfasst Tempel, Kloster, Mauer und mächtige Eingangstore und wurde so belassen, wie die Entdecker sie vorgefunden haben. Die nichtreligiösen Bauten waren wohl aus Holz und sind alle dem tropischen Klima zum Opfer gefallen.

Ruinenstadt, Angkor Thom
(oben links)

Etwa 1 km nördlich von Angkor Wat befindet sich die ehemalige Hauptstadt des Angkorreiches, Angkor Thom. Die gesamte Anlage, errichtet Ende des 12. Jahrhunderts, ist von einer aus Laterit bestehenden 8 m hohen Mauer und einem Wassergraben umgeben. Besonders sehenswert sind der sogenannte Bayon – ein Tempel mit Gesichtertürmen – sowie die Stadttore aus Sandstein.

Pre-Rup-Pyramidentempel, Siem Reap *(oben rechts)*

Der aus Laterit und Sandstein im Jahr 961 erschaffene Staatstempel für den Khmerkönig Rajendravarman II. ist plastisch reich verziert und nach Osten hin mit sogenannten Lingamschreinen versehen. Die Treppenaufgänge werden von prächtigen Löwenstatuen eingerahmt. Die Stufenpyramide mit ihren fünf quadratischen Türmen mit Ziegeldächern diente wohl auch als Begräbnisstätte.

Angkor Wat
(unten)

Der um 1150 entstandene Tempelkomplex ist ein Zeugnis der architektonischen Meisterleistung der Khmer-Dynastie. Fünf blütenförmige Türme fassen den Haupttempel ein. Er ist eines der größten Heiligtümer der Welt und Motiv der Staatsflagge Kambodschas. Galerien sowie ein 4 km langer Wassergraben umgeben das Bauwerk, fein gearbeitete Skulpturen schmücken Wege und Terrassen.

China

Grotten, Mogao
(oben links)

Bis ins 12. Jahrhundert hinein wurden die etwa 1000 Höhlen aus Sandstein herausgeschlagen, wobei 492 heute noch zugänglich sind. Ausgestaltet mit buddhistischen Motiven, dienten die Bauten Mönchen als Wohn- und Kultstätten. In Höhle Nummer 17 wurden knapp 50 000 eingemauerte Schriften entdeckt, die sakrale und alltägliche Begebenheiten beschreiben.

Kaiserlicher Sommerpalast, Chengde *(oben rechts)*

1703 ließ Kaiser Kangxi (1654–1722) die Residenz erbauen, die eines der kunstvollsten Bauwerke chinesischer Architektur darstellt. Paläste, Tempel, Pagoden, umgeben von traumhaft angelegten Gärten, bilden das 5,6 km² große Arial, das für politische Treffen und der kaiserlichen Belustigung diente. Durch Kaiser Qianlong (1711–1799) fortgesetzt, wurde die letzte Erweiterung 1790 beendet.

Chinesische Mauer
(unten)

Im 3. Jahrhundert v. Chr. wurden erste Schutzwälle von chinesischen Kaisern in Auftrag gegeben, während der Ming-Dynastie wurde das Mauer-Patchwork in seiner heute bekannten Form vollendet. Der Verteidigungswall besteht aus verschiedenen, nicht immer zusammenhängenden Abschnitten, ist zwischen 6 und 9 m hoch, bis zu 8 m dick und misst nach neuesten Untersuchungen 8851 km.

Sommerpalast, Peking
(oben)

Der alte Kaiserpalast wurde im Stil des Barock im 18. Jahrhundert erbaut und steht als Ruine unweit des neuen Sommerpalastes: Seen, Bäche und Teiche finden sich neben schmucken Brücken, Türmen und Pagoden. Im 18. Jahrhundert erbaut und immer wieder erneuert, ist er heute Besuchermagnet Nummer 1 in Peking. Ein wunderbar ausgemalter, 728 m langer Wandelgang ziert die Anlage.

Nationalstadion, Peking
(unten links)

Das „Vogelnest" ist spätestens seit den Olympischen Spielen im Sommer 2008 weltbekannt. Von 2004–2008 errichtete das Schweizer Architektenteam Herzog & de Meuron diesen grandiosen Bau, der aufgrund seiner äußeren Form, eines 42 000 t schweren Stahlgerüstes, schnell zu seinem Spitznamen gelangte. Ohne modernstes Computerdesign wäre dieses Wunder der Statik wohl nicht zu errichten gewesen.

Tempel des Schlafenden Buddha, Peking *(unten rechts)*

Die Wofo-Tempelanlage, während der Tang-Dynastie im 7. Jahrhundert erbaut, besteht aus mehreren Hallen und befindet sich inmitten des Botanischen Gartens von Peking. Sie zeigt klassische chinesische Architektur: überstehende Ziegeldächer, reiche Bemalung, Zierde durch buddhistischen Figuren. Der größte der Tempel beherbergt die 5,3 m lange und 54 t schwere liegende Buddhastatue aus Bronze.

China Central Television Headquarters, Peking *(oben)*

Die Fassade des 2004 vom Niederländer Rem Koolhaas (* 1944) begonnenen Baus wurde zu den Olympischen Spielen 2008 fertiggestellt, und er zählt schon jetzt zu den aufsehenerregendsten Bauten der Gegenwart. Der Anblick dieses 234 m hohen, windschiefen, weit auskragenden Verwaltungsgebäudes ruft reines Staunen hervor und wirft die Frage auf, wie ein solch fantastischer Bau überhaupt möglich sein kann.

Verbotene Stadt, Peking *(unten links)*

720 000 qm misst das ehemalige Zentrum des chinesischen Reiches, erbaut von 1406–1420, dessen Tore erst seit 1924 für die einfache Bevölkerung geöffnet werden. Der Komplex beherbergt zahlreiche Kunstschätze der Ming- und Qing-Dynastien. Kaiserliche Paläste, Höfe und ehrwürdige Hallen, so zum Beispiel die „Halle der höchsten Harmonie" mit dem Drachenthron, vermitteln einen Eindruck vergangener Pracht.

Nationales Schwimmzentrum, Peking *(unten rechts)*

Im Januar 2008 wurde der vom australischen Büro PTW Architects entworfene futuristisch anmutende „Water Cube" eröffnet. Die quadratische Leichtbaukonstruktion aus unregelmäßigen Waben ist von über 3500 Folienelementen überzogen, auf die Videos projiziert werden können. 90 Prozent der einfallenden Sonnenenergie können zudem zur Energiegewinnung genutzt werden.

Himmelstempel, Peking
(oben links)

Das wohl wichtigste Gebäude innerhalb des zweifach ummauerten Tempelkomplexes ist die 38 m hohe Halle des Erntegebets. Nördlich davon befindet sich die Halle des Himmelsgewölbes mit seinen berühmten blau glasierten Dachziegeln. In der Struktur der beeindruckenden Anlage zeigt sich die Vorstellung des Universums aus Rechteck (Erde) und Kreis (Himmelsgewölbe).

Große Halle des Volkes, Peking
(oben rechts)

Die Große Halle des Volkes wurde im klassizistischen Stil 1958/59 mithilfe Freiwilliger aus der Bevölkerung sowie sowjetischer Experten erbaut. Sie dient repräsentativen Zwecken, Parteiveranstaltungen des Nationalen Volkskongresses und offiziellen Anlässen. 25 m hohe Marmorsäulen empfangen die Besucher, auf nahezu 17 000 qm reihen sich Büroräume und Sitzungssäle aneinander.

Yungang-Grotten, Datong
(unten links)

Die frühen buddhistischen Höhlentempel entstanden von 460–525 n. Chr. und wurden aus Sandstein herausgeschlagen. In den über 252 Grotten befinden sich mehr als 50 000 buddhistische Figuren, einige davon messen in der Höhe über 15 m. Die Höhlen müssen aufgrund großer Verwitterung, insbesondere in den außen liegenden Bereichen, ständig restauriert werden.

Hängendes Kloster, Hunyuan
(unten rechts)

Das Kloster Xuankongsi wurde im 6. Jahrhundert mitten an eine Felswand des Heng Shan-Gebirges gebaut. 40 „Gebäude", deren hintere Wand der bloße Fels ausmacht, sind durch Brücken und Holzstege miteinander verbunden. Die Pavillons selbst werden durch Holzstreben, die aus dem Stein ragen, abgestützt. 80 Statuen, Darstellungen von Buddha, Konfuzius und Lao-Tse, zieren das Kloster.

Trommelturm, Xi'an
(oben links)

Der Trommelturm, erbaut um 1384, ist einer der bekanntesten Türme Chinas. Er diente als eine Art Wachturm: Nachts wurde durch den Trommelschlag das Hochziehen der Zugbrücken an den vier Toren veranlasst, zudem ertönte ein Alarm bei Gefahr. Der 36 m hohe quadratische Turm mit Pagodendach bildete das Zentrum der Stadt Xi'an zur Ming-Zeit (14.–17. Jahrhundert).

Shaolinkloster, Songshan
(oben rechts)

Hoch in den Bergen gelegen und vom Mönch Ba Tuo 495 n. Chr. erbaut, nennt das Kloster 200 Pagoden verschiedener Stilrichtungen und Größen sein Eigen, den sogenannten Pagodenwald: Der Friedhof beherbergt die Leichname von Mönchen und Äbten aus über 1000 Jahren Klostergeschichte. Zudem ist das Kloster Ursprung des Zen-Buddhismus sowie der Entstehungsort verschiedener Kampftechniken.

Oriental Pearl Tower, Shanghai
(unten)

Der vom Architekten Jia Huan Cheng erbaute Turm, der 1995 nach drei Jahren Bauzeit eingeweiht wurde, besteht aus einer Konstruktion aus elf verschieden großen Kugeln, die durch Säulen miteinander verbunden sind. Der Fernsehturm ist mit seinen 468 m Höhe der dritthöchste der Welt und war lange Zeit das höchste Gebäude Chinas. Er ist eines der Wahrzeichen Shanghais.

Potala-Palast, Lhasa
(oben)

Der im 17. Jahrhundert erbaute Winterpalast war bis zur Flucht des 14. Dalai Lama 1959 Sitz der tibetischen Regierung. Im rot gefärbten Teil befanden sich die Wohn- und Regierungsräume und die Grabstätten der Dalai Lamas, im Weißen Tempel die Verwaltungs- und Lagerräume sowie die Wohnbereiche der Mönche. Auf 130 000 qm Grundfläche finden stolze 999 Zimmer Platz.

Bank of China Tower, Hongkong *(unten links)*

Der Architekt Ieoh Ming Pei (* 1917) erbaute den 367,4 m hohen Turm im Stil des Expressionismus. Die Struktur des Bauwerks erinnert an eine rankende Bambuspflanze; auf 72 Etagen hat hier die Bank of China ihren Hauptsitz. Zwei Aussichtsplattformen auf den obersten Stockwerken geben dem Gast die Möglichkeit, Hongkong aus luftiger Höhe zu betrachten.

Hongkong and Shanghai Bank, Hongkong *(unten rechts)*

Norman Foster (* 1935) hat den 179 m hohen Bau (1979–1986) entworfen, der heute zu den Ikonen der Architektur des 20. Jahrhunderts gehört. Das Gebäude war lange der teuerste Bau der Welt und gilt als beispielhaft für die Verlegung aller Konstruktionselemente und Versorgungseinrichtungen nach außen und eine damit verbundene optimale Ausnutzung des extrem teuren Grundstücks.

Nordkorea

Südkorea

Hongkong International Airport „Chek Lap Kok" *(oben links)*

Einer der wichtigsten Flughäfen der Welt ist in vielerlei Hinsicht außergewöhnlich: Der von Norman Foster (* 1935) geplante und 1993–1998 errichtete Airport liegt auf einer künstlich angelegten Insel. Das Y-förmige Passagierterminal ist mit 1270 m Länge das derzeit längste Einzelgebäude der Welt und wurde so angelegt, dass eine bereits geplante Erweiterung problemlos durchführbar ist.

Ryugyong Hotel, Pjöngjang *(oben rechts)*

Das 1986 begonnene Hotel der Superlative wurde mit seinen angedachten 320 m nie fertiggestellt. Die Fassade des Y-förmigen Wolkenkratzers sollte komplett verglast werden, die 105 Stockwerke 3000 Zimmer enthalten. Baikdoosan Architects erschufen den Rohbau aus reinem Beton. Finanzielle Engpässe, Konstruktions- und Materialprobleme führten jedoch 1992 zum Baustopp.

Gyeongbokgung-Palast, Seoul *(unten)*

Sie ist die älteste Palastanlage der Hauptstadt, mehr als 500 Gebäude wurden 1394 als herrscherliche Residenz inmitten pittoresker Gärten errichtet. Architektonisch zeigt sich ein eleganter Mix aus japanischer, chinesischer und koreanischer Überlieferung. Mehrfach wurde die Anlage zerstört – durch Brand und Invasion – und wird seit 1995 wiederhergestellt.

Japan

Kokuritsu Yoyogi Kyogijo, Tokio
(Mitte)

Im Yoyogi-Park befinden sich die Sportanlagen, die anlässlich der Olympischen Spiele im Jahre 1964 nach Plänen des Architekten Kenzo Tange (1913–2005) erbaut wurden. Tange tritt mit seiner Liebe zum Stahlbeton das Erbe Le Corbusiers an. Die Olympiahalle wird von einem an Stützmasten und Stahlkabeln hängenden Dach gekrönt. Das Gebäude selbst wurde auf einer erhöhten Betonplattform erbaut.

Imperial Hotel, Tokio *(unten)*

Das 1916–1922 errichtete Hotel war das berühmteste Gebäude Frank Lloyd Wrights (1867–1959) in Japan. Wright hatte sich lange mit japanischer Kultur beschäftigt und schuf ein Bauwerk, das die Stärke Japans als moderne Nation und seine guten Beziehungen zum Westen demonstrierte. Der 1968 abgerissene Bau war eine exzellente Mischung aus japanischer und westlicher Bauweise.

Kinkaku-ji, Kyoto *(oben)*

Elegant und fast schwerelos scheint der Pavillon, umgeben von pittoresk angelegten Gärten, auf dem See zu schwimmen. 1397 wurde das goldene Bauwerk von Mönch Muso Soseki (1275–1351) errichtet – ohne einen Nagel zu verwenden – und zunächst als Teil einer Tempelanlage, später als Zen-Tempel genutzt. 1950 brannte der Wassertempel nieder und wurde neu errichtet und vergoldet.

Kaiserpalast, Kyoto
(unten links)

Achtmal wurde die um 794 errichtete kaiserliche Palastanlage zerstört und wieder aufgebaut, zuletzt 1855. Umgeben von einem wunderbaren chinesischen Garten, dem Oike-niwa, finden sich auf dem Gelände der eigentlichen alten Palastanlage Kyoto Gosho 18 Gebäude, die durch Galerien verbunden sind. Bedeutsam ist die große Zeremonienhalle, in der der Kaiserthron stand.

Kiyomizu-dera, Kyoto
(unten rechts)

An einem steilen Abhang inmitten des Waldes steht ein in Fachwerkbauweise errichteter Tempel mit einer auf Hunderten von Säulen ruhenden Terrasse. Die Haupthalle beinhaltet wunderschöne mit Blattgold verzierte Skulpturen. Der Name „Tempel des klaren Wassers" bezieht sich auf eine heilsame Quelle, die unterhalb der Haupthalle entspringt. Der Blick auf die Stadt Kyoto ist atemberaubend.

Byodo-in, Uji
(oben)

Das luftige Bauwerk wurde 998 während der Heian-Epoche erschaffen, eine Nutzung als buddhistischer Tempel war jedoch erst um 1052 durch den kaiserlichen Regenten angedacht. Das Hauptgebäude ist die elegante Phönix-Halle mit ihrer 49 m langen Fassade, deren Dach von vergoldeten Vögeln gekrönt ist. Der dem Phönix ähnliche Fenghuan gilt in der chinesischen Mythologie als Glückssymbol.

Horyu-ji, Nara
(oben links)

Die Anlage ist die älteste vollständig erhalte-ne buddhistische Tempelanlage Japans. Zu-gleich ist die Goldene Halle aus dem 7. Jahr-hundert der älteste Holzbau der Welt. Die fünfstöckige Pagode sowie Torbogen und Wandelgang wurden während des Baekje-Reichs erbaut und bestechen durch ihre Ele-ganz und strenge Ordnung, beides typisch für die Anfänge klassischer japanischer Architektur.

Todai-ji, Nara
(oben rechts)

Der Tempel, der 745 von Kaiser Shomu (701–756) in Auftrag gegeben wurde, nennt die größte bronzene Buddhastatue Japans mit 16 m Höhe sein Eigen. Etwa 450 t Kupfer wurden zu seiner Errichtung benötigt. Der Sakralbau selbst ist das größte Holzgebäude der Welt. Erwähnenswert ist das Tor aus dem Jahr 1199. Zwei etwa 8,5 m hohe Statuen bewachen den Tempel.

Kansai International Airport
(unten)

Der Flughafen ist auf einer künstlichen Insel 5 km vor der Küste Osakas erbaut worden. Die Gebäude ruhen auf etwa 1000 Pfählen, die ein Absinken verhindern sollen. Die flügel-förmige Flughafenhalle mit ihrer nach außen gewölbten Glasfront, erbaut vom italieni-schen Stararchitekten Renzo Piano (* 1937), soll der weltweit längste zusammenhängen-de Gebäudekomplex sein.

Burg, Himeji
(rechte Seite oben links)

Die aufgrund ihrer weißen Farbe „Burg des weißen Reihers" genannte Anlage wurde im 14. Jahrhundert erbaut und 1581 vom Feld-herr Toyotomi Hideyoshi (1537–1598) in ein Burgschloss, ein einzigartiges Beispiel mittel-alterlicher Festungsbaukunst, umgebaut. Der berühmte fünfstöckige Hauptturm ragt über dem Gebäude empor. 1993 wurde die Anla-ge zum Weltkulturerbe ernannt.

Atombombenkuppel, Hiroshima
(rechte Seite unten links)

Der sogenannte Atombombendom, die Über-reste der alten Industrie- und Handelskam-mer Hiroshimas, ist heute das Wahrzeichen und Hauptdenkmal der Stadt. Seit 1996 zählt die Ruine aus Stahl und Beton, zerstört durch den Atombombenabwurf der US-Amerikaner am 6. August 1945, zum Weltkulturerbe. Gro-teskerweise ist sie dem Friedenspark gegen-über angesiedelt.

Taiwan

Taipei 101, Taipeh
(oben rechts)

508 m Höhe und 101 Stockwerke bietet das momentan größte vollendete Bauwerk der Welt. Ein Stahlbetonskelett und angebrachte chinesische Glückssymbole schützen den Wolkenkratzer vor Erdbeben, das 660 t schwere Pendel im Inneren soll eklatanten Schwankungen entgegenwirken. Mit einer Geschwindigkeit von 60 km/h sind die Aufzüge im Taipei Financial Center die schnellsten der Welt.

Luce Memorial Chapel, Taichung *(unten rechts)*

Die 1963 fertiggestellte christliche Kirche des chinesisch-amerikanischen Architekten Ieoh Ming Pei (* 1917) – ein fantastisches Bauwerk, das einem riesigen Zelt ähnelt – steht auf dem Campus der Tunghai Universität Taichungs. 500 Menschen finden darin Platz, fast 20 m Höhe misst der erdbeben- und windsichere Sakralbau in Form eines hyperbolischen Paraboloids.

Indonesien

Tempelanlage von Borobudur
(unten links)

Um 850 wurde das auf neun Terrassen aus Lavagestein gelegene Bauwerk erschaffen, und es gilt als eines der größten buddhistischen Heiligtümer der Welt. Fünf Kilometer muss ein Pilger auf dem mandalaartigen Weg zurücklegen, vorbei an faszinierenden Reliefs, Buddhastatuen und den berühmten 72 Stupas, um den obersten Stupa, das Sinnbild der Erleuchtung, zu erreichen.

Tempel von Prambanan
(unten rechts)

Die größte Tempelanlage Indonesiens wurde um 850 auf der Insel Java errichtet und besteht aus acht Haupttempeln – der höchste misst 47 m – sowie etwa 250 weiteren Tempeln. Typisch für die hinduistische Tempelarchitektur ist die hohe und spitze Form der Gebäude. Unübertreffliche Reliefs, die das Hinduepos Ramayana zum Thema haben, zieren die Hauptschreine.

Australien

Q1 Tower, Gold Coast
(oben)

Der höchste Wolkenkratzer Australiens soll an eine olympische Fackel erinnern. Er wurde 2005 eröffnet und beherbergt auf seinen 323 m 526 Wohnungen luxuriöser Ausstattung. Ein 30 m hoher künstlicher Urwald wurde zur Erholung eingebaut. 60 cm Schwankung müssen die Bewohner in Kauf nehmen, 45 m tief im Boden versenkte Betonpfeiler schützen das Gebäude vor Erdbeben und Stürmen.

Harbour Bridge, Sydney
(rechte Seite oben links)

503 m überspannt die Bogenbrücke, der höchste Punkt des begehbaren Stahlgerüstes befindet sich stolze 134 m über dem Meer, und acht Spuren für Bahnen, Fahrradfahrer und Fußgänger laufen auf einer gigantischen Breite von 50 m. Der Ingenieur John J. C. Bradfield (1867–1943) erbaute die wegen ihrer speziellen Form „coat hanger" genannte Brücke von 1924–1932.

Macquarie Lighthouse, Sydney
(oben rechts)

Der erste Leuchtturm des Südpazifiks wurde 1818 von Francis Greenway (1777–1837) fertiggestellt und gehörte zu den ersten Steinbauten Australiens. Da der weiche Sandstein schnell verwitterte, errichtete James Barnet (1827–1904) den heutigen Turm in neoklassizistischer Form aus höherwertigem Sandstein. Bei der Eröffnung 1883 galt seine Technik als die modernste der Welt.

Opera House, Sydney
(unten rechts)

Das international bekannte Wahrzeichen Sydneys wurde vom Dänen Jørn Utzon (1918–2008) entworfen und schimmert mit seinen weißen Keramikfliesen wie ein Segelschiff im Sonnenlicht. 67 m Höhe misst das grandiose Bauwerk, das von 1959 bis 1973 geschaffen wurde und an eine segmentierte Orange erinnern soll. Das Opernhaus birgt fünf Säle mit 5532 Sitzplätzen in luxuriösester Ausstattung.

New Parliament House, Canberra *(unten links)*

Auf dem Capital Hill der Hauptstadt befindet sich das 1988 eröffnete Neue Parlamentsgebäude des Architekten Romaldo Giurgola (* 1920). Ein Teil der Räumlichkeiten liegen plangemäß im Inneren des Hügels, das Dach ist begrünt und begehbar, die Aussicht über die Hauptstadt überwältigend. Der 81 m hohe Flaggenmast krönt das extravagante Bauwerk, das mit Abstand das teuerste Australiens ist.

Neuseeland

Eureka Tower, Melbourne
(oben rechts)

2006 wurde das mit 297,3 m zweithöchste Wohngebäude Australiens fertiggestellt. Der schnellste Aufzug der südlichen Hemisphäre führt über 88 Stockwerke in 40 Sekunden zum „Skydeck", 560 Appartements mit Balkonen und Wintergärten versprechen einen atemberaubenden Blick über die Stadt und ihre Umgebung. 290 Millionen Euro kostete das vom Architekturbüro Fender Katsalidis entworfene „Himmelswunder".

Royal Exhibition Building, Melbourne *(unten)*

Das zum Weltkulturerbe der UNESCO zählende Bauwerk wurde 1880 vom bekannten australischen Architekten Joseph Reed (um 1823–1890) im viktorianischen Stil vollendet. Das Gebäude befindet sich in den Carlton Gardens und beherbergte von 1880–1881 die Weltausstellung Melbourne International Exhibition. Das prunkhafte Gebäude vereint byzantinische, romanische und Renaissanceelemente zu einem beeindruckenden Ganzen.

New Zealand Parliament Building, Wellington *(oben links)*

Gegenüber dem alten Parlamentsgebäude, dem zweitgrößten Holzbau der Welt, wurde bis 1991 von Basil Spence (1907–1976) das Gebäude für die Exekutive als Teil des neuen Parlaments errichtet. Der 72 m hohe Bau wurde schnell als „Beehive" (Bienenkorb) bekannt und zum Wahrzeichen der Stadt. Aus der eigenwilligen Form ergeben sich allerdings teilweise sehr unpraktische Bürogrundrisse.

Neukaledonien

Larnach Castle, Dunedin
(oben links)

Die Industriellenvilla in herrlicher Lage vor den Toren Dunedins wurde ab 1871 von Robert Lawson (1833–1902) errichtet. Der typisch viktorianische Bau wird oftmals als das einzige Schloss Neuseelands bezeichnet und gehört zu den elegantesten und beeindruckendsten Privathäusern des Landes. Das Innere ist aufwendig und exquisit mit den edelsten Materialien aus dem fernen Europa ausgestattet.

University of Otago, Dunedin
(oben rechts)

1869 gegründet, ist sie die älteste Universität Neuseelands. Ab 1877 errichtete Maxwell Bury (1825–1912) die ersten Bauten im neugotischen Stil. 1879 war das heutige Wahrzeichen der Region Otago, der „Clocktower" am Registry Building, fertiggestellt. Bei der Architektur lehnte man sich an die Universität von Glasgow an, veredelte den neuseeländischen Nachbau aber mit abwechselnd hellen und dunklen Steinen.

Jean-Marie-Tjibaou-Kulturzentrum, Nouméa *(unten)*

1998 wurde in Neukaledonien das kulturelle Zentrum der Kanak, der melanesischen Eingeborenen, eröffnet. Renzo Piano (* 1937) erdachte die Anlage in Anlehnung an die Wohngebäude der Urbevölkerung: bis zu 33 m hohe, nach oben hin offene Bauwerke, bestehend aus Holzleisten und Stahl, gebogen in Richtung des Landesinneren. Ausstellungsräume, Bibliothek und Konferenzräume erfüllen das moderne Ensemble mit Leben.

AMERIKA

HÖHER, GRÖSSER, INNOVATIVER ...

Der gigantische Kontinent Amerika besticht durch seine unendliche Weite, durch seine an Wildwestromantik erinnernden Landschaften, durch seine traumhaft schönen Nationalparks am Amazonas und in Patagonien. Trotz der beeindruckenden, einzigartigen und einnehmenden Naturwunder verbindet man mit den nordamerikanischen Staaten vor allem auch immer ihren wichtigsten Beitrag zur Architekturgeschichte: den Wolkenkratzer. Im 19. Jahrhundert stand mit der Erfindung der Stahlkonstruktion und des Aufzugs dem Bau gigantischer, in den Himmel ragender Bürohäuser nichts mehr im Wege. Aber auch andere Bauwerke begeistern Touristen heute weltweit: die Golden Gate Bridge, die Freiheitsstatue und Frank Lloyd Wrights Guggenheim-Museum. Im Süden schließt sich Mexiko mit seinen jahrhundertealten Maya- und Aztekenruinen an und bereitet auf das geheimnisumwitterte Reich der Inka mit seinen steinernen Monumenten in Südamerika vor. Mit dem Hereinbrechen der Konquistadoren wurde als radikaler Bruch mit den Traditionen der baukünstlerische Stil Europas, meist in Form von prächtigen barocken Kathedralen und Palästen, nach Südamerika gebracht. Von der bloßen Ziegelbauweise der frühen Kulturen bis zur beeindruckenden Stahlbetontechnik in den Skylines von New York City, Chicago und Rio de Janeiro – der amerikanische Kontinent schafft einen architektonischen Spagat, der weltweit nicht seinesgleichen hat.

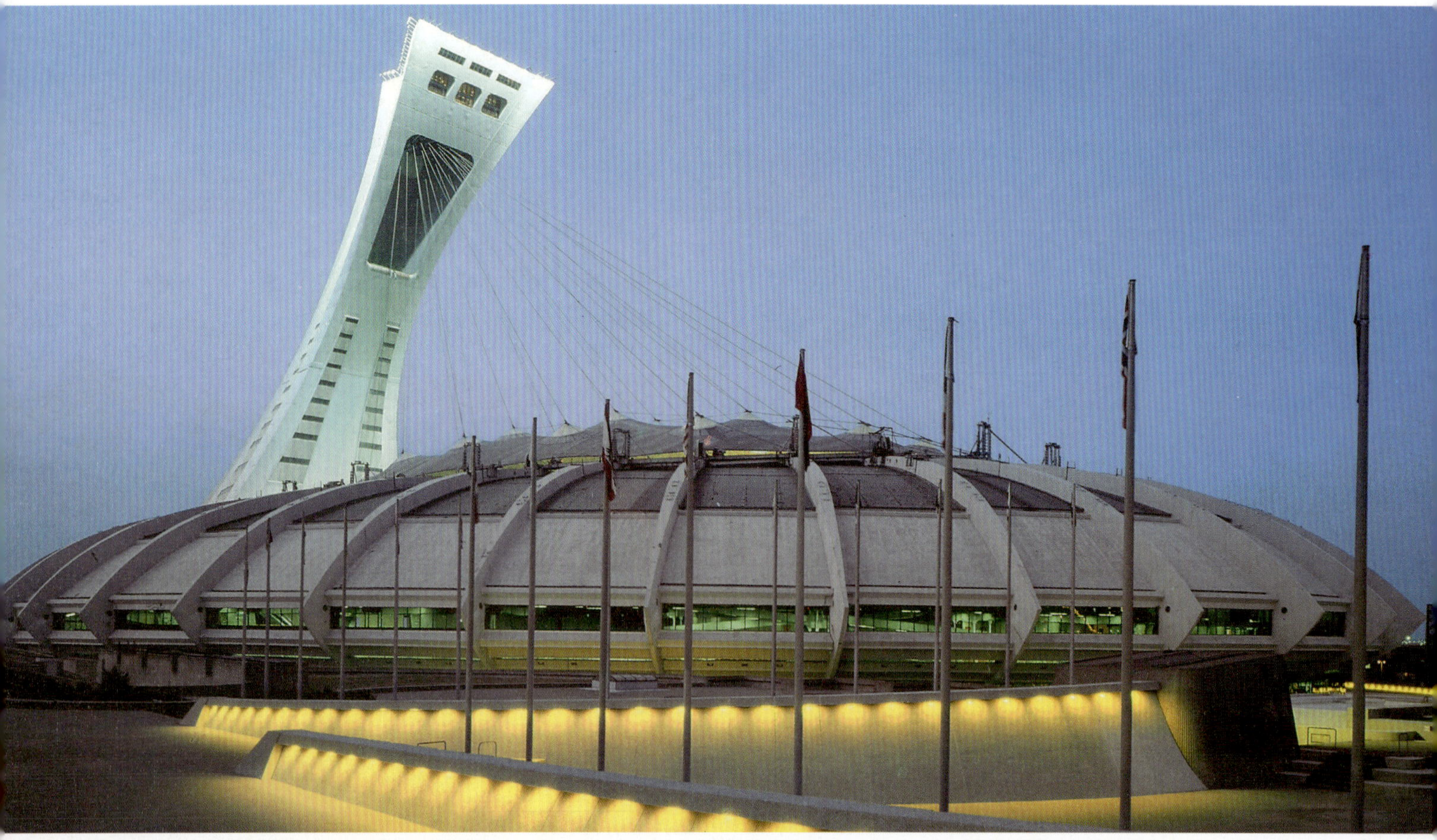

The Michael Lee-Chin Crystal Opens June 2007
ROM Royal Ontario Museum
www.rom.on.ca
Come on in

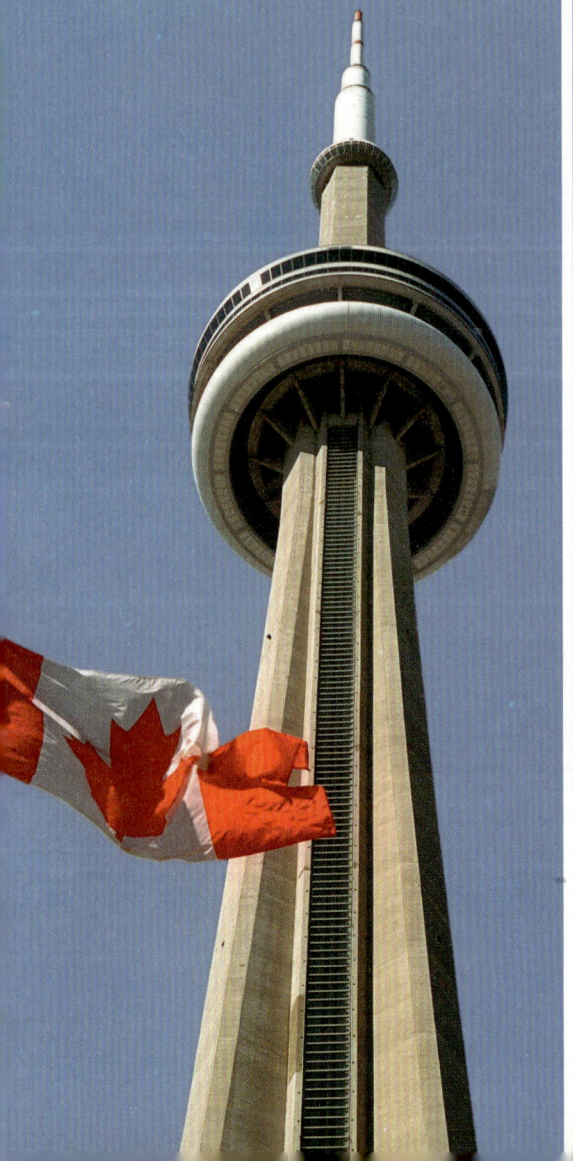

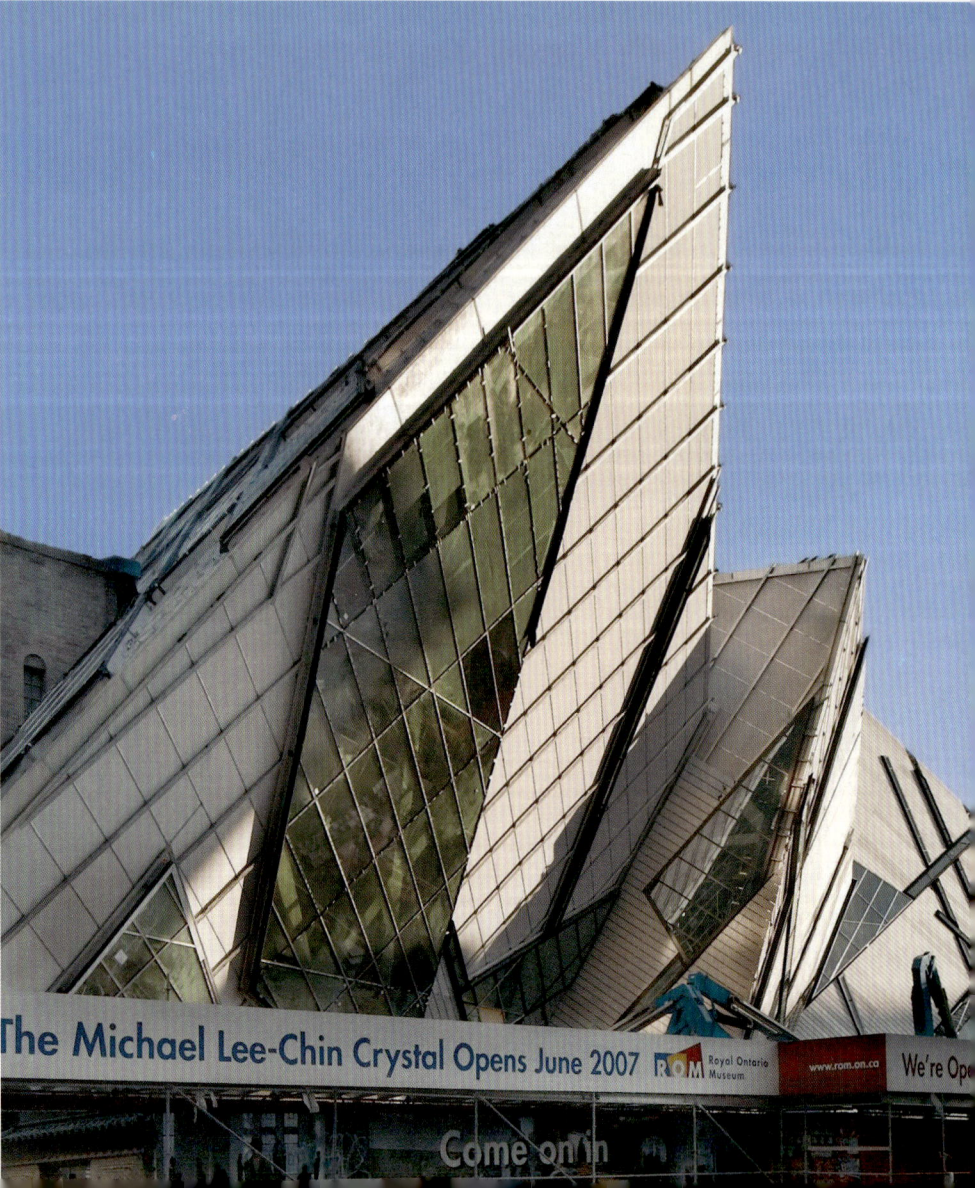

Kanada

CN Tower, Toronto
(linke Seite unten links)

Bis 2007 war der 553,34 m hohe Fernsehturm das höchste frei stehende Bauwerk der Welt. Von ganz oben kann man sogar die Gischt der 100 km entfernten Niagarafälle sehen. 1973–1976 wurde dieser gewaltige Bau von John Andrews (* 1933) errichtet. 60 Sekunden dauert die Aufzugfahrt nach oben. Eine spektakuläre Mutprobe ist das Betreten des Glasbodens der Aussichtsplattform.

Royal Ontario Museum, Toronto *(linke Seite unten rechts)*

2007 wurde das fünftgrößte Museum Nordamerikas mit seiner von Daniel Libeskind (* 1946) gestalteten spektakulären Erweiterung The Crystal wiedereröffnet. Den Eingangsbereich bildet eine freitragende Raumhülle aus fünf sich durchdringenden, prismenähnlichen Formen, die nur über eine Brücke mit dem Hauptbau verbunden sind.

Olympic Stadium, Montreal
(linke Seite oben)

Der grandiose, für die Olympischen Spiele 1976 errichtete Bau ist das teuerste Stadion der Welt und bis heute nicht abbezahlt. Entworfen wurde die futuristische Anlage von Roger Taillibert (* 1926). Der 175 m hohe Turm ist die höchste frei stehende Schrägkonstruktion der Welt. Die wandelbare Textildachbauweise funktionierte nie und musste 1989 komplett ersetzt werden.

Habitat 67, Montreal
(Mitte)

Seine Abschlussarbeit, die für die Weltausstellung 1967 gebaut wurde, machte Moshe Safdie (* 1938) schlagartig weltbekannt: Die am Ufer des St.-Lorenz-Stromes übereinandergeschachtelten Häuserquader waren eine rigorose Abkehr von den Traditionen der Baukunst. Im Zeitalter der Bevölkerungsexplosion konstruierte Safdie eine Siedlung aus standardisierten Fertigteilen.

Thė Biosphère, Montreal
(unten)

Richard Buckminster Fuller (1895–1983) experimentierte schon seit den 1950er-Jahren mit räumlichen Tragwerken, die den Bau von stützenfreien und gleichzeitig klimatisch geschützten Räumen in gewaltigen Dimensionen ermöglichen sollten. Für die Weltausstellung 1967 konnte er seine größte geodätische Kuppel verwirklichen. Diese Kuppelkonstruktionen sind sehr stabil und materialarm.

USA

Glass House, New Canaan
(oben links)

Mehr Reduktion ist nicht mehr möglich, mehr Transparenz auch nicht: Philip Johnsons (1906–2005) 1949 errichtetes Wohngebäude war eine Sensation. Die Außenwände des Hauses sind komplett verglast. Nur die Nasszelle ist in einem geschlossenen Zylinder untergebracht. Nachfolger hatte der Bau keine, er konnte wohl nur hier, auf einem riesigen Grundstück von neugierigen Blicken abgeschottet, entstehen.

TWA Flight Center, New York
(unten)

Das Terminal 5 am New Yorker John F. Kennedy International Airport, das Eero Saarinen (1910–1961) für die Fluggesellschaft TWA zwischen 1956–1962 schuf, gilt als Meilenstein der Luftfahrtarchitektur und zudem als Inkunabel der Architekturgeschichte des 20. Jahrhunderts. Den eleganten Schwung des an einen Vogel mit ausgestreckten Flügeln erinnernden Bauwerks konnte Saarinen auch im Inneren bis ins Detail durchhalten.

George Washington Bridge, New York *(oben rechts)*

Die 1451 m messende Doppeldecker-Hängebrücke über den Hudson River ist nach dem ersten Präsidenten der Vereinigten Staaten benannt und wurde zwischen 1927 und 1931 unter der Leitung von Othmar Ammann (1879–1965) erbaut. Brückenfachwerk, Seile und Türme sind aus reinem Stahl gefertigt. Fast 300 000 Autos überqueren die Brücke auf den zwei übereinander angelegten Fahrbahnen täglich.

Solomon R. Guggenheim Museum, New York
(rechte Seite oben links)

Eine der einzigartigsten Kunstsammlungen der Welt ist in einem der berühmtesten Gebäude der Welt untergebracht: 1956–1959 errichtete Frank Lloyd Wright (1867–1959) diesen Bau, der jede bisherige Vorstellung von einem Museum sprengte. Vom obersten Punkt der an ein Schneckenhaus erinnernden Rotunde wird der Besucher über eine spiralförmige Rampe nach unten an den Kunstwerken vorbeigeleitet.

Lever House, New York
(oben rechts)

1950–1952 errichtete Gordon Bunshaft (1909–1990), der Chefarchitekt von Skidmore, Owings and Merrill, den Inbegriff eines modernen Hochhauses, das weltweit kopiert wurde. Der Wolkenkratzer ist der Höhepunkt des Internationalen Stils und das zweite Curtain-Wall-Hochhaus in New York. Ein filigranes Stahlgerüst mit Glasausfachungen, Perfektion bis ins kleinste Detail und modernste Technologien zeichnen diesen Bau aus.

Sony Building, New York
(unten links)

Der mit rosafarbenem Granit verkleidete Wolkenkratzer wurde 1980–1984 von Philip Johnson (1906–2005) errichtet. Das ehemalige AT&T Building ist ein Hauptbeispiel der Postmoderne und leitete einen entscheidenden Wandel des Hochhausbaus ein: weg vom Funktionalismus, hin zur Repräsentation. Die Unterteilung in Sockel, Schaft und Giebel ist deutlich erkennbar. Eklektizismus wird hier zum Kunstprinzip erhoben.

Rockefeller Center, New York
(unten rechts)

Unter der Leitung von Raymond M. Hood (1881–1934) entstand ab 1931 etwas völlig Neues in der modernen Architektur: Nicht ein Hochhaus, sondern ein ganzer Gebäudekomplex, der heute aus 21 Hochhäusern besteht, wurde mitten in der Stadt errichtet. Das berühmteste der verschiedenen, aber stilistisch einheitlich im Art-Déco-Stil errichteten Bauten ist das General Electric Building mit der Eislaufbahn zu seinen Füßen.

Grand Central Station, New York *(oben)*

Das 1913 eröffnete, von Warren & Wetmore entworfene Gebäude ist bis heute der größte Bahnhof der Welt. Er verfügt über 44 Bahnsteige, an denen 67 Gleise enden. Der Höhepunkt dieser gigantischen Bahnhofskathedrale ist sicherlich die 38 m hohe und 2500 qm große Halle, der Main Concourse, an deren Decke der Sternenhimmel – allerdings spiegelverkehrt – abgebildet ist.

Seagram Building, New York *(unten links)*

Dieser strenge, weltberühmte Hochhausturm mit seiner scheinbar endlos gerasterten Fassade aus Bronze und Glas gilt als Ludwig Mies van der Rohes (1886–1969) Meisterwerk und zugleich als exemplarischer Vertreter des „International Style". Durch die Verwendung teuerster Materialien und seine üppige Innenausstattung war der Bau zu seiner Entstehungszeit das teuerste Gebäude der Welt.

Chrysler Building, New York *(unten Mitte)*

Ein Bauwerk, das die Menschen zum Staunen brachte, ist William van Alen (1883–1954) mit seinem ab 1928 errichteten Hochhaus gelungen. Mit 319 m war es seinerzeit das höchste Gebäude der Welt und fand durch seinen Art-Déco-Stil etliche Nachfolger. Die berühmte, 56 m hohe Stahlspitze, der sogenannte „Vertex", ist reine Dekoration und wurde in nur 90 Minuten aufgesetzt.

Brooklyn Bridge, New York
(oben)

1869–1883 von John August Roebling (1806–1869) begonnen, galt die 2000 m lange Brücke damals als längste Hängebrücke der Welt. Die beiden neugotischen Pylonen aus Sandstein und das zarte Geflecht aus 22 km Stahlseil machen die Brücke zu einer der faszinierendsten der Welt. Sie gibt Raum für sechs Fahrspuren und einen oberhalb der Autostraßen angelegten Fußweg.

Flatiron Building, New York
(unten links)

1902 errichtete Daniel Hudson Burnham (1846–1912) eines der großen Wahrzeichen New Yorks. Das 86 m hohe, auf einem spitzwinkligen, bügeleisenförmigen (daher der Name) Grundriss errichtete Gebäude zählt zu den ältesten Hochhäusern der Welt. Trotz seiner historisierenden Fassade war es hochmodern, da es als eines der ersten Gebäude ein Stahlgerüst besaß.

Bank of America Tower, New York *(linke Seite unten rechts)*

2004–2008 errichteten Cook + Fox Architects diesen Büroturm, der mit seiner umweltschonenden Bauweise überzeugt. Er ist der „grünste" Wolkenkratzer der Welt, besitzt ein eigenes Kraftwerk, eine hypermoderne Klimaanlage, und zur Reinigung einer Fassadenseite des 55 Stockwerke hohen Wolkenkratzers soll ein Eimer Wasser reichen.

Empire State Building, New York *(unten rechts)*

Der Wolkenkratzer ist New Yorks Wahrzeichen und weltweit eines der bekanntesten Hochhäuser. Mit 443 m war es auch für 41 Jahre das höchste Gebäude. Es besteht hauptsächlich aus Stahlkonstruktionen, die etagenweise aufeinandergesetzt wurden. Jährlich besuchen über drei Millionen Touristen das Gebäude, von dessen Aussichtsplattform aus man über 100 km weit sehen kann.

Woolworth Building, New York
(oben links)

1910–1913 errichtete Cass Gilbert (1859–1934) dieses 241 m hohe Gebäude, das heute als „Kathedrale des Kommerzes" bezeichnet wird und bei seiner Fertigstellung als „achtes Weltwunder" angesehen wurde. Der technisch weit in die Zukunft weisende Bau ist gleichzeitig der Höhepunkt des Eklektizismus, da er von Gilbert in ein gotisches Gewand mit Zinnen und Wasserspeiern gehüllt wurde.

Statue of Liberty, New York
(oben rechts)

Die wohl bekannteste Statue der Welt, ein Geschenk Frankreichs an die Vereinigten Staaten, wurde am 28. Oktober 1886 eingeweiht. Der klassizistische Sockel, der die Skulptur trägt, ist 55,5 m hoch, die bronzene Statue selbst misst stolze 45 m und wiegt 225 t. Gustave Eiffel (1832–1923) schuf das stützende Skelett, Frédéric Bartholdi (1834–1904) die Außenhaut. Im Inneren der Krone kann der Besucher eine Aussichtsplattform erklimmen.

Guaranty Building, Buffalo
(unten links)

1894–1895 errichteten Dankmar Adler (1844–1900) und Louis Sullivan (1856–1924) diesen Pionierbau der modernen Hochhausarchitektur. Ganz nach Sullivans Maxime „form follows function" ist das heutige Prudential Building in verschiedene funktionale Bereiche aufgeteilt. Trotz gleichmäßiger Rasterung und himmelstrebender Vertikalgliederung verzichtet der Bau nicht auf dekoratives Ornament.

General Motors Technical Center, Warren *(unten rechts)*

Das erste Großprojekt Eero Saarinens (1910–1961) war dieses 1948–1956 errichtete Forschungszentrum. Die dreistöckigen Bauten im rationalistischen Stil Mies van der Rohes gruppieren sich um einen See mit riesigem Wasserturm. Alle Räume hinter den enormen Glasflächen sind klimatisiert. Die „Hightech-Bauten" Norman Fosters oder Richard Rogers' wären ohne Saarinens wegweisenden Bau nicht denkbar.

Fallingwater, Mill Run (oben)

Das 1935–1937 von Frank Lloyd Wright (1867–1959) für den Pittsburgher Warenhausbesitzer Edgar J. Kaufmann erbaute Wohnhaus gehört zu den Ikonen der modernen Architektur. Der über einem Wasserfall errichtete Baukörper passt sich den Abstufungen der Sandsteinblöcke an und vermittelt das Gefühl von perfekter Harmonie mit der Natur.

Rock and Roll Hall of Fame, Cleveland (unten links)

„Die Konzeption dieses Gebäudes soll die Energie des Rock 'n' Roll widerspiegeln" – so beschrieb Ieoh Ming Pei (* 1917) seinen 1993–1995 errichteten Museumsbau für Persönlichkeiten, die die Geschichte des Rock 'n' Roll maßgeblich beeinflusst haben. Türme, Glaspyramiden und ein Eingangsbereich, der an ein Grammophon erinnert, zeichnen dieses grandios verschachtelte Gebäude aus.

Contemporary Arts Center, Cincinnati (unten rechts)

Das 1999–2003 entstandene CAC ist die erste große städtebauliche Arbeit von Zaha Hadid (* 1950) und das erste Museum Amerikas, das von einer Frau errichtet wurde. Das Äußere erweckt den Eindruck aufeinandergestapelter Kisten. Die schwarze Stahlrampe im Inneren und die ineinandergreifenden Baukörper mit ihrer minimalistisch gestalteten Oberfläche hinterlassen einen überwältigenden Eindruck.

National Gallery of Art East Building, Washington *(oben)*

„Meister des Lichts", „Magier des Raums" und „Vollender der klassischen Moderne" wurde er genannt. Die Rede ist von Ieoh Ming Pei (* 1917), der mit dem ab 1968 errichteten Erweiterungsbau sein Meisterwerk ablieferte. Hauptattraktion dieses streng geometrischen Baus, der die Auszeichnung "One of America's Ten Best Buildings" erhielt, ist die unterirdische Verbindung von Alt- und Neubau.

Lincoln Memorial, Washington *(Mitte)*

Dieses Denkmal zu Ehren Abraham Lincolns wurde von Henry Bacon (1866–1924) entworfen und 1915–1922 errichtet. Der mächtige dorische Tempel wird von 36 Säulen gestützt, die die 36 Staaten der Föderation zum Zeitpunkt der Ermordung Lincolns im Jahr 1865 symbolisieren. Die gewaltige, aus 28 Einzelteilen zusammengesetzte Statue des Präsidenten ist ein Werk von Daniel Chester French (1850–1931).

Washington Dulles International Airport *(unten)*

Ab 1958 errichtete Eero Saarinen (1910–1961) diesen Klassiker des Flughafenbaus. 32 schräg aufragende Pfeiler tragen das durchhängende Dach des Abfertigungsgebäudes, das mit völlig neuen Lösungen aufwartete: Ankommende und abfliegende Fluggäste wurden streng getrennt; zwischen den Flugzeugen und der Halle pendelten Busse mit höhenverstellbaren Kabinen, die direkt an die Maschine andocken konnten.

United States Capitol, Washington *(oben)*

Der Sitz des amerikanischen Kongresses wurde ab 1793 von William Thornton (1759–1828), Benjamin Latrobe (1764–1820) und später von Thomas U. Walter (1804–1887) errichtet. Der Bau ist ein erstklassiges Zeugnis für die auf Thomas Jefferson zurückgehende klassizistische Bewegung in den USA. Ein Portikus, lange Fassaden mit flankierenden Pavillons und eine zentrale Kuppel charakterisieren die Regierungsgebäude dieser Zeit.

The Pentagon, Washington *(unten links)*

In nur zwei Jahren wurde dieser gigantische Bau 1941–1943 von George Bergstrom (1876–1955) errichtet. Das fünfeckige Verwaltungsgebäude, der Hauptsitz des US-amerikanischen Verteidigungsministeriums, ist das größte Bürogebäude der Welt. Obwohl die Korridore eine Gesamtlänge von fast 30 km haben, ist jeder Punkt des Gebäudes von jedem anderen Punkt in nur sieben Minuten erreichbar.

White House, Washington *(unten rechts)*

Dieser legendäre Bau, Amtssitz und offizielle Residenz der amerikanischen Präsidenten, wurde ab 1792 von James Hoban (um 1758–1831) errichtet. Das Gebäude lehnt sich stark an die englische Landhausarchitektur an, wurde also in erstaunlich altertümlicher Form, zudem noch im Stil der einstigen Kolonialherren errichtet. Seinen charakteristischen Portikus erhielt der Bau durch Benjamin Latrobe (1764–1820).

Biltmore Estate, Asheville
(oben)

1888–1895 errichtete Richard Morris Hunt (1827–1895) dieses Herrenhaus für die Familie Vanderbilt, das das größte Landhaus der USA werden sollte. Als Vorbild diente Hunt Schloss Blois in Frankreich. Das riesige, über 16 000 qm große Anwesen mit seinem riesigen Garten war aufs Modernste ausgestattet: Unter anderem kamen hier die eben erst erfundenen Glühbirnen zum Einsatz.

Piazza d'Italia, New Orleans
(Mitte)

1975–1978 errichtete Charles Willard Moore (1925–1993), einer der Gründerväter der Postmoderne, diesen Platz für die dort lebende italienischstämmige Bevölkerung. Eine Insel mit Brunnen bildet den italienischen Stiefel nach. Überall finden sich bekannte Zeichen und Anspielungen auf die (Architektur-)Geschichte. Der ehemals öffentliche Platz dient heute als Eingangsbereich eines Hotels.

High Museum of Art, Atlanta
(oben rechts)

Seine Gebäude sind berühmt für das harmonische Zusammenspiel strenger geometrischer Formen. Das Markenzeichen Richard Meiers (* 1934) sind lichtdurchflutete Räume und die Farbe Weiß. Eines seiner berühmtesten Werke wurde 1980–1983 errichtet. Seit der Eröffnung des Meier-Baus konnte sich das Museum vor Besuchern nicht mehr retten, sodass ab 1999 eine Erweiterung durch Renzo Piano (* 1937) notwendig wurde.

University of Virginia, Charlottesville *(linke Seite unten links)*

Die von Thomas Jefferson (1743–1826) gegründete und 1817–1826 errichtete Universität ist sein architektonisches Hauptwerk. Sie ist ein frühes Beispiel der „Campus-Universität", in der verschiedene Gebäude locker in die Landschaft gruppiert sind. Überall finden sich Zitate aus dem antiken Rom. Die Grünflächen verstärken den Eindruck eines wissenschaftlichen Arkadiens zusätzlich.

Monticello, Charlottesville
(linke Seite unten rechts)

Der dritte Präsident der USA war gleichzeitig der Wegbereiter der Architektur des unabhängigen Nordamerika. Ab 1768 erbaute Thomas Jefferson die Villa als seinen Landsitz. Das Pantheon und die Bauten Andrea Palladios waren die Vorbilder. Das breit gelagerte Bauwerk ist komplett in die Natur eingebettet und mit viel neuer Technik ausgestattet.

Wainwright Building, St. Louis
(oben links)

Das 1890–1892 von Dankmar Adler (1844–1900) und Louis Sullivan (1856–1924) errichtete Gebäude revolutionierte die amerikanische Architektur: Das zehnstöckige Haus ist der erste wirkliche Wolkenkratzer. Der Stahlbetonbau ist, ganz typisch für Sullivan, wie eine klassische Säule in Sockel, Schaft und Kapitell eingeteilt. Die starke Vertikalgliederung wird horizontal durch Reliefplatten ausgeglichen.

Gateway Arch, St. Louis
(unten)

Der riesige, 192 m hohe Bogen ist das Wahrzeichen von St. Louis und das Zentrum des Jefferson National Expansion Memorial Park. Eero Saarinen (1910–1961) entschied den landesweiten Wettbewerb für sich und begann 1947 den langjährigen Bau dieses Wunderwerkes. In einem ausgeklügelten Transportsystem werden die Besucher auf die Aussichtsplattform im Scheitel des Bogens befördert.

Frederick C. Robie House, Chicago *(oben)*

1906–1910 errichtete Frank Lloyd Wright (1867–1959) das wohl berühmteste seiner „Präriehäuser", die er als naturnahe, demokratische, amerikanische Baukunst verstand. Niedrige Geschosshöhen, bandartig gereihte Fenster- und Türelemente, die kontinuierlichen Raumzusammenhänge und der von den inneren Verhältnissen bestimmte Aufbau übten enormen Einfluss auf die europäische Moderne aus.

Merchandise Mart, Chicago *(Mitte)*

1928–1930 entstand nach Plänen von Graham, Anderson, Probst & White das mit 372 000 qm größte Gebäude der Welt, bis es 1943 vom Pentagon abgelöst wurde. Ursprünglich wurden in dem riesigen Lagerhaus mit eigener Postleitzahl und eigenem Bahnhof nur die Waren der Kaufhauskette Marshall Field's gelagert, inzwischen ist der Handelskomplex auch Design- und Konferenzzentrum.

Wrigley Building, Chicago *(unten links)*

Der für den Kaugummimagnaten William Wrigley Jr. (1861–1932) ab 1920 vom Architekturbüro Graham, Anderson, Probst & White errichtete Komplex zählt zu den berühmtesten Bürogebäuden der USA. Die beiden unterschiedlich hohen Bauteile werden durch drei Durchgänge verbunden. Vorbilder waren der berühmte Giralda-Turm der Kathedrale von Sevilla und Bauten der französischen Renaissance.

Auditorium Building, Chicago
(linke Seite unten rechts)

Dieser 1887–1890 von Dankmar Adler (1844–1900) und Louis Sullivan (1856–1924) errichtete Multifunktionsbau ist das erste Meisterwerk der Architekturgeschichte Amerikas. Mit seinem 17 Stockwerke hohen Turm war der Bau das höchste Gebäude der Welt. Der Bau hatte zwar noch kein Stahlskelett, doch waren die mehrere Stockwerke zusammenfassende Fassadengliederung und die extravagante Innenausstattung revolutionär.

John Hancock Center, Chicago
(oben links)

1965–1969 durch Skidmore, Owings and Merrill errichtet, zählt der Multifunktionsbau zu den innovativsten Wolkenkratzern seiner Zeit. Durch die Stahlskelettkonstruktion mit X-förmigen Verstrebungen konnte der enorme Winddruck dem 344 m hohen Riesen nichts anhaben. Das sich verjüngende Gebäude mit seiner dunkel eloxierten Aluminiumfassade gehört längst zu den Wahrzeichen Chicagos.

Tribune Tower, Chicago
(oben rechts)

Der Anspruch war hoch: Es sollte das schönste und markanteste Bürohochhaus der Welt werden. 1922–1925 errichteten Raymond M. Hood (1881–1934) und John Mead Howells (1868–1959) diesen neugotischen Wolkenkratzer. Die Architekten kleideten das Stahlskelett in Sandstein und verzierten den Bau mit Strebebögen und Wasserspeiern nach dem Vorbild der Kathedrale von Rouen. Die Turmspitze erinnert an einen Campanile.

Marina City, Chicago
(oben links)

1959–1964 wurden die beiden identisch aufgebauten, je 179 m hohen Zwillingstürme („Maiskolben") von Bertrand Goldberg (1913–1997) als „Stadt in der Stadt" errichtet. Unten Parkhaus und oben Wohn- und Büroanlage, standen die um einen zentralen Versorgungskern errichteten Türme im krassen Gegensatz zur geraden, rechtwinkligen zeitgenössischen Architektur.

James R. Thompson Center, Chicago *(oben rechts)*

Nach Plänen Helmut Jahns (* 1940) entstand 1979–1983 dieses aufsehenerregende 94 m hohe Regierungsgebäude. Der Bau des ehemaligen State of Illinois Center gehört heute zu den Hauptattraktionen Chicagos. Hinter der mächtigen Fassade aus geschwungenen Glasplatten öffnet sich die zentrale Rotunde, ein heller Innenraum, um den sich Büros, Shops und Restaurants gruppieren.

Carson, Pirie, Scott and Company Store, Chicago *(unten links)*

Das 1899–1904 für Schlesinger & Meyer errichtete Kaufhaus war Louis Sullivans (1856–1924) letzter Bau und zählt zu den Klassikern der „Chicago School". Sullivans strenge Funktionalität wird hier deutlich. Das Stahlgerüst ermöglichte eine fast durchgängige Verglasung. Als Gegenpol zur kraftvollen horizontalen Gliederung diente die stark vertikal gegliederte Gebäudekante.

Sears Tower, Chicago
(oben links)

Mit einer Höhe von 527 m ist der Riese das vierthöchste freistehende Gebäude der Welt und dominiert die Skyline Chicagos. Bruce Graham (* 1925) errichtete 1970–1974 diesen Bau der Superlative. Er besteht aus neun umrahmten Röhren, die bis zur Höhe von 200 m einen großen Quader bilden und danach in unterschiedliche Höhen aufsteigen, wodurch der Turm so viele unterschiedliche Ansichten bietet wie kein anderes Gebäude.

The Atheneum, New Harmony
(linke Seite unten rechts)

1975–1979 errichtete Richard Meier (* 1934) dieses touristische Informationszentrum für die geschichtsträchtige Kleinstadt New Harmony. Meiers strahlend weißes Gebäude reagiert auf seine Umgebung, hier den Flusslauf und das Stadtraster. Der mehrfach ausgezeichnete dreistöckige Bau bietet mit seiner Rampe und den sich überlagernden Ebenen immer neue Ausblicke auf die Stadt und die Landschaft.

Unity Temple, Oak Park
(oben rechts)

1905–1908 errichtete Frank Lloyd Wright (1867–1959) dieses Gotteshaus, das mit allen Traditionen der amerikanischen Sakralbaukunst brach. Er errichtete einen Stahlbetonbau, der von außen so abweisend wie ein Mausoleum wirkt. Im reich gegliederten Inneren verwirklichte Wright erstmals seine Vorstellung, dass das Zentrum eines Gebäudes dessen Raum und nicht dessen Wände bilden müsse.

Farnsworth House, Plano
(unten)

1950/51 errichtete Ludwig Mies van der Rohe (1886–1969) dieses Landhaus, das seiner eigenen Aussage nach aus „praktisch nichts" besteht. Der minimalistische Bau gehört längst zu den Ikonen der Moderne und ist ein typisches Beispiel für das Credo von Mies: „less is more". Die Stahlkonstruktion ermöglichte einen fragilen, von einer Glashülle umschlossenen, harmonisch in die Umgebung eingepassten Bau.

Guthrie Theatre, Minneapolis
(oben links)

2006 wurde eines der großen Meisterwerke Jean Nouvels (* 1945) hoch über dem Ufer des Mississippi eröffnet. Das 26 500 qm große Gebäude bietet drei Theatern Platz. Es ist ringsum mit dunkelblauen Metallplatten verkleidet, auf die Szenenfotos aus der Geschichte des Theaters aufgedruckt sind. Als Verlängerung des Foyers ragt ein ausladender Aussichtsbalkon in das Mississippi-Tal hinein.

Saint John's Abbey, Collegeville
(oben rechts)

Während Marcel Breuer (1902–1981) in Europa als Designer wahrgenommen wurde, galt er in Amerika immer als hochbedeutender Architekt. Seine neoexpressive Betonarchitektur steht im krassen Gegensatz zu Mies van der Rohes Glas-Stahl-Ästhetik. In der Kirche der St. John's Abbey von 1961 entwickelte er ein Wandfaltwerk, das es erlaubte, den gesamten Raum stützenfrei zu überwölben.

Central Library, Seattle
(unten)

Die Eröffnung der Bibliothek 2004 entfachte Begeisterung bei der internationalen Presse. Rem Koolhaas (* 1944) hatte ein weiteres Meisterwerk geschaffen: Eine durchsichtige Konstruktion aus fünf übereinandergestapelten Glaskästen wird durch ein Netz aus Stahl- und Kupferverstrebungen zusammengehalten. Auch das Innere steckt voller überraschender und extravaganter Ideen.

Frederic C. Hamilton Building, Denver Art Museum, Denver
(oben)

2003–2006 erweiterte Daniel Libeskind (* 1946) das Museum um das spektakuläre Hamilton Building und schuf mit seiner mit Titanblech verkleideten kristallinen Struktur ein neues Wahrzeichen Denvers. Libeskind verweigert sich dem rechten Winkel und der lotrechten Wand und spaltet das Gebäude in asymmetrische Baukörper auf, die er ineinander verschiebt oder auseinanderkippen lässt.

Public Service Building, Portland *(Mitte)*

1982 errichtete Michael Graves (* 1934) das erste große Gebäude der Postmoderne in den USA. Bei diesem häufig kritisierten Bau ist die Einheit von Material und Farbe aufgegeben, teilweise auch die Geschlossenheit der Oberfläche. Der verwendete Dekor war in der Planung noch wesentlich reicher angelegt. Versatzstücke anderer Stilrichtungen finden sich überall.

Salt Lake Temple, Salt Lake City
(unten)

Von 1853–1893 erbauten die Mormonen ihren Haupttempel als Zentrum des 40 000 qm großen Tempelbezirks mit seinen Besucherzentren und Museen. Das gewaltige, im neugotischen Stil erbaute Gotteshaus ist 64 m hoch und hat eine Grundfläche von etwa 23 500 qm. Nur erwachsene Kirchenmitglieder mit gültigem Empfehlungsschreiben ihres Bischofs dürfen diesen heiligen Raum betreten.

United States Air Force Academy, Colorado Springs *(oben links)*

1954 begannen die Arbeiten am 73 km² großen Campus der US Air Force. Die von Skidmore, Owings and Merrill entworfenen Bauten zeichnen sich durch einen klaren modernen Stil aus. Die hauptsächliche Verwendung von Aluminium verweist auf die Welt des Fliegens. Höhepunkt der Anlage ist die an startende Kampfjets erinnernde Kapelle mit ihrem einmalig atmosphärischen Innenraum.

Indeterminate Façade Showroom, Houston *(oben rechts)*

Ein typisches Produkt der Postmoderne und mittlerweile Ikonen dieses Baustils sind die von der Gruppe SITE für Best Products gestalteten Supermarktfassaden. Von den neun Bauten stehen heute nur noch zwei. Künstliche Ruinen, sich ablösende Ziegelwände oder scheinbar sinnlos zerstückelte Fassaden sind das Markenzeichen dieses von den Architekten „de-architecture" genannten Baustils.

Chapel of Thanksgiving, Dallas *(unten links)*

Der 1976 vollendete, von Philip Johnson (1906–2005) geplante „Thanks-Giving Square" im Herzen von Dallas ist ein öffentlicher Ort der Stille und Meditation. Eine lange Brücke führt zum Eingang der schneeweißen, spiralförmigen Kapelle. Die Buntglasfenster im Inneren der Spirale, „The Glory Window", werden zur Spitze hin gleichmäßig heller und bilden einen der größten Buntglaszyklen der Welt.

The Venetian, Las Vegas
(oben)

Venedig mitten in Amerika? In Las Vegas ist nichts unmöglich. Von 1997–1999 wurde das 1,5 Milliarden Dollar teure Hotel erbaut, das mit über 7000 Betten der größte Hotelkomplex der Welt ist. Nicht nur eine Nachbildung des Markusplatzes und der Rialtobrücke ist hier zu sehen, man kann sich auch in originalen Gondeln von singenden Gondolieri durch die riesige Anlage fahren lassen.

Cliff Palace, Mesa Verde National Park *(Mitte)*

Die verlassene, geheimnisumwobene Felsensiedlung der Anasazi-Indianer ist eine von etwa 600 Klippensiedlungen im Nationalpark. 23 halb- oder komplett unterirdische Kivas – runde Kult- und Versammlungsräume – sowie etwa 200 Lehmhäuser gaben immerhin etwa 40 000 Stammesangehörigen Lebensraum. Jede Kiva ist mit Sitzplätzen, einer Feuerstelle und einem Belüftungssystem ausgestattet.

Pueblo de Taos
(linke Seite unten rechts)

1992 wurde dieser einmalige Ort im Norden New Mexicos in die Liste des Weltkulturerbes aufgenommen. Es handelt sich wahrscheinlich um das älteste Dorf Amerikas, das im 10. Jahrhundert von Anasazi-Indianern gegründet wurde und sein ursprüngliches Aussehen bis heute weitgehend erhalten hat. Trotzdem ist es kein Museumsdorf, sondern lebendiges Kulturerbe und das Symbol der Ureinwohner Amerikas.

Golden Gate Bridge, San Francisco *(unten)*

Der Konstrukteur Joseph B. Strauss (1870–1938) beendete die gigantische Brücke mit ihrer Länge von 2732 m – damit ist sie die achtlängste der Welt – im Jahr 1937 nach nur vierjähriger Bauzeit. Die Hängebrücke, die neben der Freiheitsstatue das weltweit bekannteste Wahrzeichen der USA ist, trägt sechs Fahrbahnen auf einer Breite von 27 m, die Türme messen stattliche 227 m in der Höhe.

Museum of Modern Art, San Francisco *(oben links)*

Das erste Projekt, das der Schweizer Mario Botta (* 1943) in den USA verwirklicht hat, gehört zu den provokativsten und eindrucksvollsten Bauten San Franciscos. 1992–1995 wurde der postmoderne Bau errichtet. Inmitten rechteckiger Ziegelsockel erhebt sich ein schräg abgeschnittener Zylinder aus zweifarbigem Marmor. So modern die Kunst im Inneren ist, so modern wirkt auch die sie umhüllende Architektur.

Hearst Castle, San Simeon *(Mitte)*

Das Anwesen, das der reiche Medienmogul William Randolph Hearst (1863–1951) zusammen mit seiner Architektin Julia Morgan (1872–1957) von 1919–1930 schuf, gehört zu den extravagantesten und luxuriösesten Anwesen der Welt. Die Architektur des gewaltigen Komplexes ist völlig eklektisch, die Hauptanregungen kamen von Bauten der Gotik und Renaissance in Spanien und von Schloss Neuschwanstein in Deutschland.

Pacific Design Center, Los Angeles *(unten)*

1975 wurde dieser gewaltige Bau, der von den Beverly Hills-Bewohnern bald „The Blue Whale" getauft wurde, eröffnet. In über 200 Ausstellungsräumen werden Designprodukte präsentiert. César Pelli (* 1926) errichtete das Gebäude, das auf jegliche Oberflächenstruktur verzichtet und alles unter einer opakblauen Glashülle versteckt, die den Baukörper wie eine Folie umspannt.

Pavilion for Japanese Art, LACMA, Los Angeles
(linke Seite oben rechts)

Das County Museum of Art in Los Angeles gehört zu den größten Museen der USA. Einer der vielen Erweiterungsbauten ist der 1978–1988 vom architektonischen Außenseiter Bruce Goff (1904–1982) errichtete Pavillon für japanische Kunst. Der Bau ist wegen seiner durchscheinenden Fiberglasflächen berühmt, die ein gedämpftes Licht erzeugen und die japanischen Rollbilder stilecht präsentieren.

Walt Disney Concert Hall, Los Angeles *(oben)*

1999–2003 errichtete Frank O. Gehry (* 1929) das heftig umstrittene, aber mittlerweile zu den bedeutendsten Konzerthäusern der Welt und zu den Juwelen der modernen Architektur zählende Gebäude. Der Bau aus rostfreiem Stahl erinnert an ein gewaltiges Segelschiff mit gebogenen und gewellten Umrissen. Beeindruckend ist die Extravaganz der Formen, die jeglichen Regeln der Baukunst zu widersprechen scheint.

Bradbury Building, Los Angeles *(unten links)*

1892–1893 errichtete George Wyman (um 1860–1900) für einen Bergwerksmagnaten dieses berühmte Gebäude. Hinter der unauffälligen Fassade im Renaissancestil verbirgt sich ein einmaliges Inneres. In dem lichtdurchfluteten, fünfstöckigen Atrium kann man Marmor, reich verzierte schmiedeeiserne Geländer sowie hydraulische Fahrstühle mit Glaskabinen und sichtbarer Mechanik bewundern.

Salk Institute of Biological Studies, La Jolla *(unten rechts)*

Louis Kahn (um 1901–1974) hatte entscheidenden Anteil an der Vollendung und zugleich der Überwindung der klassischen Moderne. Die um einen Innenhof gruppierte symmetrische Sichtbetonanlage der Forschungseinrichtung wurde ab 1959 errichtet und symbolisiert in ihrer hermetischen Wirkung die abgeschottete Wissenschaftswelt.

Mexiko

Tempel des Tlahuizcalpante-cuhtli, Tula (oben)

Das auch „Morgenstern-Pyramide" genannte Bauwerk aus der Toltekenperiode wurde um 1100 errichtet und ist 43 m hoch. Die nach außen gerichteten Seitenwände sind mit reichen Friesen geschmückt. Auf der obersten der fünf Stufen befindet sich ein Tempel, dessen Dach von 5 m hohen steinernen Kriegern getragen wurde. Das Bauwerk diente vermutlich astronomischen Beobachtungen.

Kathedrale, Puebla (unten links)

Die Renaissancekathedrale, der zweitgrößte Sakralbau Mexikos, wurde um 1575 begonnen und 1649 geweiht. 70 m hohe Türme flankieren die Kirche, das Innere ist mit Heiligenfiguren aus Onyx und intarsienreichen Marmorfußböden ausgestattet, stuckierte Decken und goldene Altäre zieren den Innenraum. Hervorzuheben sind der von José Manzo (1789–1840) erbaute Tabernakel sowie das Chorgestühl.

San Francisco Javier, Tepotzotlán (unten rechts)

Die von Lorenzo Rodriguez (um 1704–1774) ab 1762 erneuerte barocke Kirche erstrahlt in ihrer weißen Kalksteinfassade mit den über 300 verschiedenen Skulpturen, die von Pilastern begrenzt werden. Das Innere des Sakralbaus besticht durch seine außergewöhnlichen, vergoldeten Altaraufsätze. Der bedeutendste Sakralbau des churriguereskren Stils in Mexiko gehört seit 2001 zum Weltkulturerbe.

Palacio de Deportes, Mexiko-Stadt *(oben)*

Félix Candela (1910–1997) wurde durch die von ihm entwickelten Schalenkonstruktionen berühmt, die neue Möglichkeiten der Dach- und Raumgestaltung gestatteten. Von den Bauten, die er für die Olympischen Spiele 1968 entwarf, ist nur der grandiose Sportpalast mit seiner 135 m überspannenden Stahlkuppel mit Aluminiumsegeln ausgeführt worden, der 2001 einem Feuer zum Opfer fiel.

Palacio Nacional, Mexiko-Stadt *(unten links)*

Der mächtige Sitz des mexikanischen Staatspräsidenten wurde auf den Grundmauern eines Aztekentempels um 1563 errichtet. Im 19. Jahrhundert wurde er um ein drittes Stockwerk ergänzt. Von 1929–1951 schuf Diego Rivera (1886–1957) im Inneren seine weltbekannten Murales (Muralismo war eine Kunstform der 1920er-Jahre in Mexiko), die die mexikanische Geschichte darstellen.

Catedral Metropolitana de la Asunción de María, Mexiko-Stadt *(unten rechts)*

1573–1667 wurde der riesige Sakralbau mit seinen 62 m hohen Türmen errichtet und gehört zu den größten und ältesten Kirchen ganz Amerikas. Manuel Tolsá (1757–1816) vollendete das Bauwerk Anfang des 19. Jahrhunderts und hinterließ einen bunten Stilmix aus gotischen und neoklassizistischen Elementen. Sehenswert ist der hervorragend geschnitzte „Altar de los Reyes".

Ruinenstadt, Monte Albán
(oben)

Die Hauptstadt „Weißer Berg" der Zapoteken in Südmexiko wurde im 8. Jahrhundert v. Chr. besiedelt. Heute können noch unter anderem bemalte Grabkammern, künstliche Terrassen, Pyramiden, Tempel, steinerne Skulpturen und reiche Reliefs sowie Ballspielfelder besichtigt werden. Besonders charakteristisch sind die über 300 Steinstelen, die tanzende Figuren zeigen. Der Hauptplatz für zeremonielle Veranstaltungen misst stolze 200 x 300 m.

Sonnenpyramide, Teotihuacán
(unten links)

Die drittgrößte Pyramide der Welt ist 65 m hoch und wurde nach der Ausrichtung der Haupttreppe gen Westen benannt. Auf der obersten Plattform befinden sich die Grundmauern eines nicht mehr bestehenden Tempels. Der 222 x 225 m Grundfläche messende Bau wurde um 100 n. Chr. in einem Arbeitsgang erbaut. Welchem Gott der bauliche Gigant geweiht war, ist heute nicht mehr nachvollziehbar.

Präkolumbische Stätte, El Tajín
(unten rechts)

Im 1. Jahrhundert v. Chr. wurde die Stadt von den Totonaken gegründet. Die 25 m hohe „Pyramide der Nischen" ist das wichtigste Bauwerk der Stadt und besteht aus sechs Plattformen mit 364 quadratischen Nischen. Die Stätte birgt zudem acht Ballspielplätze von enormen Ausmaßen. Geometrische Steinsetzungen, Einschnitte in den Stein und szenische Reliefs dekorieren die zahlreichen Bauwerke.

El Palacio, Sayil
(oben)

40 x 85 m misst der im 8. Jahrhundert im Puuc-Stil errichtete dreistöckige Palast inmitten der fantastisch erhaltenen Maya-Ruinenstätte Sayil ("Ameisenhügel"). Die Stockwerke sind so angelegt, dass das Dach des jeweils unteren dem oberen eine galerieartige Terrasse bietet. Hervorragend erhalten sind die Friese mit Abbildern des Regengottes Chaac und der gefiederten Schlangengottheit Quetzalcoatl.

Tempel der Inschriften, Palenque *(unten links)*

Um 690 wurde der Tempel der Inschriften, eine 20 m hohe Stufenpyramide mit Grabkammer, vollendet. Auf der obersten Plattform wurde ein kleiner Tempel aufgebaut. Im Inneren befindet sich ein Raum voller Inschriften und Reliefs, die den Regengott Chaac zeigen. Der Tempel und der ihm gegenüberliegende Palast sind Zentrum der erstmals im 4. Jahrhundert besiedelten Maya-Ruinenstätte.

Kodz Poop, Kabah
(unten rechts)

Der 45 m lange Palast der Masken ist eines der schönsten Beispiele der Maya-Bauweise im postklassischen Puuc-Stil. 260 Masken des Regengottes Chaac zieren das hervorragend erhaltene, um 850 n. Chr. errichtete Bauwerk, das eine Grundfläche von 80 x 80 m besitzt. Der Puuc-Stil ist bekannt für seine ausgewogene Mischung aus reich dekoriertem und zurückgenommenem, natürlich belassenem Stein.

Guatemala

Pyramide des Zauberers, Uxmal *(oben links)*

Die riesige, 38 m hohe Wahrsager-Pyramide mit ihrem ovalen Grundriss überragt die 600 x 1000 m große Maya-Stätte. Fünf Tempel, die in einem Zeitraum von 300 Jahren entstanden sind, wurden Stück für Stück übereinander aufgebaut. Der oberste Tempel, der einen atemberaubenden Blick über die Maya-Ruinen bietet, ist über eine steile, dreigeteilte Treppe erreichbar.

Chichén Itzá *(unten)*

Die bedeutendste der Maya-Ruinenstätten wurde um 450 gegründet und unter der Herrschaft der Tolteken zu neuer Blüte gebracht. Es findet sich ein wahrer Schatz an Bauwerken: der Kriegertempel mit den 1000 vorgelagerten Säulen, der Schneckenturm – ein Observatorium –, die Große Pyramide sowie der ausladende Ballspielplatz. Seit 1988 ist die Stätte auf der Welterbeliste.

Tempel des großen Jaguars, Tikal *(oben rechts)*

Inmitten des Regenwaldes befindet sich diese wunderbar erhaltene, im 2. bis 5. Jahrhundert zur Blüte gebrachte Mayastadt. Von verzierten Stelen geschmückte Fest- und Versammlungsplätze und riesige, steil aufgeblockte Pyramiden, darunter der fast 47 m hohe, neunstufige Tempel des großen Jaguars, sind die Hauptsehenswürdigkeiten dieser faszinierenden Maya-Stätte.

Kolumbien

Catedral Primada de Colombia, Bogotá *(oben)*

An der Stelle, an der heute der gewaltige Bau steht, wurde 1538 die erste Messe gefeiert und durch den Konquistador Gonzalo Jiménez de Quesada (1509–1579), der in der Kirche begraben ist, die Stadtgründung vorgenommen. Die Kirche mit ihrer breit gelagerten Doppelturmfassade, die auf römische Barockbauten zurückgreift, ist ein historisierender Neubau, der in den Jahren 1807–1823 ausgeführt wurde.

Dominikanische Republik

Ciudad Colonial, Santo Domingo *(Mitte)*

Nach der Landung des Christoph Kolumbus im Jahr 1492 legte dessen Bruder Bartolomeo (um 1461–1515) den Grundstein für die Stadt, die damit die älteste von Europäern gegründete Siedlung in der Neuen Welt ist. Die rechtwinklig angelegte Stadt wurde zum Vorbild für alle folgenden Neugründungen Lateinamerikas. 1990 wurde die Altstadt mit ihren wunderschönen Kolonialbauten zum Weltkulturerbe ernannt.

Haiti

Zitadelle Laferrière, Cap-Haïtien *(unten)*

Das wilde Massif du Nord birgt auf 900 m Höhe eine trutzige, uneinnehmbar wirkende Festung, an deren Errichtung 200 000 Menschen arbeiteten und viele Tausend ihr Leben ließen. Die Burg, die nur mit Eseln erreichbar ist, ließ der haitianische Kaiser Henri Christophe (1767–1820) von 1804–1817 aus Angst vor französischen Invasionen erbauen. 150 Kanonen sind heute noch zu besichtigen.

Ecuador

La Nueva Catedral, Cuenca
(Mitte)

Auf der Plaza Abdón Calderón befinden sich zwei Kathedralen, die La Catedral Vieja aus dem 16. Jahrhundert mit der ältesten Orgel Ecuadors und die jüngere La Nueva Catedral, die 1885 begonnen und nie ganz fertiggestellt wurde. Fast 10 000 Menschen kann das 105 m lange und 43,5 m breite Bauwerk aufnehmen. Die prächtige Kirche ist das Wahrzeichen der Stadt.

Peru

Kathedrale, Lima
(oben)

Nach einem Erdbeben von 1746 wurde die auf das Jahr 1543 zurückgehende Kathedrale in barock-klassizistischer Form mit Renaissance-Elementen rekonstruiert. Der in kühlen Farben gehaltene Innenraum enthält das prachtvoll geschnitzte Chorgestühl, eine Sammlung wertvoller Gemälde und Skulpturen sowie angeblich auch die letzte Ruhestätte von Francisco Pizarro (1476–1541).

Convento de San Francisco, Lima *(unten rechts)*

Das Kloster ist ein letzter Höhepunkt der Architektur des Vizekönigreichs Peru. Die mächtige Doppelturmfassade der 1674 vollendeten Kirche und ihr komplett mit rotweißen geometrischen Mustern überzogenes Inneres zeigen deutlich spanisch-maurische Einflüsse. In den Katakomben des größten Franziskanerklosters Südamerikas fanden über 70 000 Menschen ihre letzte Ruhestätte.

Sonnentempel, Moche
(linke Seite unten links)

Der sogenannte Sonnentempel „Huaca del Sol" befindet sich an der Pazifikküste Perus. Er ist ein imponierendes Zeugnis der Moche-Kultur, die zwischen dem 1. und dem 8. Jahrhundert das Leben im nördlichen Peru bestimmte. Die riesige, in ihrer Grundfläche 228 x 136 m messende Sonnenpyramide ist 41 m hoch und aus rund 140 Millionen Lehmziegeln gefertigt.

Ruinenstadt, Chan Chan
(oben)

Als Hauptstadt des Chimú-Reiches wurde Chan Chan etwa um 1300 im Adobe-Stil erbaut. Neun autonome Zitadellen, umgeben von hohen Mauern, vereinten in sich bis zu hundert Gebäude, Paläste und Tempel, alle reichlich mit Reliefs verziert. Bis zu 60 000 Menschen lebten in der 28 km² weiten, heute erwiesenermaßen größten Adobe-Stadt der Welt.

Ruinenstadt Machu Picchu
(unten)

In den peruanischen Anden liegt eines der wertvollsten Zeugnisse des Inkareichs: Künstlich angelegte Terrassen bilden das etwa 2 ha große Fundament für die Mitte des 15. Jahrhunderts auf nahezu 2500 m Höhe erbaute Stadt. Kultstätte, Wohnhäuser landwirtschaftliche Bereiche sowie das „Viertel der Handwerker" lassen sich noch heute bewundern.

Inkafestung Sacsayhuamán
(unten links)

Drei Kilometer oberhalb der Stadt Cuzco, im 12. Jahrhundert als Hauptstadt des Inka-Reichs gegründet, liegen, einer Festung ähnlich, riesige, exakt behauene Steinquader, ohne Mörtel aufeinandergeschichtet. Das Fundament des ruinenartigen Bauwerks, dessen Funktion nicht bekannt ist, hat enorme Ausmaße. Die Zyklopenmauern sind bis zu 10 m hoch.

Catedral de Santo Domingo, Cuzco *(unten rechts)*

Auf den Grundmauern des Palastes des achten Inka Huiracocha (15. Jahrhundert) erbaut, wurde der barocke Bau 1654 vollendet. Erdbeben zerstörten die Kirche fast vollständig, so musste sie 1950 erneuert werden: Künstler aus der „Schule von Cuzco" gestalteten den Innenraum mit Schnitzereien und Gemälden. Im Inneren befindet sich auch die Figur des „Señor de los Temblores", des Schutzpatrons gegen Erdbeben.

Brasilien

Teatro Amazonas, Manaus
(oben)

Das 1896 erbaute und mit dem während des Kautschukbooms erwirtschafteten Reichtums finanzierte Opernhaus ist ein prachtvolles Bauwerk mit mehrgeschossiger Fassade und Innenräumen, die im Jugendstil gehalten sind. Baumeister und Materialien wurden aus ganz Europa importiert. Schlanke Säulen und ein bogenförmiges Giebelfeld gliedern die Fassade, eine markante Kuppel krönt das Theater.

Museu de Arte Contemporâneam, Niterói *(oben)*

Über dem Meer vor der Küstenstadt Niterói thront auf einem Felsvorsprung das Museum für zeitgenössische Kunst, das Wahrzeichen der Stadt und ein Meisterwerk des großen brasilianischen Architekten Oscar Niemeyer (* 1907). Das 1996 eröffnete Museum gleicht einem eleganten UFO. Vom Museum aus hat der Besucher einen fantastischen Blick auf den Zuckerhut und Rio de Janeiro.

Catedral Metropolitana Nossa Senhora Aparecida, Brasilia *(Mitte)*

Das Meisterwerk Oscar Niemeyers (* 1907), ein eigenwilliges Bauwerk aus Betonrippen und Glas, symbolisiert die Dornenkrone Christi. Die meditative Kargheit im Inneren der Kirche wird von den lebensgroßen Engelsfiguren von Alfredo Ceschiatti (1918–1989) aufgelöst, die an Stahlseilen in der Mitte der Kuppel schweben. Vor dem unterirdischen Eingang stehen die Skulpturen der Evangelisten.

Igreja de São Francisco de Assis, Belo Horizonte *(unten)*

Vier wellenförmige Betongewölbe, die an der Nordseite mit Mosaiken verziert sind, bilden den Rahmen für diese extravaganten Kirche, die Oscar Niemeyer (* 1907) im Jahr 1939 erbaute. Der Innenraum wird durch Jalousien erhellt, die sich über dem Eingang an der Südfassade befinden. In der im Stadtteil Pampulha gelegenen Kirche manifestiert sich Niemeyers stark plastischer Stil erstmals.

Ministerium für Erziehung und Gesundheit, Rio de Janeiro
(oben links)

Das unter Beratung Le Corbusiers (1887–1965) in den Jahren 1937–1943 von Oscar Niemeyer (* 1907) erbaute Ministerium gilt als erstes modernes Hochhaus der Welt. Der auf hohen Pfeilern ruhende Bau mit seinen aus einer nicht tragenden Glas-Stahl-Konstruktion (Curtain Wall) gefertigten Fassaden und den klaren geometrischen Formen wurde zum Vorbild vieler Hochhausbauten in aller Welt.

Memorial da América Latina, São Paulo *(oben rechts)*

Auf einer Fläche von mehr als 84 000 qm sind mehrere Gebäude (u. a. Bibliothek, Kunsthallen, Auditorium und die charakteristische riesige Hand) zu einer futuristisch anmutenden Anlage, dem „Memorial da America Latina" vereint. Das im Jahr 1989 fertiggestellte Werk Oscar Niemeyers (* 1907) symbolisiert die Idee der kulturellen Integration des lateinamerikanischen Kontinents.

Edifício Copan, São Paulo
(unten)

Oscar Niemeyers (* 1907) 1953–1966 errichtetes, 115 m hohes Copan-Gebäude, dessen Name von einem Maya-Tempel in Honduras inspiriert wurde, gilt als das größte Wohnhaus der Welt. Das gigantische Hochhaus mit seiner wellenförmig geschwungenen Fassade bietet über 1100 Wohnungen Platz, beherbergt über 5000 Menschen und besitzt sogar eine eigene Postleitzahl.

Argentinien

Plaza de Mayo, Buenos Aires
(oben links)

Der von einem großen Brunnen geschmückte Platz, der nach der argentinischen Mai-
Revolution benannt ist, ist das Wahrzeichen
der Stadt und ein Ort der Repräsentation. Aus
der Kolonialzeit stammt das alte Rathaus, das
Cabildo. Es wurde im Jahr 1725 errichtet. Ihm
gegenüber liegt der rosafarbene Präsiden-
tenpalast, die „Casa Rosada". Hier befand sich
1595 ein Fort aus der Zeit der Stadtgründung.

Teatro Colón, Buenos Aires
(oben rechts)

Das prächtige Theater wurde 1857 erbaut
und nach umfassenden Umbaumaßnahmen
1908 mit einer Aida-Aufführung wiedereröffnet. Die Kulturstätte ist im Stil der italienischen Renaissance gehalten und zählt
heute zu den wichtigsten Opernhäusern der
Welt. Der „Goldene Saal" mit seiner prunkvollen vergoldeten Decke bietet Platz für bis
zu 3500 Zuschauer.

Chile

Palacio de La Moneda,
Santiago de Chile *(unten)*

Der vierflüglige Regierungspalast Chiles
wurde ab 1784 vom Italiener Joaquín Toesca
(1745–1799) im klassizistischen Stil erbaut.
Der ursprünglich als Münze genutzte, trutzig
wirkende Bau hat eine bewegte Geschichte.
Hier fand 1973 der Militärputsch General
Augusto Pinochets (1915–2006) gegen Sal-
vador Allende (1908–1973) statt, woraufhin
Allende im La Moneda Selbstmord beging.

Glossar

Abhängling Schlusssteine bilden den höchsten Punkt eines Gewölbes. Wenn diese in Form von Zapfen oder Knaufen in das Innere des Gebäudes herabhängen, spricht man von einem „Abhängling".

Ädikula Eine Ädikula ist ein antikes Bauwerk in Form eines kleinen Tempels oder einer Nischenumrahmung.

Adobe Das System des Bauens mit luftgetrockneten Lehmziegeln stammt ursprünglich aus Lateinamerika. In den Wüstengegenden Nordamerikas und in New Mexico trägt dieser archaische Baustil den Namen seiner Materialien: Adobe.

Agora Die Agora bildete einen offenen Versammlungsplatz in den Städten der griechischen Antike.

Amphiprostylos Der Begriff bezeichnet eine bestimmte Form des Grundrisses bei antiken Tempeln, bestehend aus einem Hauptraum und Säulen an Vorder- und Rückseite des Baus.

Apsis Eine Apsis ist ein nischenartiger Raumabschluss, speziell im Kirchenbau versteht man darunter den Abschluss von Langhaus oder Chor.

Arkatur Arkaden sind Säulengänge mit einer offenen, bogenförmigen Begrenzung. Bei einer Abfolge von mehreren Arkaden spricht man von einer Arkatur.

Attika In der Architektur der Antike bezeichnet „Attika" ein Geschoss oder eine niedrige Mauer über dem Gesims einer Fassade, die das Dach verdeckt.

Barock Der Begriff „Barock" kennzeichnet eine Stilepoche, die etwa von 1575 bis 1770 vor allem in den katholischen Ländern Europas vorherrschte. Die üppige Vielfalt an Ornamenten und vergoldeten Skulpturen vieler Wallfahrtskirchen in Süddeutschland entspricht den Gestaltungsregeln der barocken Kunst.

Barock: Kirche Unserer Lieben Frau, Birnau

Basilika Von einer Basilika spricht man bei einem drei- oder fünfschiffigen Kirchenbau mit erhöhtem Mittelschiff, bei dem die Seitenschiffe niedriger sind.

Blendarkaden Im Gegensatz zu normalen Arkaden werden Blendarkaden ohne Zwischenräume zur Wand als Gliederungselement eingesetzt.

Chedi Die spitz zulaufenden Bauten in Glockenform bilden den Mittelpunkt von buddhistischen Tempelanlagen in Thailand, in denen vor allem Reliquien Buddhas und Buddhastatuen aufbewahrt werden.

Chor Der den Geistlichen vorbehaltene, die Kirche abschließende Raum um den Hochaltar wird als Chor bezeichnet. Oft liegt er einige Stufen erhöht und wird durch Gitter, Schranken oder einen Lettner vom Mittelschiff getrennt. In christlichen Kirchen ist der Chor meist nach Osten ausgerichtet.

Churriguerastil Der churrigureske Stil ist ein Architektur- und Designstil aus dem spanischen Spätbarock. Er hat seinen Namen von der berühmten Baumeisterfamilie Churriguera aus Salamanca.

Cinquecento Mit dem Begriff verbindet man allgemein die Epoche der italienischen Renaissance im 16. Jahrhundert.

Condottiere Die Söldnerführer der italienischen Stadtstaaten übten nicht nur ihren militärischen Einfluss aus, sondern betätigten sich auch als Mäzene auf dem Gebiet der Kunst und Architektur. Zu den erfolgreichsten Condottieri gehörten Francesco Sforza (1401–1466), Sigismondo Malatesta (1417–1468) und Federico da Montefeltro (1422–1482).

Curtain-Wall Curtain-Walls sind bereits vorgefertigte Fassaden aus Glas oder Metall, die bei der Konstruktion von Hochhäusern vorgehängt werden und nicht tragend sind. Sie fanden ihren ersten Einsatz in den USA der 1920er-Jahre.

Dienst Dienste sind vor Innenwänden oder Pfeiler gelegte oder eingebundene dünne (Halb-)Säulen, deren Durchmesser sich nach den von ihnen gestützten Gewölbebögen richtet.

Dom Der Begriff „Dom" stammt vom lateinischen „Domus Dei" (Haus Gottes) ab und bezeichnet eine bedeutende Kirche, die nicht zwingend Bischofssitz sein muss (vgl. Kathedrale).

Dravida-Stil Der Dravida ist ein südindischer Baustil von hinduistischen Tempeln, der im 7. Jahrhundert aufkam.

Eklektizismus Eklektizismus beschreibt die Kombination verschiedener Stilrichtungen in einem einzigen Gebäude oder Bauteil. Manchmal wird der Begriff auch auf die generelle stilistische Vielfalt des 19. Jahrhunderts angewendet, obwohl sich hierfür seit den 1970er-Jahren der Begriff „Historismus" durchgesetzt hat.

Fiale Der Begriff bezeichnet ein schlankes Ziertürmchen der Gotik.

Flamboyant Als Flamboyant wird der überreich ausgeschmückte Stil der Spätgotik in Frankreich, Spanien und Portugal im 15. Jahrhundert bezeichnet, der sich besonders durch die flammenähnliche Längung des Maßwerks auszeichnet. In England wird diese Phase Perpendicular Style, in Deutschland Sondergotik genannt.

Fresko Unter „Fresko" versteht man eine Wandmalerei auf noch feuchtem Kalkputz. Die Farben verbinden sich nach dem Trocknen untrennbar mit dem Putz.

Gebundenes System Besonders im romanischen Kirchenbau des deutschsprachigen Raums findet man diese Form der Raumgliederung: Hierbei entspricht ein Joch (der Bereich eines Gewölbes zwischen vier Pfeilern oder Säulen) im Mittelschiff zwei Jochen des Seitenschiffes. Die Proportionen der Kaiserdome in Mainz, Speyer und Worms zeigen diesen charakteristischen Aufbau.

Gesims Das Gesims – auch Sims genannt – ist eine vorspringende, meist waagrechte Bauform zur Untergliederung einer Fassade.

Gotik Die Gotik ist eine Kunstepoche (etwa ab 1140 bis teilweise nach 1500), die in Frankreich mit dem Bau der Klosterkirche von Saint-Denis ihren Ausgang nahm und von

Gotik: Basilika, Saint-Denis

dort vor allem nach England und zögerlich auch nach Deutschland ihren Einfluss nahm. Bezeichnend für gotische Bauten sind die hochaufragenden Gewölbe mit ihren Kreuzrippenbändern und die großen Fenster im Kathedralbau.

Historismus Historismus ist der Name einer Stilperiode, die die europäische und westliche Architektur von etwa 1850-1900 geprägt hat. Sie ist gekennzeichnet durch Wiederaufnahme, Nachahmung und Kombination älterer Stile wie Gotik, Renaissance, Barock und Rokoko. Einer der federführenden Architekten des Historismus in Deutschland war Gottfried Semper (1803–1879).

Ikonostase In der orthodoxen Kirche versteht man unter einer Ikonostase eine mit Ikonen und anderen religiösen Gemälden geschmückte Wand, die das Kirchenschiff vom Heiligtum trennt.

Inkrustation Unter Inkrustation versteht man die Verkleidung von Wänden und Fußböden mit edlen, oft farbigen Steinen, die in Stein eingefasst werden (im Unterschied zu Intarsien, den Einlegearbeiten in Holz).

Jainismus Der Jainismus ist eine Religion, deren Ursprung in Indien im 6. Jahrhundert v. Chr. liegt und die heute etwa 4,5 Millionen Anhänger zählt.

Jugendstil Die auch als Art Nouveau bezeichnete Stilepoche um die Jahrhundertwende vom 19. zum 20. Jahrhundert hat ihren Ursprung in der Wiener Secession und der Arts-and-Crafts-Bewegung in England. Kennzeichnend für die Architektur des Jugendstils sind Hyperbeln und geschwungene Linien in Fenstern, Arkaden und Türen und dekorative Ausformungen, die zu pflanzenähnlichen Formen „wachsen".

Kanneluren Die senkrechten, konkaven Rillen in Säulen nennt man Kanneluren.

Kapitell Den oberen Abschluss einer Säule bezeichnet man als Kapitell. Im Bauschmuck werden Kapitelle häufig ornamental ausgeformt und sind daher wichtige Gestaltungselemente.

Jugendstil: Métro, Paris

Kassettendecke Bei einer Kassette wird die Decke durch vertiefte Felder verziert.

Kathedrale Eine Kathedrale bezeichnet immer eine Bischofskirche, was bedeutet, dass dieses Gotteshaus Sitz eines katholischen, orthodoxen oder anglikanischen Bischofs ist. Der Begriff geht zurück auf das griechische Wort für Stuhl (kathedra) des Bischofs.

Kirchenschiffe Wenn der Innenraum einer Kirche durch Säulen oder Pfeiler in mehrere Bereiche unterteilt ist, spricht man von den sogenannten Kirchenschiffen. An das Langhaus (d. h. die Gesamtheit der Kirchenschiffe) schließt sich das Querhaus an, das den Blick freigibt auf den Altarraum der Kirche – den Chor mit der Apsis.

Klassizismus Nachdem der Barock mit seinen überladenen Verzierungen aus der Mode gekommen war, entstand im späten 18. Jahrhundert als Gegenbewegung der Klassizismus, der als Ideal eine strenge Nachahmung der klassisch-griechischen Antike suchte. Vor allem die Bauten von Karl Friedrich Schinkel (1781–1841) und Georg Wenzeslaus von Knobelsdorff (1699–1753) in Berlin und Potsdam zeugen von der Pracht der klassizistischen Architektur.

Kolonnade Zur Gliederung von Fassaden und Rahmung von Straßen und Plätzen werden diese Säulengänge mit waagrechten Balken – im Gegensatz zur rund- oder spitzbogigen Arkade – eingesetzt.

Klassizismus: Altes Museum, Berlin

Kolossalordnung Andrea Palladio (1508–1580) entwickelte diese architektonische Spielart im Villenbau der Spätrenaissance, bei der Säulen und Pilaster samt ihrem Sockel mehrere Geschosse einer Fassade zusammenfassen.

Konche Der Begriff „Konche", der sich vom lateinischen „concha" (Muschel) ableitet, steht für einen halbrunden Raum, der mit einer Kuppel überdacht ist. Er ähnelt der Apsis, enthält aber keinen Altar und ist deshalb vor allem in Profanbauten zu finden.

Kreuzgang Der Kreuzgang im Kloster ist ein überdachter Gang um einen meist viereckigen, offenen Hof.

Krypta Die zumeist unterirdisch angelegte Krypta dient als Räumlichkeit zur Aufbewahrung von Reliquien oder als Grabstätte, meist nach Osten ausgerichtet unter dem Chor angelegt.

Laterit Laterit ist eine rötliche Bodenart in den wechselfeuchten Tropen, stark angereichert mit Aluminiumhydroxid und Eisenoxid.

Lettner Der Lettner ist eine mit Durchgängen versehene Trennwand zwischen Chor und Mittelschiff.

Lisene Besonders in der Romanik sind diese der Wandgliederung dienenden, senkrecht hervortretenden Mauerstreifen beliebt.

Louis-seize Diese Stilrichtung der französischen Kunst des 18. Jahrhunderts erhielt ihren Namen durch König Ludwig XVI. (1754–1793). Sie orientierte sich an den Formen der klassischen Antike und wandte sich – nach dem fantasievollen Figurenreichtum des Rokoko – wieder naturalistischen Gestaltungselementen zu.

Madrasa Neben der Moschee ist die Madrasa (türkisch: Medrese) die bedeutendste Bauform der islamischen Sakralarchitektur. Seit dem 10. Jahrhundert wurden diese Lehreinrichtungen zweigeschossig um einen rechteckigen Hof erbaut.

Manuelstil Dieser portugiesische Baustil entstand zur Regierungszeit von König Emanuel I. (1495–1521) und leitete den Übergang von der Spätgotik in die Renaissance in Portugal ein. Naturalistische Ausschmückungen, gewundene Pfeiler und maurische Elemente kennzeichnen diese Epoche.

Maßwerk Das Maßwerk („gemessenes Werk") ist das bedeutendste Schmuckelement der Gotik und wurde vor allem als Füllung an Fenstern und Arkaden verwandt.

Mudéjar-Stil Der Begriff bezeichnet einen Bau- und Dekorationsstil in Spanien, der maurische und gotische Formelemente verbindet. Benannt ist der Stil nach den Mudejáres, arabischen Künstlern und Handwerkern.

Nymphäum Die Quellkultplätze der Nymphen wurden in der griechischen Antike als Nymphäen bezeichnet.

Obergaden Der auch Lichtgaden genannte obere Wandabschnitt im Mittelschiff enthält die Fenster.

Okeanos Okeanos ist einer der Titanen der griechischen Mythologie. Seine Eltern sind die Erdgöttin Gaia und der Himmelsgott Uranos. Mit seiner Schwester Thetis zeugte er die Okeaniden, Meeresnymphen, die über die Meere herrschen.

Päpstliche Basilika Basilica minor wird eine Kirche (unabhängig von ihrer Bauform) dann genannt, wenn das päpstliche Pontifikat sie besonders würdigt und ihre Bedeutung für die Region herausstellt. Sie ist berechtigt, das Papstwappen der zwei gekreuzten Schlüssel zu tragen. Weltweit gibt es derzeit rund 1500 päpstliche Basiliken.

Palladianismus Dieser klassizistische Baustil beruht auf seinem Namensgeber Andrea Palladio (1508–1580), dessen stilistisches Kennzeichen die bewusste Abkehr vom römischen Barock durch den Einsatz von klassischen Bauformen der griechischen Antike ist.

Patriarchalbasilika Die ranghöchsten Gotteshäuser der katholischen Kirche werden als Basilicae maiores bezeichnet. Vier bilden die sogenannten Patriarchalbasiliken und befin-

Renaissance: Santa Maria del Fiore, Florenz

den sich in Rom (San Pietro, San Giovanni in Laterano, San Paolo fuori le Mura, Santa Maria Maggiore). Die anderen drei sind: San Lorenzo fuori le Mura (ebenfalls Rom), San Francesco und Santa Maria degli Angeli (beide Assisi).

Pilaster Ein Pilaster ist ein zur Gliederung eingesetzter Wandpfeiler mit Basis und Kapitell, der keine Stützfunktion hat.

Portikus Als Portikus bezeichnet man eine Vorhalle vor der Hauptfront eines Gebäudes, die von Säulen, seltener von Pfeilern getragen wird. Er ist ein typisches Element der klassizistischen Architektur.

Renaissance Ihren Ausgang nahm die Renaissance (deutsch: Wiedergeburt) im 14. Jahrhundert in Italien, als man die Ideale der Kultur der Antike wiederentdeckte. Nicht nur in der Kunst, sondern auch in Wissenschaft, Literatur und Philosophie gab es eine Rückbesinnung auf antike Meister und einfache Grundformen, was sich z. B. in der Architektur der Stadt Florenz widerspiegelt.

Retabel Ein Altarretabel ist ein Aufsatz auf dem Altar, der oftmals reich mit Reliefs und Beschlägen ausgeschmückt ist.

Risalit Den Gebäudeteil, der vor dem Hauptbaukörper hervorspringt, bezeichnet man als Risalit. Er ist manchmal auch höher als das Hauptgebäude und besitzt oft ein eigenes Dach. Besonders bei barocken Profanbauten sind Mittel-, Eck- oder Seitenrisalite häufig.

Rokoko Eine Abwandlung des europäischen Barock fand im Rokoko, in den Jahren 1720 bis etwa 1775, statt. Die ohnehin schon sehr überbordenden Verzierungen barocker Baukunst werden im Rokoko noch pompöser, allerdings auch zierlicher und filigraner. Typisches Ornament ist die Rocaille (französisch: Muschel), ein muschelförmiges Zierelement, dem die Epoche seinen Namen verdankt.

Romanik Die romanische Kunstepoche ist etwa zwischen 1000 und 1200 angesiedelt. Typisch für romanische Bauten sind ihre Rundbogenarchitektur und ihre starken, fast festungsartigen Mauern. Das erste Aufkom-

Romanik: Abtei Maria Laach, Mendig

men des Kreuzgratgewölbes wird in die Romanik eingeordnet.

Rustika Die Rustika ist ein Mauerwerk aus grob zugehauenen Quadersteinen, das vor allem in der italienischen Frührenaissance zu einem beliebten Motiv der Fassadengestaltung wurde.

Sala terrena Im Erdgeschoss eines Schlosses befand sich oft dieser Gartensaal als Übergang zum Park, der häufig als Grotte ausgestaltet wurde.

Säulenordnungen In der Architektur der Antike unterscheidet man zwischen den drei großen Säulenordnungen dorisch, ionisch und korinthisch. Dorische Säulen sind kanneliert und haben anstelle von Basis und Kapitell nur einen Wulst und eine Abdeckplatte (Abakus) als Abschlüsse. In der ionischen Ordnung endet der kannelierte Schaft einer Säule in einer Basis, und am oberen Ende schließt ein Volutenkapitell, d. h. ein Kapitell mit beidseitiger, schneckenförmiger Ausgestaltung, an. Die korinthische Ordnung unterscheidet sich von der ionischen nur durch das Akanthuskapitell, d. h. ein Kapitell mit einer Distelblattverzierung.

Scheitelkapelle Diese in der Mittelachse eines Chors gelegene Kapelle ist meist der Heiligen Jungfrau geweiht und wird in England daher als „Lady Chapel" bezeichnet.

Seccomalerei Im Unterschied zum Fresko wird bei der Seccomalerei die Farbe auf trockenen Putz aufgetragen und ist aus diesem Grund weniger haltbar.

Sgraffito Bei dieser Technik der Wandgestaltung aus dem 14. Jahrhundert werden mehrere, verschiedenfarbige Putzschichten übereinander appliziert, und das Gemälde anschließend aus dem Putz herausgekratzt, sodass eine mehrfarbige Wirkung erzielt werden kann.

Tambour Den mauerartigen Unterbau einer Kuppel, der meist zylinderförmig oder polygonal angelegt und oftmals mit Fenstern versehen ist, nennt man Tambour (französisch: Trommel).

Tholos Der Tholos ist eine Form des antiken griechischen Rundtempels, bei dem der Hauptraum von einem Säulenkranz umstellt ist.

Travertin Diese leichten, porösen Kalksteine werden in Süßwasserquellen gebildet. Bekannteste Vorkommen sind die Mammoth Hot Springs im US-amerikanischen Yellowstone National Park oder die Travertinterrassen im türkischen Pamukkale.

Triforium Ein Triforium ist ein Laufgang über den Arkaden an der Hochwand von gotischen Kathedralen.

Tuchhalle Tuchhallen – auch Gewandhäuser genannt – sind Messe- oder Lagerhäuser der Tuchmacherzunft des Mittelalters.

Tympanon Bei antiken Tempeln bezeichnet „Tympanon" ein Giebelfeld, im Sakralbau ist damit das Bogenfeld über den Eingangsportalen gemeint.

Vierung Die Vierung bezeichnet im Kirchenbau jenen Bereich, der durch die Kreuzung von Lang- und Querhaus gebildet wird. Oft ist sie mit einer Vierungskuppel oder einem Vierungsturm überbaut.

Volute Diese Spiral- oder Schneckenform kommt häufig an Konsolen, Giebeln und Kapitellen des Barock zum Vorschein.

Register

Bildquellen

dpa Picture-Alliance GmbH:

Seite 8/9; 10 u.l.; 12 u.l., o.r.; 13; 14; 15 o., u.r.; 16 o.l., u.l., u.r.; 17 M.; 19 o.; 20 u.l., u.r.; 21 o.; 22 o.; 23 o.l.; 24 o.; 25 o.; 26; 27 o., M.; 29 o.l., o.r.; 30 u.l., u.r.; 31 M., u.l., u.r.; 34; 35 o.r.; 36 o.l., o.r; 37 o.; 38 u.r.; 39 o.l.; 40 o.r., u.l., u.r.; 41 o.l., u.; 43 u.l., u.r.; 44 o., u.; 45 u.l, u.r.; 46 o.l., o.r.; 47; 48 o.l., u.; 49 o.l.; 50; 51 o., u.l.; 52 u.l., u.r.; 53 o.l., o.r., u.r.; 55 u.l.; 57 u.r.; 58; 59 o.l., o.r., M.; 60; 61 o.r., u.l.; 62 u.; 63 u.r.; 64 o.l., u.; 66 o.r.; 67 o.l., u.; 68 o.r., u.; 69 o.l., u.; 70 u.r.; 71 o.r, u.l.; 72 u.r.; 75 o.l., u.; 76; 77 M., u.; 78 o.r., u.l.; 79 o., u.l.; 80 u.; 81 o.l., o.r.; 82 u.r.; 83 u.l., u.r.; 84 o.l., o.r., u.r.; 85; 86 u.; 90 o.l., u.; 91 o.M.; 92; 93; 94 o.r., u.; 96 u.; 97 o.l., o.r., u.l.; 98; 99 o., u.r.; 101 o.; 102 o.l., o.r.; 103 u.l.; 104 u.l., u.r.; 106 o.M., o.r., u.r.; 107; 108 o., u.r.; 109 u.l.; 111 u.l., u.r.; 112 o.l., u.r.; 114 u.r.; 115 o.r., u.r.; 116 o.l.; 117 o.r.; 118 o.; 119 u.r.; 120 u.r.; 121 o.r.; 123 u.r.; 124 M.r., u.l.; 126 o.l., u.; 127 o.r.; 128 o.r.; 129 u.l., u.r.; 130 o.l., u.l., u.r.; 131 o.l.; 132 o., M.r.; 134 o., u.l., u.r.; 135 o., M.; 136 o., M., u.r.; 137 u.l.; 138 o.r.; 139 o.r., u.; 140 u.l.; 141 u.r.; 142 o.l.; 143 u.l., u.r.; 144 o., u.; 145 o.r., u.l., u.r.; 146 o.; 148 o.r., u.l.; 149 o.r.; 150 o.; 151 u.; 153 o.r.; 154 o., u.r.; 155 u.; 156 o.l., u.r.; 157 u.l.; 158 o.r.; 159 u.; 160 u.r.; 162 o.l., u.l.; 163 o.r.; 164 u.; 164 u.l.; 166 u.l.; 167 u.l.; 168 M.; 169 o.l., o.r., u.l.; 170 u.l., u.r.; 172; 173 u.l., u.r.; 174 M.; 176 o.l., u.l.; 177 u.l.; 180 o.l., o.r.; 181 o.; 182 u.l.; 183; 184 o.l., o.r., u.r.; 186 M.; 187 M.; 188 u.l., u.r.; 189 o.l.; 190 o.; 191 u.r.; 192 o.; 193 u.r.; 195 o., u.; 196 o.r., u.; 198 u.; 199 M.; 200 o.; 201 u.; 204 o.l.; 205 o.l.; 206 u.l., u.r.; 207 u.l., u.r.; 208 u.l., u.r.; 209 u.l., u.r.; 210 o., u.l.; 211 o.r., u.r.; 212 u.l., u.r.; 213 u.r.; 214 o.l., u.; 215 o.r., u.r.; 216 o.l., o.r.; 217 o.; 218 M.; 219 o.r., u.r.; 220 u.r.; 221 o.l.; 222 o.; 223 u.; 224 o.r.; 225 o.r., u.r.; 226 o.r., u.r.; 228 u.l.; 229 o.l.; 232 o.l., o.r.; 233 o., u.l.; 234 u.; 236 o.l.; 237; 238 o, u.l.; 239 o., M.; 240 o.r., u.r.; 241 u.r.; 242; 243 u.l.; 245 o.r.; 246 u.; 247 o.; 248 o.l., o.M.; 249 u.l.; 250 o.r., u.; 251 o.l., u.; 252 o., u.; 253 u.r.; 254 o.r., M.; 256/257; 258 M., u.; 259 M.; 260 u.r.; 261 o.l., u.r.; 262 u.; 263 u.l., u.r.; 264 o., u.l.; 265 o., u.r.; 266 u.l.; 268 o.l., o.r.; 269 o.l., u.r.; 271 o.l., u.l., u.r.; 272 o., u.r.; 273 o.l., u.l.; 274 o.l., o.r.; 275 o.l., o.r.; 276 u.l.; 277 o., u.r.; 278 o.l., u.r.; 281 o.r.; 282 o., M.; 283 u.r.; 284 o.l., u.; 285 o.l., o.r., u.l.; 286 u.l.; 287 o.l.; 288 o.l., o.r.; 292 u.l., u.r.; 293; 295 u.r.; 296; 297 u.l., u.r.; 299 u.l.; 300 o., u.; 301 u.l.; 302 M., u.l.; 303 o.r.; 304 o., M., u.l.; 305 o.r.; 306 o.l., o.r.; 308 o.l.; 309 M., u.; 312 M.; 314 u.r.; 315 o., u.l.; 317 u.l., u.r.; 318 u., 320 o., u.l., u.r.; 323 o.; 324 o.r., u.; 325 o.l., o.r.

Interfoto:

Seite 17 u.; 18 o., u.r.; 19 u.l., u.r.; 21 u.l.; 22 u.l.; 23 o.r., u.l.; 24 u.r.; 25 u.l., u.r.; 27 o.r., u.; 28 u.l., u.r.; 29 u.; 32 o.l., u.; 35 o.l.; 36 u.; 37 u.r.; 38 o.; 40 o.l.; 41 o.r.; 51 u.r.; 56 u.l., u.r.; 57 o.; 61 u.r.; 62 o.l., o.r.; 64 o.r.; 68 o.l.; 69 o.r.; 70 u.l.; 74 o.l., u.l.; 75 o.r.; 79 u.r.; 91 o.l.; 95 u.l.; 97 u.r.; 99 u.l.; 101 u.l.; 102 u.; 103 u.r.; 109 o.; 116 o.r.; 118 u.; 119 g.u.l.; 120 o.; 122 u.l.; 123 o.; 124 u.r.; 125 o.l.; 126 o.r.; 127 u.; 129 o., M.l.; 132 u.r.; 133 u.l.; 134 M.; 144 M.; 145 o.l.; 146 u.r.; 147 u.l.; 150 u.r.; 151 o.l.; 152 M.; 155 o.r.; 156 o.r., u.l.; 157 u.r.; 159 o.l.; 160 o.; 162 o.r.; 163 o.l., u.; 164 o.r.; 166 o.; 167 o., u.r.; 169 u.r.; 171 o., u.r.; 178 o.l., o.r.; 179 o.r.; 184 u.l.; 187 u.; 190 u.; 193 o.r.; 203 u.l., u.r.; 205 o.r.; 211 o.l.; 218 u.; 226 o.l., u.l.; 227 o.r.; 228 u.r.; 229 u.r.; 236 o.r.; 238 u.r.; 239 u.l., u.r.; 240 o.l.; 241 o.; 244 o.l.; 247 u.l.; 249 o.; 251 o.r.; 252 M.; 254 o.l.; 255 u.r.; 258 o.; 262 o.l., o.r.; 265 u.l.; 266 u.r.; 267 u.l., u.r.; 269 o.r.; 278 u.l.; 282 u.; 287 u.l.; 289 o.l.; 295 o.l.; 300 M.; 301 u.r.; 306 u.l.; 310 o.l, u.r.; 312 u.; 314 o.; 318 o.l., o.r.; 319 o., M.

mauritius images GmbH:

Seite 10 o., u.r.; 11; 12 u.r.; 15 u.l.; 16 o.r.; 17 o.; 18 u.l; 20 o.; 22 o.; 23 u.r.; 28 o.; 30 o.; 31 o.; 32 o.r.; 33 o.l., u.; 35 M., u.; 37 u.l.; 38 u.l.; 39 o.r., u.; 42; 43 o.; 44 M.; 45 o.; 46 u.; 48 o.r.; 49 o.r., u.l., u.r.; 52 o.; 53 u.l.; 54; 55 o.; 56 o.; 57 u.l.; 59 u.; 61 o.l.; 63 o., u.l.; 65; 66 o.l., u.l., u.r.; 67 o.r.; 70 o.; 71 o.l., u.r.; 72 o., u.l.; 73; 74 o.r., u.r.; 77 o.; 78 o.l., u.r.; 80 o.l., o.r.; 81 u.; 82 o., u.l.; 83 o.; 84 u.l.; 86 o.l., o.r.; 87; 88; 89; 90 o.r.; 91 o.r., u.; 94 o.l.; 95 o.l., o.r., u.r.; 96 o.l., o.r.; 100 M., u.l., u.r.; 101 u.r.; 103 o.; 104 o.l., o.r.; 105; 106 u.l.; 108 u.l.; 109 u.r.; 110; 111 o.; 112 o.r., u.l.; 113; 114 o., u.l.; 115 o.l., u.l.; 116 u.; 117 o.l., u.; 119 o., u.l.; 120 u.l.; 121 o.l., u.; 122 o., u.r.; 123 u.l.; 125 o.r., u.l., u.r.; 127 o.l.; 128 u.l., u.r.; 130 o.r.; 131 o.r., u.; 132 u.l.; 133 o., u.l.; 135 u.; 136 u.l.; 137 o., u.r.; 138 o.l., u.; 139 o.l.; 140 o.l., o.r., u.r.; 141 o., u.l.; 142 o.r., u.; 143 o.; 146 u.l.; 147 o., u.r.; 148 o.l., u.r.; 149 o.l., u.; 150 u.l.; 151 o.r.; 152 o., u.; 153 o.l., u.l., u.r.; 154 o.l.; 155 o.l.; 157 o.; 158 o.l., u.; 159 o.r.; 160 u.l.; 161; 162 u.r.; 164 o.l.; 165 o.l., o.r., u.r.; 166 u.r.; 168 o., u.; 170 o.; 171 u.l.; 173 o.; 174 o., u.l.; 175; 176 u.r.; 177 o., u.r.; 178 u.; 179 o.l., u.; 180 u.; 181 M., u.; 182 o., u.r.; 185; 186 o., u.; 187 o.; 188 o.; 189 o.r., u.l., u.r.; 190 M.; 191 o., u.l.; 192 u.l., u.r.; 193 o.l., u.l.; 194; 195 M.; 196 o.l.; 197; 198 o.l., o.r.; 199 o., u.l., u.r.; 200 u.l., u.r.; 201 o., M.; 202; 203 o.; 204 o.r., u.; 205 u.; 206 o., M.; 207 o.; 208 o.; 209 o.; 210 u.r.; 211 u.l.; 212 o.; 213 o., u.l.; 214 o.; 215 o.l., u.l.; 216 o.; 217 u.l., u.r.; 218 o.; 219 o.l., u.l.; 220 o.l., o.r., u.l.; 221 o.r., u.; 222 M., u.; 223 o.l., o.r., M.; 224 o.l., u.; 225 o.l., u.l.; 227 o.l., u.; 228 o.; 229 o.r., u.l.; 230/231; 232 u.; 233 u.l.; 234 o., M.; 235; 236 u.; 240 u.l.; 241 u.l.; 243 o., u.r.; 244 o.r., u.; 245 o.l., u.; 246 o., M.; 247 u.r.; 249 u.r.; 250 o.l.; 253 o.r., u.l.; 254 u.; 255 o., u.l.; 259 o., u.; 260 o., u.l.; 261 o.r.; 263 o.; 264 u.r.; 266 o.; 267 o.; 268 u.; 269 u.l.; 270; 271 o.r.; 272 u.l.; 273 o.r., u.r.; 274 u.; 275 u.; 276 o., u.r.; 277 u.l.; 278 o.r.; 279; 280; 281 o.l., u.; 283 o., u.l.; 284 o.r.; 286 o., u.r.; 287 o.r., u.r.; 288 u.; 289 o.r., u.; 290/291; 292 o.; 294 o.r., u.; 295 u.l.; 297 o.; 298 o.l., o.r.; 299 o.; 301 o.; 302 u.r.; 303 u.; 305 o.l.; 307 o.l.; 308 u.; 309 o.; 310 u.l.; 311; 312 o.l., o.r.; 313 o.; 314 u.l.; 315 u.r.; 316; 317 o.; 319 u.; 320 M.; 321; 322; 323 M.; 325 u.

Sonstige Quellen:

Carol M. Highsmith Archive: Seite 313 u.l.
Contemporary Arts Center, Cincinnati, OH: Seite 299 u.r.
Corbis GmbH: Seite 294 o.l., 298 u.r., 310 o.r.
U.S. Department of the Interior, National Park Service: Seite 298 u.l., 303 o.l., 304 u.r., 307 u.
Wikimedia Foundation Inc.: Seite 21 u.r. (Kierant), 24 u.l. (Andrew Norman), 33 o.r. (Albeins), 55 u.r. (Clicsouris), 100 o. (Falkenreich), 248 o.r. (Imre Solt), 253 o.l. (Claude McNab), 285 u.r. (Mingwangx), 295 o.r. (David Shankbone), 302 o. (Doug Coldwell), 306 u.r. (Michael Gäbler), 307 o.r. (Snurks), 308 o.r. (Android 79), 313 u.r. (Jim Harper), 323 u. (Cid Costa Neto), 324 o.l. (Imagens AMB).